权威·前沿·原创

皮书系列为
“十二五”“十三五”国家重点图书出版规划项目

全球传播生态蓝皮书

BLUE BOOK OF
GLOBAL COMMUNICATIVE ECOLOGY

全球传播生态发展报告（2020）

ANNUAL REPORT ON THE GLOBAL COMMUNICATIVE ECOLOGY (2020)

主　编／高　伟　姜　飞

社会科学文献出版社
SOCIAL SCIENCES ACADEMIC PRESS (CHINA)

图书在版编目(CIP)数据

全球传播生态发展报告.2020／高伟，姜飞主编
.--北京：社会科学文献出版社，2020.12
（全球传播生态蓝皮书）
ISBN 978-7-5201-7588-3

Ⅰ.①全… Ⅱ.①高… ②姜… Ⅲ.①传播媒介-生态学-研究报告-世界-2020 Ⅳ.①G206.2

中国版本图书馆CIP数据核字（2020）第222678号

全球传播生态蓝皮书
全球传播生态发展报告（2020）

主　　编／高　伟　姜　飞

出 版 人／王利民
责任编辑／张　超

出　　版／社会科学文献出版社·皮书出版分社（010）59367127
地址：北京市北三环中路甲29号院华龙大厦　邮编：100029
网址：www.ssap.com.cn
发　　行／市场营销中心（010）59367081　59367083
印　　装／天津千鹤文化传播有限公司

规　　格／开　本：787mm×1092mm　1/16
印　张：20.25　字　数：301千字
版　　次／2020年12月第1版　2020年12月第1次印刷
书　　号／ISBN 978-7-5201-7588-3
定　　价／158.00元

《全球传播生态发展报告（2020）》学术委员会

（以姓氏拼音为序）

雷跃捷　中国传媒大学新闻学院原院长、教授

李臻怡　加拿大皇家大学传播与文化学院教授

林如鹏　暨南大学校长、教授

刘明洋　山东大学新闻与传播学院执行院长、教授

罗文辉　香港中文大学新闻与传播学院教授

马胜荣　新华社原副社长兼常务副总编辑、重庆大学新闻学院名誉院长

彭　兰　中国人民大学新闻学院教授

任晶晶　中国社会科学院“一带一路”研究中心副秘书长、研究员

隋　岩　中国传媒大学新闻学院院长、教授，《现代传播》主编

史安斌　清华大学新闻与传播学院副院长、教授，教育部青年长江学者

孙　萍　北京外国语大学艺术研究院院长、教授

孙有中　北京外国语大学副校长

唐润华　新华社新闻研究所研究员、大连外国语大学特聘教授

滕云平　中国环球广播电视有限公司总裁、央视国际视频通讯社董事长

王润泽　中国人民大学新闻学院副院长、教授

汪　琪　台湾政治大学传播学院名誉讲座教授

文秋芳　北京外国语大学教授

吴予敏　深圳大学传播学院教授

杨明品　国家广播电视总局发展研究中心副主任

尹韵公　湖南师范大学新闻与传播学院院长

喻国明　北京师范大学新闻传播学院执行院长

袁　军　北京外国语大学副校长、学术委员会主任

张　昆	华中科技大学新闻传播学院原院长、教授
张国涛	中国传媒大学《现代传播》编辑部主任，教授
周树春	中国日报社社长、总编辑
周庆安	清华大学新闻与传播学院副院长、教授
Christoph Pleitgen	国际视通智库专家、Wochit 前全球销售与业务发展高级副总裁
Darla Deardorff	美国杜克大学国际教育学院院长
David Schlesinger	国际视通智库专家、汤森路透原中国主席、路透社原全球总编辑
Daya Thussu	英国威斯敏斯特大学传播与媒介研究院教授
Dean Wright	国际视通智库专家、汤森路透原道德与标准全球总编辑
Giuseppe Richeri	瑞士卢加诺大学中国传媒研究中心主任、教授
Liisa Salo-lee	芬兰韦斯屈莱大学教授
Ludovic Renard	法国波尔多政治学院教授
Monroe Price	美国宾夕法尼亚大学安娜伯格传播学院教授
Stephen Croucher	新西兰梅西大学传播、新闻与营销学院院长、教授
Wendy Leeds-Hurwitz	国际传播学会 ICA 跨文化对话中心主任、美国威斯康星大学教授

《全球传播生态发展报告（2020）》
课　题　组

组长　高　伟　姜　飞　宋宪坤

成员　（以姓氏拼音为序）

冯建平　付姝姣　郭全中　胡舒蕾　江和平
荆　江　李　宇　刘利明　刘　滢　柳亚鹏
卢　迪　马若菡　彭　锦　邱子欣　邵晓岩
史安斌　孙　琰　谭　震　田　园　王　眉
魏　伟　魏怡孜　温维娜　吴奇志　叶　倩
于运全　张　谦　赵行知　赵子忠　朱　静

主要编撰者简介

高　伟　中国环球广播电视有限公司副总裁，央视国际视频通讯社总经理、总编辑。曾担任中央电视台新闻中心新闻编辑部国际新闻编辑、栏目主编，新闻中心国际新闻部策划组组长、国际新闻部副主任，承担《新闻联播》《东方时空》《新闻30分》等栏目国际新闻编辑、播出工作，参与创办《世界报道》《现在播报》等新闻节目以及《晚间新闻》改版工作。其间参加中央电视台新闻中心历次重大报道任务，曾获中国新闻奖一等奖、中国广播电视新闻奖一等奖等专业奖项。

姜　飞　北京外国语大学国际新闻与传播学院院长、博士生导师，教育部重大攻关项目"'一带一路'沿线国家新闻传播业历史与现状"首席专家，北京外国语大学学术委员会委员，跨文化传播研究中心主任，中国新闻史学会全球传播与公共外交学会副会长，外国新闻史学会秘书长，北京大学国家战略传播研究院专家委员会咨询专家，中国外文局国际传播专家委员会委员，《国际传播》副主编，《中国跨文化传播研究年刊》主编，澳大利亚 *Journal of International Communication*、美国 *Journal of Intercultural Communication Research* 期刊评审专家；瑞士卢加诺大学"中国媒体研究中心"讲座教授，美国宾夕法尼亚大学安娜伯格传播学院福特基金高级访问学者（2007～2008年），法国波尔多大学政治学院讲座教授（2017年），加拿大皇家大学讲座教授（2018年）；曾任中国社会科学院新闻与传播研究所传播学研究室主任、世界传媒研究中心主任、所学术委员会委员、职称评审委员会委员、学位评定委员会委员。中国社会科学院创新工程首席专家，"中国跨文化传播研究与实践基地"主任。四川大学文学与新闻学院、暨南大学新闻与传播学院博士生导师，主要研究方向为跨文化传播、新媒体观察、传播学理论、传播思想史。

摘 要

《全球传播生态发展报告（2020）》从传播生态学视角聚焦全球传播格局和世界传媒发展，在复杂的全球社会生态体系内透视人、媒介、社会各种力量的共息共生关系，为传播研究和媒介管理提供某种联动、系统化、战略化的思路。

报告凝结传媒业界、传播学界和相关管理机构的智慧，从政策—理念、技术—热点、市场—生态、结构—国别四个维度，全面勾勒了2019年世界传媒发展和全球传播格局变迁状况。

2019年全球新闻与传播领域热点不断、焦点频现，从传播生态视角呈现六大趋势性特征：流媒体“混战”打响，全球流媒体市场格局洗牌；音频风生水起，平台与媒体齐力抢滩播客；模式革新+玩法升级，社交媒体领域呈现新图景；流量、用户、时长争夺继续，内容市场新风向不断；人工智能（AI）升温，政府、媒体、科技界多方关注；数据隐私保卫战继续，全球数据与信息治理再升级。

与此同时，对2020年全球传播生态提出四点前瞻和提示：第一，全球“Z世代”人数首超“千禧一代”，数字原住民媒介接触习惯不容忽视；第二，反垄断、数字税来袭，科技巨头将面临多重压力；第三，中美“媒体战”提示需关注国际传播环境结构性变化；第四，国际政治经济格局变化下的全球信息传播秩序变革应予警觉。

本书收录了全球传播领域十余位著名专家学者撰写的分报告，在政策层面，深入探讨了5G语境中的媒体供给侧结构性改革、突发公共卫生事件下全球传播生态的新变化、中央广播电视总台成立对中国传播生态的影响、地方国际传播战略等关键主题；在技术层面，重点分析了5G、区块链等新一代信息技术对全球传播生态变革的推动，全球传媒管理“中台”战略；在市场层面，对5G推动全球体育解说生态变革，中国海外社交网络平台传播效果，短视频、媒体融合等焦点议题进行了深入剖析；在国别层面，重点研究了伊朗、土耳其、以色列等国家传媒生态的现状、趋势与启示。

关键词： 全球传播　传播战略　传播生态　媒体融合　5G

目录

Ⅰ 总报告

Ⅱ 政策—理念篇

Ⅲ 技术—热点篇

Ⅳ 市场—生态篇

Ⅴ 结构—国别篇

总 报 告

General Report

B.1
2019年全球传播生态发展报告*

姜 飞 田 园 彭 锦**

摘 要： 5G、区块链、人工智能、大数据、云计算等新技术在传媒业的深层影响日益显现，驱动信息传输方式、信息呈现方式、人与信息的连接方式、传统媒体融合方式等产生颠覆性变革，为全球传媒业发展提供了新的技术背景。2019 年全球新闻与传播领域热点不断、焦点频现，本报告从传播生态视角梳理概括出其六大趋势性特征：流媒体“混战”打响，全球流媒体市场格局洗牌；音频风生水起，平台与媒体齐力抢滩播客；模式革新＋玩法升级，社交媒体领域呈现新图景；流量、用

* 本文系教育部人文社科重大攻关项目“‘一带一路’沿线国家新闻传播业历史与现状研究”（17JZD042）的阶段性成果。

** 姜飞，北京外国语大学国际新闻与传播学院院长，教授，博士生导师，研究方向为跨文化传播、新媒体观察、传播学理论、传播思想史；田园，中央广播电视总台博士后；彭锦，北京外国语大学国际新闻与传播学院博士，国家广播电视总局发展研究中心媒介研究所副研究员。

户、时长争夺继续，内容市场新风向不断；人工智能（AI）升温，政府、媒体、科技界多方关注；数据隐私保卫战继续，全球数据与信息治理再升级。与此同时，对 2020 年全球传播生态提出四点前瞻和提示：第一，全球“Z 世代”人数首超“千禧一代”，数字原住民媒介接触习惯不容忽视；第二，反垄断、数字税来袭，科技巨头将面临多重压力；第三，中美“媒体战”提示需关注国际传播环境结构性变化；第四，国际政治经济格局变化下的全球信息传播秩序变革应予警觉。

关键词： 传播生态　全球传播　5G　媒体融合

一　全球5G 竞赛激烈上演，媒体融合进入5G 时代

2018 年，伴随着 5G 在一些国家开始商用，全球 5G 发展大幕拉开。2019 年，全球主要国家和地区的 5G 发展更是进入加速期，从部署到联网、从局部到覆盖，无论是发展速度还是发展规模都远超预期：全球移动供应商协会（Global Mobile Suppliers Association，GSA）的研究报告显示，截至 2019 年底，全球总计 34 个国家或地区的 61 家运营商已推出 5G 商用服务，而正在投资 5G 技术的运营商多达 348 家，分布在 119 个国家或地区。[①] 此外，根据市场研究机构 Strategy Analytics 发布的研究数据，2019 年全球 5G 智能手机出货量接近 1900 万台。其中，华为手机占全球 5G 智能手机市场份额的 37%，位居第一；而三星以 36% 的份额位居第二。[②]

---

① “5G Market Status：Snapshot January 2020”，https：//gsacom. com/paper/5g－market－status－snapshot－january－2020/.

② 《报告：2019 年华为和三星占全球 5G 智能手机出货量的 73%》，凤凰科技，https：//tech. ifeng. com/c/7tg6Lcsv5jj，2020 年 1 月 31 日。

作为一种全新的网络基础架构，5G 在新一轮科技革命和产业变革中的重要地位以及在世界各国数字经济发展战略中的支撑作用不言而喻。全球信息提供商 IHS Markit 在其 2019 年 11 月发布的报告《5G 经济：5G 技术将如何影响全球经济》（*The 5G Economy*：*How 5G Will Contribute to the Global Economy*）中预测称，到 2035 年 5G 将在全球创造 13.2 万亿美元经济产出，5G 价值链将创造 3.6 万亿美元经济产出，同时创造 2230 万个工作岗位。[①]《爱立信移动性报告（2019 年 11 月版）》也预测，到 2025 年底，全球 5G 用户将会占到全球人口的 65%，并占据全球移动数据流量的 45%，这将使 5G 成为全球范围内发展最快的移动交流技术。[②] 越来越多的国家意识到 5G 网络背后的巨大经济和技术价值，纷纷在通信技术专利和标准制定、设备制造、网络建设、垂直应用等各方面竞相发力，5G 成为全球主要经济体的博弈焦点。全球移动通信系统协会（GSMA）于 2019 年 6 月发布的《移动经济》系列亚太版报告显示，亚洲运营商计划在 2018～2025 年投入 3700 亿美元构建新的 5G 网络。预计到 2025 年，24 个亚太市场都将推出 5G，中国 28% 的移动连接将通过 5G 网络运行，约占全球所有 5G 连接数的1/3。报告还指出，未来 15 年，5G 将为亚太地区的经济贡献近 9000 亿美元。[③] 从全球范围看，当前 5G 发展较受关注的国家和地区有中国、美国、日本、韩国、欧洲。

根据美国无线通信和互联网协会（Cellular Telecommunications and Internet Association，CTIA）2019 年 4 月发布的研究报告《引领 5G 的国家频谱战略》（*A National Spectrum Strategy to Lead in 5G*），美国在 5G 准备方面与中国并列第一，其次是韩国、日本、英国和意大利（见图 1）。[④]

---

① IHS Markit, *The 5G Economy*：*How 5G Will Contribute to the Global Economy*, 2019.

② 《爱立信最新移动市场报告：到 2025 年 5G 用户将突破 26 亿》，c114 通信网，http：//www.c114.com.cn/news/116/a1109850.html，2019 年 11 月 26 日。

③ 《GSMA 报告：亚洲运营商计划 2018～2025 年投入 3700 亿美元构建 5G 网络 中国占比近半》，中国证券报 · 中证网，http：//www.cs.com.cn/cj/hyzx/201906/t20190626_5961964.html，2019 年 6 月 26 日。

④ CTIA，*A National Spectrum Strategy to Lead in 5G*，2019.

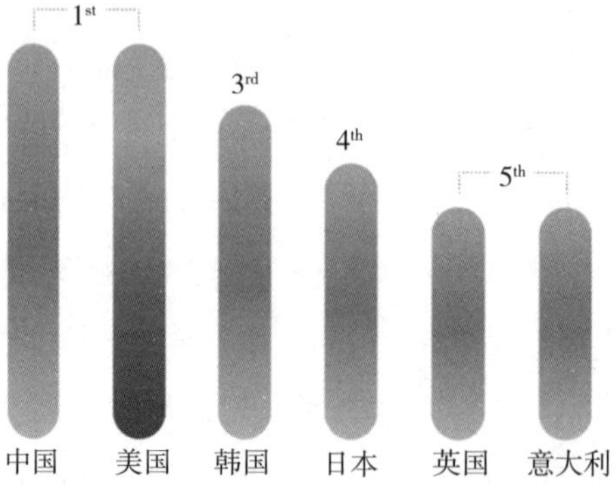

图1　2019年全球主要国家5G准备情况排名TOP5

资料来源：CTIA，*A National Spectrum Strategy to Lead in 5G*，2019。

中国在5G标准制定、技术研发、基站建设和设备开发等方面具备一定优势。《第43次中国互联网络发展状况统计报告》数据显示，截至2018年3月，中国提交的5G国际标准文稿占全球的32%，主导标准化项目占比达40%。① 另据德国专利数据库公司IPlytics数据，截至2019年3月，5G通信所需的标准必要专利（standard-essential patent，SEP）申请数量中，中国占比34.02%，位居榜首。② 2019年6月6日，工信部正式向中国电信、中国移动、中国联通和中国广电发放5G商用牌照，中国成为继韩国、美国、瑞士、英国后第五个正式商用5G的国家。得益于顶层政策的有效引导，2019年以来中国5G一直呈加速发展之势，从基站建设到硬件设备、软件创新等均积极跟进。截至2019年底，全国共建成5G基站超13万个，已有35款手机终端获得入网许可，国内市场5G手机出货量超1377万部，国内5G手机芯片投入商用。③

---

① 中国互联网络信息中心（CNNIC）：《第43次中国互联网络发展状况统计报告》，2019年2月。

② 《境外媒体：5G时代，到西方需向中国付专利费的时候了》，参考消息网，http：//www.cankaoxiaoxi.com/finance/20190508/2379396.shtml，2019年5月8日。

③ 张宁：《中国已建成5G基站超13万个，5G手机出货量1377万部》，澎湃新闻，https：//www.thepaper.cn/newsDetail_forward_5574536，2020年1月20日。

美国是较早进行5G研发的国家之一，技术、芯片优势明显。特朗普政府曾不止一次表明对5G网络的重视，面对韩国、中国等在5G领域的成绩，美国首先希望通过各种政策来为其5G行业的快速发展开放资源、扫除障碍。当地时间2019年5月30日，美国科技政策办公室（OSTP）发布两份针对5G技术的报告——《美国无线通信领导力研发优先事项》和《新兴技术及其对非联邦频谱需求的预期影响》，阐述美国在无线通信领域的研发重点以及新兴技术展望，推动制定长期的国家频谱战略（National Spectrum Strategy）。[①] 目前，美国正致力于通过开放更多频谱资源，推动运营商规模化建设5G网络基础设施。从2018年11月美国联邦通信委员会（FCC）进行首次5G频谱拍卖以来，至今美国已完成两次频谱拍卖。2019年以来，美国四大移动网络运营商均已开始试用5G技术和设备。其中，Verizon已在美国31个城市推出5G网络服务；AT&T的5G网络覆盖范围达19个城市，并预计在2020年实现全国性覆盖；T-Mobile已在2018年将移动5G服务推向30个城市，2019年在美国启用全国性5G网络，覆盖5000个城镇共2亿人，计划到2021年覆盖美国2/3的人口；Sprint的服务截至2019年10月已覆盖美国9个城市的1600万人。值得一提的是，美国联邦通信委员会（FCC）已于2019年11月正式批准价值265亿美元的T-Mobile与Sprint的合并交易，认为合并可以刺激竞争，加快5G部署速度，[②] 这也可看作美国全力发展5G的一个明确信号。

韩国是全球首个实现5G服务商用的国家。它于2019年2月公布《5G应用战略推进计划》，通过减税等措施刺激5G部署。4月，韩国政府举行“5G+战略”发布会，宣布政府将推进国家层面的5G战略，打造世界一流的5G生态圈，并确立到2026年围绕5G产业创造60万个优质就业岗位、

① 《白宫发布两份5G报告，规定三大优先事项，力图“保证美国5G潜力”》，21世纪经济报道，http://www.nbd.com.cn/articles/2019-05-31/1338268.html，2019年5月31日。

② 《T-Mobile与Sprint合并被批准》，《经济参考报》2019年11月8日。

实现730亿美元出口的目标。[1]“5G+战略”将重点扶持10个行业和5项关键服务。10个行业包括下一代智能手机、网络设备、信息安全、虚拟现实（VR）和增强现实（AR）设备、无人机、机器人、智能闭路电视和可穿戴设备等，而5项关键服务包括沉浸式内容、智能工厂、自动驾驶、智能城市和数字医疗。数据显示，截至2019年12月，韩国共有467万5G设备接入网络，12月增加31.3万部。[2]自2019年4月开通5G网络的商业服务以来，三大电信公司共建立了50512个5G通信基站。[3]韩国电信监管机构数据显示，在推出新技术不到一年时间里，韩国的5G网络承载着该国所有无线网络流量的近1/4。[4]

日本将发展5G通信作为国家战略，其思路是先实现基础设施全部覆盖，再推出稳定高效的商业服务。因此2019年4月，日本政府监管机构才正式向多家电信公司分配5G频谱，而要达到全国提供5G服务的预期预计要到2023年。[5]不过，为2020年东京奥运会和残奥会提供5G技术支持依然是日本的短期应用目标。

欧盟于2019年4月发布《5G挑战、部署进展及竞争格局》报告，为提高欧洲5G竞争力提出建议。目前，瑞典、挪威、芬兰、丹麦、冰岛五个北欧国家在欧洲的5G建设上最为领先。同时，北欧五国已提出一系列举措，包括鼓励开发新的测试设施；确保区域内5G频段的技术协调；消除5G网络部署过程中的障碍，尤其是基站和天线的建立；鼓励并规划5G在特定行

---

① 《文在寅：韩国5G标准成为世界标准的大门已开启》，观察者网，https：//www.guancha.cn/internation/2019_04_08_496796.shtml，2019年4月8日。

② 《截至2019年12月韩国共有467万5G设备接入，累计用户100万》，电子工程世界，http：//news.eeworld.com.cn/wltx/ic487104.html，2020年2月4日。

③ 《韩国政府：年内5G覆盖93%人口 建设23万座基站》，腾讯科技，https：//tech.qq.com/a/20190425/006295.htm，2019年4月25日。

④ 《新媒报韩国5G测算出最新数据：占移动连接流量21%》，新浪科技，https：//baijiahao.baidu.com/s?id=1657568196857536019&wfr=spider&for=pc，2020年2月4日。

⑤ 《日韩试点不及预期，5G商用坑在哪里?》，凤凰科技，https：//tech.ifeng.com/c/7mNRgVJYyJs，2019年5月3日。

业的发展，比如运输、通信、制造业等。①

此外，瑞士电信已于2018年底获得瑞士通信监管机构颁发的5G频谱许可，于2019年2月开始商用网络建设，逐步实现对瑞士所有城市、乡村和山区的5G网络覆盖。2019年4月，瑞士电信举行“5G商用发布会”，正式发布面向5G手机的5G商用服务，这是欧洲的第一个5G大规模商用网络。其中，瑞士第一批商用5G手机来自OPPO、LG、三星和华为；第一批5G商用业务主要包括VR/AR、在线游戏、Visilab－虚拟试戴眼镜、固定无线接入。②

不同于3G、4G时代的“各自为政”，5G将带来全球统一的网络制式、通信系统标准，实现真正意义上的全球互联互通，有数据表明，到2030年，全球物联网设备连接数将接近1000亿。③ 全球传播生态的变革、旧有国际传播格局的重塑势在必行，如何以全球化的视野看待媒体、以战略性的眼光推进媒体融合发展，将直接关系一国在未来全球网络空间的话语权。总体来看，全球5G市场规模增长、部署扩大、投资加速、用户增加已是大势所趋。与此同时，5G应用所覆盖的行业和领域也日渐增多。在全球新一轮科技革命和产业变革中，5G所扮演的角色日益重要。就新闻传播领域而言，5G所构建起的新一代信息传播网络也必将催生新的信息传播模式、信息传播平台和信息传播生态，它对于整个传媒业的变革已经开始显现。

约书亚·梅罗维茨（Joshua Meyrowitz）以三种隐喻来认识媒介：媒介是管道、媒介是语言、媒介是环境。④ 从宏观上看，5G对全球传播生态的颠覆与重塑也将体现在这几个层面，而它对媒体融合深度和广度的不断拓

---

① 《2019全球5G竞赛各国最新赛况汇总》，搜狐网，http：//www.sohu.com/a/312811272_99987923，2019年5月9日。

② 《瑞士电信正式推出5G商用服务》，央视网，http：//tv.cctv.com/2019/05/07/VIDEs62p7z05CUcCgag8dk6r190507.shtml，2019年5月7日。

③ IMT－2020（5G）推进组：《5G愿景与需求白皮书》，2014年5月。

④ 转引自吕冬青《人的媒介化存在——梅罗维茨媒介思想史研究》，山东大学2018年博士学位论文。原文引自Meyrowitz，J.，“Images of Media：Hidden Ferment and Harmony in the Field”，*Jornal of Communication* 43（3），1993，pp. 55－56。

宽、延展尤为值得重视。

首先，5G 将以其技术能力构建起“万物皆媒”的内容生态，在渠道层面催生新的媒介形态。如果说，4G 是将新媒体推向前台，借由新传播技术实现传统媒体与新媒体的融合，那么，5G 则是将物赋予媒介属性，使物成为新的公共信息传播者。“无人机、各种环境中的摄像头、传感器等可以超越人的时空局限与感官局限进行信息采集，其中的一些具有公共价值的信息可能经智能系统自动加工后直接发送给用户……物作为传播者，可以在时间的延续性、空间的广阔性、信息采集的多维度等多方面延展人的能力。”① 与此同时，过去的平面媒体变为立体媒体，二维信息变为多维信息，5G 通过重新定义终端、重新定义内容而重新定义了媒体。

其次，5G 将以其连接能力构建起“万物互联”的关系生态，打造新的信息传播方式和传播关系。5G 将借助其高速率、大容量、低功耗、低时延等特点，实现人与人、人与物、物与物的有效连接，由于物成为新的传播主体，人与物之间的互动也会更为频繁：一方面，物作为新的信息感知渠道，将进一步对接人的深度需求，实现高度数据化、精准化、智能化的信息提供；另一方面，人产生的大量用户数据，也将被机器更好地抓取和学习并用于内容生产，由此形成良性循环。“人与人、人与物、物与物之间建立起互联互通、如影随形的共生共在关系。这种连接关系，不再是传统媒体时代以固态的信息流动而连接的信息关系，也不是移动互联网时代人与人之间的交往关系，而是终端与终端的关系。”②

最后，5G 将以其融合能力构建起“万物互融”的媒介生态，形塑新的媒介环境。媒体融合发展至今，从最初的渠道建设到后来的流程再造、从中央厨房到县级融媒体中心建设，已基本实现了媒介形态、媒体业务、传播渠道、传播内容等的初步融合。5G 的演进和应用是媒体融合下一步发展面临的技术环境，也是媒体融合全面、深入发展的关键技术推力，它与媒体融合

---

① 彭兰：《5G 时代“物”对传播的再塑造》，《探索与争鸣》2019 年第 9 期。

② 张华：《5G 技术引发的传媒生态变革》，《中国报业》2019 年第 7 期。

有着一致的目标。全时空传播、全现实传播、全连接传播、全媒体传播，被认为是5G时代即将为人类传播带来的颠覆性变化，“万物皆媒”“万物互联”只是5G所实现的初级形态，而“万物互融”才是5G时代媒体融合的终极目标。届时，现实空间与虚拟空间将会融合，计算与通信、媒体与技术、人与技术合二为一，传受主体、传播内容、传播环境融合，媒体融合向真正的社会融合演进。

当前，5G的快速发展已经带动了5G技术在传媒业的初步应用，通信技术驱动下的内容升级不断刷新。中国的步伐相对更快：2018年底，中国中央广播电视总台开建首个国家级5G新媒体平台；2019年，中国首次成功实现5G+4K、5G+8K电视节目信号传输测试；中央广播电视总台“5G+4K+AI”媒体应用实验室揭牌，在2019年全国“两会”、北京世园会、第二届“一带一路”国际合作高峰论坛等多次重大主题宣传中，5G技术更是频频亮相。同时，中央广播电视总台于2019年11月重磅推出我国首个国家级5G新媒体平台“央视频”。2019年5月，BBC完成英国国内首个5G新闻直播。这些，都在源源不断地向传媒业输入更强劲的发展动力。当然，5G发展之路上仍有诸多待解的难题，5G技术与传媒业的“碰撞”也尚有很大的探索空间，但未来可期。

二 当今全球传播生态的六大特征

（一）流媒体“混战”打响，全球流媒体市场格局洗牌

美国网络设备制造商Sandvine发布的2018年《全球互联网现象报告》（*The Global Internet Phenomena Report*）显示：在全球整体的互联网下行流量中，视频占到近58%，其中Netflix占全球互联网下行流量的15%。[①] 而早在2016年，思科（Cisco）Visual Networking Index™（VNI）完整预测报告

① Sandvine, *The Global Internet Phenomena Report*, 2018.

（2015~2020）便显示，到2020年，高清和超高清互联网视频将占到互联网视频流量的82%。[①] 一个越来越明朗的趋势是——视频正在成为互联网的重要入口，全球互联网已进入视频时代。不过，在这一趋势背后，另一条结论也渐趋清晰：传统电影市场和有线电视增长乏力，流媒体正成为未来主导的视频消费模式。美国电影协会（MPAA）公布的报告显示，2018年全球流媒体视频订阅量新增1.312亿，首次超过有线电视。[②] 5G、VR等前沿技术的到来，更是为流媒体视频用户群体的扩大和用户体验的优化提供了强有力支撑。由此，不难窥视流媒体的巨大成长空间和商业价值。

流媒体用户的增长及其潜在发展空间吸引了包括综合媒体巨头、科技巨头、影视巨头等在内的一众新玩家。随着迪士尼（Disney）与福克斯（Fox）、康卡斯特（Comcast）与天空广播公司（Sky）两大并购案相继落幕，内容巨头迪士尼、科技巨头苹果等纷纷涌入流媒体市场，2019年，全球流媒体市场的竞争进一步升级。11月，苹果公司Apple TV+宣布同时在100多个国家和地区上线；紧随其后，迪士尼+（Disney+）流媒体服务在全球正式推出，首日注册用户数便突破1000万。迪士尼旗下目前拥有Disney+、ESPN+、Hulu共3家流媒体平台。截至2020年2月底，Disney+注册用户达到2860万。ESPN+上线于2018年，是为消费者提供体育赛事直播的流媒体服务，在其背后提供支撑的是以赛事直播著称的ESPN电视网。截至2020年2月初，ESPN+在美国的订阅用户已超过760万。华纳母公司AT&T于2020年5月推出流媒体服务平台HBO Max，NBC环球集团于2020年7月上线流媒体服务新平台——孔雀（Peacock）。至此，Netflix在流媒体领域"一家独大"的格局被正式打破，"一超多强"的流媒体"六大"（Netflix、Disney+、HBO Max、亚马逊、Apple TV+、Peacock）混战正式打响（见表1）。

---

① 《思科Visual Networking Index（VNI）报告预测，到2020年IP流量将增长至现在的近三倍》，https：//www.cisco.com/c/zh_cn/about/press/corporate-news/2016/06-08.html，2016年6月8日。

② 《全球流媒体2018年新增1.312亿订阅，超越全球有线电视订阅数》，搜狐网，https：//www.sohu.com/a/304290105_683129，2019年3月27日。

表1　美国“六大”流媒体及其优势/布局

平　台	优势/布局
Netflix	优势:庞大的订阅量、广阔的海外市场、覆盖全球的用户、高口碑的原创剧集 ①发力海外市场,增加全球自制内容 ②积极布局原创内容(2019 年原创内容花费 153 亿美元,2020 年或达 173 亿美元),探索内容形式创新 ③强化科技支持,提高内容制作效率 ④完善用户体验,关注个性化推荐、视听效果、字幕翻译等
Amazon Prime Video	优势:电商基因、方便内容商品化、庞大的 Prime 会员数
Disney	优势:海量优质 IP 资源、多元营收结构、优秀运营能力 ①三大流媒体矩阵:Disney + 主打迪士尼系列经典;ESPN + 针对体育观众;Hulu 提供普遍化流媒体服务 ②2020 年预计投资 10 亿美元用于原创内容制作
Apple TV +	优势:品牌效应、庞大的全球粉丝、技术设备优势、订阅费用低
HBO Max	优势:庞大的电视订阅用户基础、华纳媒体旗下品牌内容、AT&T 的传统电视工业资源
Peacock	优势:电视产业依托、提供混合订阅模式

不仅北美，全球范围内，流媒体的赛道也日益拥挤。中国流媒体市场上，长期“三足鼎立”的优酷、爱奇艺、腾讯迎来了新竞争对手——今日头条。不同于前二者的长视频战略，今日头条意图从短视频切入，抢夺用户注意力资源。一向风平浪静的韩国流媒体市场也拉开竞争大幕，面对 Netflix 的全球扩张，开始通过并购、合资自建平台以进行本土反击。2019 年 8 月，韩国三大电信公司之一的 SK 电讯旗下拥有近 1000 万用户的 Oksusu，与韩国广播电视台 KBS、MBC、SBS 旗下拥有 400 万用户的 Pooq 平台合并，成立新平台“Wavve”，一举成为国内用户规模绝对领先的第一视频平台。① 放眼东南亚市场，因相较于北美流媒体视频平台起步晚了 8 年，更成为巨头们相中的一块“蓝海”。2019 年 6 月，中国腾讯视频海外版 WeTV 落地泰国，之后一路加速布局，2020 年 3 月启动官宣，已进军泰国、印度尼西亚、越南、印度和马来

① 陈敏：《Wavve：SK 电讯主导的“韩流”流媒体反击》，https：//mp. weixin. qq. com/s/MMxkFdunoHpOUJdLAC5oJA，2019 年 9 月 17 日。

西亚五国市场；2019 年 11 月，爱奇艺宣布进军马来西亚市场。由此，东南亚流媒体市场的“蓝海”，也形成了以 iflix、Hooq 等为代表的本土流媒体平台和横扫全球的 Netflix 以及中国出海视频平台多方共存的局面。

上述这些，还只是流媒体巨头竞争的缩影。与“大而全”的头部平台类似，专注于“小而美”的垂直细分阵营也不乏竞争。例如，专注于日本动画的 Crunchyroll、专注于电竞游戏的 Twitch、专注于体育和新闻直播类内容的 FuboTV、主攻娱乐内容的 Philo、提供独立影视内容的 Vimeo、聚焦科幻内容的 Dust、专为恐怖片影迷服务的 Shudder、专注于展示各国皇室生活的 True Royalty……[①]它们不争规模、争黏性，同样是流媒体市场上不可忽视的一部分。

白热化竞争的背后，暗藏趋势，全球“流媒体热”留给我们的启发与思考也有很多。

首先，不论对平台方、运营方还是对影视集团、媒体集团而言，强大的音视频构建能力都是支撑其参与未来大传媒业竞争的关键，平台大佬涉足内容，内容航母自建平台，互联网巨头扩充多元业务线……流媒体领域的竞争包含了 IP、技术、运营等多生态链条的多维度竞争，但归根结底依旧是原创内容的竞争，这也将是影响用户订阅量的重要导向。

其次，流媒体之争同样是经营模式之争。前期为了打开市场而采取的低价策略、“烧钱运动”必定不会是长久之策，目前流媒体的经营模式尚在探索中，包含广告的订阅模式占据主导，但各平台依然努力在“收看广告”与“支付订阅费用”之间寻找平衡，此时，如果有更具创意的新型经营模式出现，也许会加分不少。

再次，流媒体的崛起从根本上说是适应了大众娱乐内容消费模式的变革，表面上看它的确打压了传统媒体市场，但实则也赋予了其同等机遇。目前看，包括华纳传媒、康卡斯特等在内的诸多流媒体大战“新人”都来自传统电视业务。与此同时，重压之下，广电媒体也开始了反击。2019 年

① 庞梦婕：《海外流媒体混战：巨头与小众共舞》，https：//mp. weixin. qq. com/s/YAvqRUxoBfcomQFVpG9kRQ，2020 年 2 月 19 日。

8月，美国两家媒体巨头哥伦比亚广播公司（CBS）与维亚康姆（Viacom）宣布合并，合并后的维亚康姆—哥伦比亚广播公司（ViacomCBS）将投资制作更多电影和电视节目，并努力获得更多广告收入，以便在不断发展的流媒体领域扮演更重要的角色。[①] 英国四大电视台BBC、ITV、Channel 4、Channel 5达成协议，宣布联合推出全新流媒体平台BritBox。欧洲的电视机构选择“抱团取暖”，共同对抗流媒体巨头。2019年5月底，意大利大型商业广播公司之一Mediaset收购德国ProSiebenSat. 1广播电视公司9.6%的股份，这一举措被认为是建立一个“泛欧洲区域”电视集团的第一步；6月，Mediaset宣布成立全新媒体机构MediaForEurope，总部设在荷兰，分支将遍布欧洲大陆；法国媒体集团维旺迪（Vivendi）也以23.7亿美元的巨资为起点，开始拓展欧洲业务。[②] 法国国家电视台联合私营台法国广播公司（TF1）和法国电视台六台（M6），于2020年10月上线了自己的流媒体订阅平台Salto。在中国，中央广播电视总台也公布了自己的5G+4K/8K+AI战略布局，陆续上线“央视频”“云听”，构建音视频矩阵。

最后，流媒体市场格局的重新洗牌带来的其实是内容领域的重新洗牌。新玩家入局、上线属于自己的流媒体平台只是刚刚开始，接下来还有诸多困难要克服。在此过程中，或许难以产生最终“霸王”，但优胜劣汰之下，有望形成新的视听消费生态，最终获益者将是广大用户。

（二）音频风生水起，平台与媒体齐力抢滩播客

在信息传播视觉化的同时，在线音频市场快速发展。调查显示，60%的美国人听过在线音频，且平均每周收听时长已经增长至16小时；英国在线音频用户数量持续增长，2019年10月达到2960万。英国15岁以上的人群中有52%的人每周收听在线音频，同比增长14.2%，且周收听时长达到

---

① 《为应对流媒体激烈竞争CBS和Viacom宣布再次合并》，https://baijiahao.baidu.com/s?id=1641902235260235298&wfr=spider&for=pc，2019年8月15日。

② 晓毅：《欧洲电视频道联手对抗Netflix》，《综艺报》2019年第14期。

12.9小时。[①] 在其他欧洲国家，人们收听广播的方式也逐步转向在线方式，如瑞典12～79岁群体9.8%收听在线广播。[②] 在线收听行为的背后，是不断扩大的在线音频市场。德勤预测，2020年全球有声书市场收入将增长25%，达到35亿美元；全球播客市场收入将增长30%，达到11亿美元；传统音频市场在数字音频带动下收入将达到420亿美元；在数字音乐、在线出版的带动下音乐市场收入将达到510亿美元。[③] 其中，播客是在线音频市场非常典型的代表。

自2004年问世以来，播客的发展一直处于一种“不温不火”的状态。然而随着智能语音设备和各类声控智媒技术应用的带动，音频再次成为传媒界的热门话题，播客也迎来新的生态图景。路透社发布的《2020年新闻、媒体和科技趋势与预测》（*Journalism, Media, and Technology Trends and Predictions 2020*）报告显示，2020年似乎是播客的又一个重要年份，超过一半的出版商受访者（53%）表示2020年播客计划对他们来说非常重要。[④] 据估计，在美国有多达4000万智能音箱的用户，在英国则有大约700万名用户。3/4的受访者认为音频正在成为内容和商业策略中更重要的内容形式，78%的受访者还认为语音激活技术将改变未来几年新闻消费者发现内容的方式。[⑤]

2019年，更多媒体、平台甚至名人加速在播客领域投资布局。2月，瑞典流媒体音乐服务提供商Spotify相继收购播客内容制作公司Gimlet Media以及播客制作、出版和货币化服务公司Anchor，以期成为播客的主要制作商和播客创作者的领先平台；3月，Spotify宣布将收购洛杉矶播客工作室Parcast，再次强化其作为一个严肃播客平台的地位，9月，又宣布已收购

---

① IAB UK, “Listening Britain Spring 2019: Online Audio Hits Majority Milestone”, https://www.iabuk.com/research/listening－britain.

② Kantar Sweden, “Audience Measurement”, http://kantarmediasolution.com/global/about/global－service－map? region＝europe&country＝SE.

③ Delliot, “Technology, Media, and Telecommunications Predictions 2020”, https://www2.deloitte.com/content/dam/Deloitte/at/Documents/technology－media－telecommunications/at－tmt－predictions－2020.pdf.

④ Reuters Institute, *Journalism, Media, and Technology Trends and Predictions 2020*, 2020.

⑤《路透新闻业趋势预测：平台焦虑仍在，“慢新闻”和播客市场或有增长空间》，全媒派，https://36kr.com/p/5179919，2019年2月25日。

SoundBetter，这是一家世界领先的音频制作和开放式合作平台，致力于帮助全球创作人建立社交联系，并网罗顶尖的音频专业人才。[①] 2020 年，Spotify 的收购之路并未停止。2 月，其宣布将收购体育和娱乐新闻公司 The Ringer，以扩大其播客和媒体业务。从一系列收购中，不难看出 Spotify 在播客界的布局，其一系列操作无外乎是想向音频内容领域进军，完成自身从“音乐”到“音频”的蜕变。实际上，除了收购，Spotify 在播客产业链条的各方面也不乏其他动作，例如，其在 CES 消费电子展上宣布，计划将其个性化技术引入播客；全力争取前政要等名人为 Spotify 制作独家播客；在洛杉矶建设占地 15.4 万平方英尺的办公园区，作为其播客业务的中心；推出新的全球品牌宣传活动，把详尽的音频播放列表置于中心位置；在美国正式推出新的播放列表“Your Daily Drive”，结合了来自《华尔街日报》、美国全国公共电台（NPR）和国际公共广播电台（PRI）的新闻节目片段和流媒体音乐；推出播客推荐功能“Your Daily Podcast”……[②]

除火速收购大量播客公司、进行内容多元化扩张的 Spotify 外，整个播客行业的整合也在悄然进行：Flipboard 与科技媒体 Digital Trends 合作推出联名播客品牌；美国最大的传统无线电公司之一安德康传播（Entercom）收购 Pineapple Street Media 和 Cadence13 两家著名播客公司……

与此同时，播客界也迎来新的入局者。2019 年 3 月，播客公司 Luminary 宣布完成 1 亿美元融资，并推出基于会员费的商业模式，希望推动播客市场进入一个新的增长阶段。其联合创始人兼首席执行官 Matt Sacks 表示：“我们希望成为播客的代名词，就像 Netflix 已经成为流媒体的代名词一样。”[③] 除了像 Luminary 这样的初创公司，一些传统广播公司也开始涉足播客服务。2018 年，美国广播公司 iHeartMedia 收购了制作《你应该知道的事情》等播客节目的

① 《Spotify 收购领先的音乐和音频制作人才市场 SoundBetter》，搜狐网，https：//www.sohu.com/a/341433418_114872，2019 年 9 月 17 日。

② 《Spotify 开荒播客，它或许将深刻地改变我们熟悉的播客生态》，https：//mp.weixin.qq.com/s/1xcJvm－yHTHvImz4rs4Sqw，2020 年 1 月 21 日。

③ 《Luminary 获一亿美元融资，欲打造“播客界 Netflix”》，钛媒体，https：//www.tmtpost.com/nictation/3797809.html，2019 年 3 月 4 日。

Stuff Media 工作室，2019 年起，《你应该知道的事情》和其他五个播客节目以西班牙语、印地语、葡萄牙语、法语和德语播出。[①] 此外，意识到数字流、播客、智能音箱带来的音频收听时长增加，6 月，iHeartMedia 还与创意转型公司 WPP 宣布推出“聆听项目”（Project Listen），力求促进音频行业洞察、策划和创意能力的提升。[②] 此前，《纽约时报》The Daily 音频项目的成功也刺激更多新闻播客的试水。2019 年 10 月，英国《金融时报》推出首个只面向付费订阅者的播客节目《拉赫曼说事》。互联网公司中，自 2018 年推出 Google Podcasts 后，2019 年谷歌进一步加快了在播客领域的布局，包括改进播客功能、提供更多节目，并将播客与自家的语音助手和搜索业务相连接。亚马逊同样不甘示弱，先是 9 月推出新的音乐分层订阅服务“亚马逊高清音乐”，紧接着 11 月又推出“亚马逊音乐”的免费版本，给 Spotify 带来巨大冲击。

除了更多主体的参与，播客的崛起也可以从一系列数据中得到印证：2019 年 11 月，市场调查公司 Forrester 在其《2020 年预测报告》中指出，播客将成为下一个价值 10 亿美元的媒体市场。[③] 美国互动广告局（Interactive Advertising Bureau，IAB）和普华永道（PwC）联合发布的《2018 美国播客广告营收报告》（*FY 2018 Podcast Ad Revenue Study*）也显示，美国播客市场将在 2021 年达到 10 亿美元，预计商业公司将会花费 4.79 亿美元在播客平台做广告。[④] 另据 Edison Research 和 Triton 发布的《2019 年播客消费报告》（*The Podcast Consumer 2019*），美国每月平均有 9000 万人收听播客（占美国 12 岁及以上人口数的 32%），较 2018 年（5700 万）实现了大规模提升，这也是迄今为止听众规模最大幅度的一次增长。[⑤] 路透社在其

---

① 王岚岚：《2019 过半，全球播客市场的新入局、新挑战、新风向》，搜狐网，https：//www. sohu. com/a/331793961_ 257199，2019 年 8 月 6 日。

② 《WPP 和 iHeartMedia 推出“聆听项目”》，https：//www. businesswire. com/news/home/20190617005967/zh - CN/，2019 年 6 月 17 日。

③ 《FIPP 推出“另一种播客”，全媒体视频时代来临》，搜狐网，https：//www. sohu. com/a/377651247_ 130808，2020 年 3 月 4 日。

④ IAB & PwC，*FY 2018 Podcast Ad Revenue Study*：*A Detailed Analysis of the US Podcast Advertising Industry*，2019.

⑤ Edison Research & Triton，*The Podcast Consumer 2019*，2019.

《2020 年新闻、媒体和技术趋势及预测》（*Journalism, Media, and Technology Trends and Predictions 2020*）报告中称，超过一半的新闻媒体称它们2020 年将推出各种类型的播客活动。其中，《泰晤士报》（*The Times*）将推出每日新闻播客。播客的收入预计将以每年 30% 的速度增长。① 2020 年普利策奖在原有奖项基础上新增了“音频报道奖”（Audio Reporting）。

事实上，播客的火热只是海外音频产业繁荣的一个缩影，未来的音频生态，更前沿的技术、更多元的形态、更多元的主体、更细分的赛道、更复杂的用户需求，都将是大势所趋。就播客而言，经历多年的探索磨合，其未来发展将在很大程度上依赖于内容层面的突破、专业化程度的提升。2019 年，谷歌语音助手平台上线“你的新闻更新”（Your News Update）、BBC 开始提供交互式新闻广播，都是在播客交互性及定制化程度上的进一步探索。②

（三）模式革新 + 玩法升级，社交媒体领域呈现新图景

1. Facebook 战略转变，走向“私密社交时代”

2018 年的数据泄露、假新闻等一系列丑闻让 Facebook 经历了一段惨淡时期。但危机过后，Facebook 开始重新思考自己的定位和商业模式，2019 年在社交形态、内容、支付等多层面进行了一些自我变革。

2019 年 3 月，Facebook 首席执行官马克·扎克伯格（Mark Zuckerberg）发布了一篇题为《从注重隐私的角度看社交网络》（A Privacy-Focused Vision for Social Networking）③ 的博文，表示未来的社交媒体“将以私密通信和小群体聊天为中心”，而不是照片和信息公开分享的模式。④ 他接着概述了

---

① 《Google 比 Facebook 更受欢迎？路透社 2020 媒体趋势盘点》，https：//mp. weixin. qq. com/s/9UJo77FQhM5WpmX5xgeNmw，2020 年 3 月 12 日。

② 史安斌、王沛楠：《2020 全球新闻传播新趋势——基于五大热点话题的访谈》，《新闻记者》2020 年第 3 期。

③ Mark Zuckerberg，“A Privacy-Focused Vision for Social Networking”，https：//www. facebook. com/notes/mark - zuckerberg/a - privacy - focused - vision - for - social - networking/10156700570096634/，2019.

④ 《Facebook 迎来有史以来最大的业务转型，从公共平台到私密社交》，https：//baijiahao. baidu. com/s? id = 1627352755638219273&wfr = spider&for = pc，2019 年 3 月 7 日。

Facebook 在构建以隐私为重点的消息传递和社交网络平台方面的愿景和原则，包括：私密互动（Private Interactions）、加密（Encryption）、减少持久性（Reducing Permanence）、安全（Safety）、互通性（Interoperability）、安全的数据存储（Secure Data Storage）。他同时在该博文中阐述了自己对未来社交形态的理解，其中有三点值得关注。

> 第一，在考虑互联网的未来时，我相信以隐私为中心的通信平台将比目前的开放平台更重要。（As I think about the future of the internet, I believe a privacy-focused communications platform will become even more important than today's open platforms.）
>
> 第二，现如今我们目睹了私人消息、小故事和小组是迄今为止增长最快的在线交流领域。（Today we already see that private messaging, ephemeral stories, and small groups are by far the fastest growing areas of online communication.）
>
> 第三，我们计划按照开发 WhatsApp 的方式构建这样的社交网络：集中注意力做最基本的私人功能——消息，尽可能保证消息的安全，然后再为人们构建更多的交互方式，包括通话、视频聊天、群组、故事、业务、支付、商业，并最终成为许多其他类型的私人服务的平台。（We plan to build this the way we've developed WhatsApp: focus on the most fundamental and private use case—messaging—make it as secure as possible, and then build more ways for people to interact on top of that, including calls, video chats, groups, stories, businesses, payments, commerce, and ultimately a platform for many other kinds of private services.）

对照今天的发展现实，扎克伯格的判断不无道理。即时通信应用在全球范围内的庞大用户规模正是社交用户内向化和社交个人化的折射。当前，越来越多的用户转向通过个人消息应用来获取信息，也因此诞生了一个新概念——"暗社交"（dark social）。总之，遵循这样的逻辑，隐私加密将成为

Facebook 未来的关键服务之一，未来端到端的加密服务将贯穿其旗下包括 WhatsApp、Facebook Messenger 和 Instagram DM 等在内的所有即时通信业务，并打通后台使用户可以跨平台收发消息。

从开放性的广场社交到客厅式的私密社交，这被认为是 Facebook 有史以来的最大业务转型。为了恢复信誉、重建信任，打造“以私密为中心”的社交平台，Facebook 已开始了一连串行动。首先，是强化平台的聊天特色。2019 年 3 月，Instagram 被发现其代码中出现了一种名为“共同观看”的新功能，这种强化社交体验、激发群体互动的“群看功能”被认为是 Facebook 走向私密社交后的开发重点。除此以外，2019 年一整年，Facebook 还进行了一系列以关注用户个人信息和诉求为核心的功能更新（见表 2）。广告层面，Facebook 已表示正在增加全球广告支出，以重建信任。支付层面，Facebook 开始入局区块链支付，2 月，其收购了区块链初创公司、智能合约开发团队 Chainspace；6 月，其旗下全球数字加密货币 Libra 官方网站正式上线，同时宣布公司将成立一个从事移动支付和金融服务的子公司 Calibra，于 2020 年发布首款产品 Libra 钱包。

表 2　2019 年 Facebook 的部分重要功能更新

时间	更　新
4 月	为已故用户的账户添加“悼念”区
5 月	推出“生日故事”功能
5 月	对 PC 版和旗舰移动 App 进行全面重新设计，推出 FB5
7 月	更新“我为什么看到这则广告”（Why am I seeing this ad）和广告偏好工具
8 月	推出“清除活动”（Off-Facebook Activity）功能
9 月	将 Today In 本地新闻和信息功能扩展到约 6000 个美国城镇和小城市
9 月	推出约会功能
10 月	在移动应用程序中增加独立新闻标签，用于显示来自约 200 家出版商的内容，同时对这些出版商提供的内容付费
11 月	推出 Facebook 支付

自我革新之时，打击深度伪造的行动也在进行，Facebook 斥资 1000 万美元，与微软（Microsoft）、人工智能合作伙伴（Partnership on AI）以及美国多所高校的研究人员合作，发起“深度伪造检测挑战”（Deepfake Detection

Challenge)，旨在创建一个相关视频库，帮助用户更好地识别人工智能生成的“视频造假”(Deepfake)。2020 年 1 月，Facebook 全球政策管理副总裁 Monika Bickert 在博客中表示，Facebook 将删除满足其标准的 Deepfake 视频，这是 Facebook 打击平台上“操纵媒体”(Manipulated Media)的最新动作。①

2. 抖音崛起，视频成社交领域更受青睐形式

从 2018 年“故事”(Stories)模式在社交媒体走红，便传递出一个明显信号：视频日益成为社交媒体上更受青睐的一种形态，以视频维度提升社交入口的吸引力已渐成趋势。2019 年，社交媒体视频量呈井喷式增长。Global Web Index(GWI)发布的 2019 年第一季度《社交媒体最新趋势旗舰报告》(*GWI Social Global Web Index's Flagship Report on the Latest Trends in Social Media*)显示，在 Facebook、Twitter、Snapchat 或 Instagram 上 60% 的互联网用户观看过视频。

抖音的崛起似乎是视频在社交领域“受宠”的最好佐证。Sensor Tower 的数据显示，抖音(包括海外版 TikTok)2019 年全球下载量超 7.38 亿次，全球累计历史下载量 16.5 亿次，占比高达 44%。其中，新增用户较 2018 年增长 13%。抖音是苹果应用商店和谷歌应用商店的第二大下载应用，仅次于 WhatsApp(8.49 亿次)。印度是 2019 年抖音下载量增速最快的国家，也是抖音全球最大的海外用户市场，下载量已达 3.23 亿次，约占全球下载量的 44%。美国地区，2019 年下载量为 4600 万次，占累计历史下载量的 6%。此外，Activate Consulting 的报告显示，在美国，抖音用户平均每月使用该平台的时长为 10 小时，居各大应用使用时长之首。② 抖音在美国的 2650 万月度活跃用户中，约 60% 的用户年龄在 16～24 岁。③

事实上，不仅抖音，中国的视频社交在 2019 年呈现强劲的发展态势。

---

① Rachel：《向 Deepfake 宣战!》，腾讯云，https：//cloud.tencent.com/developer/article/1582220，2020 年 1 月 14 日。

② 《抖音全球下载量超 16 亿次，印度成海外最大市场》，腾讯网，https：//new.qq.com/omn/20200117/20200117A0O3YU00，2020 年 1 月 17 日。

③ 《抖音崛起？AR 走高？Facebook 遭打击？2019 流媒体社交促发新变局》，https：//mp.weixin.qq.com/s/h4QNuHbv73ZlcJYRrHbPUg，2019 年 12 月 30 日。

一年一度的央视春节联欢晚会上，互联网巨头纷纷以视频维度入局；社交平台上，以短视频、视频博客（Vlog）、直播为主打的视频形态逐渐增多（如微博的“视频社区”、微信的“即刻视频”、知乎的“即影”视频、B 站的“轻视频”等）；主流媒体中，中国首个国家级 5G 新媒体平台——中央广播电视总台“央视频”5G 新媒体平台正式上线，作为主流媒体中首个“视频社交媒体”，“央视频”的上线意味着中国视频社交领域正式迎来“国家队”。5G 的到来也给视频带来不少新气象。一方面，下载速率和清晰度的提升驱动用户消费体验升级，短视频平台开始“加码”视频时长。2019 年，抖音的时长上限从 15 秒升级到 1 分钟，进而内测 5 分钟乃至 15 分钟的视频，据说快手在内测 10 分钟视频的发布权限。[①] 另一方面，视频形态也在不断拓展。Vlog（video blog）、竖屏微剧、互动视频、“泡面番”、“火锅剧”等新业态不断涌现。其中，Vlog 的崛起尤为值得关注。艾媒咨询（iiMedia Research）数据显示，2019 年中国 Vlog 用户规模达 2.49 亿人，高达 76.8% 的用户愿意使用 Vlog 的形式分享自己的生活。[②] 过去一年，不仅微博、抖音、B 站等推出相应的 Vlog 扶持计划，就连《人民日报》、中央广播电视总台这样的主流媒体也探索起“Vlog + 新闻”的业内实践。

放眼海外，以 Facebook 为代表的社交媒体在视频算法上进行了持续改革。比如，优先排序人们寻找和反复阅览的视频内容，优先排序吸引用户至少 1 分钟以上的内容等。[③] 视频内容整体被 Facebook 作为开放广告位、拉动平台未来收入增长、刺激有意义互动的重要组成，2019 年 3 月 Facebook 还确立了全新的视频孵化器项目。[④]

---

① 韩志鹏：《短视频：刺激 2019，破界 2020》，搜狐网，https：//www. sohu. com/a/368481582_118788，2020 年 1 月 22 日。

② 艾媒咨询（iiMedia Research）：《2019 中国 Vlog 商业模式与用户使用行为监测报告》，2019 年 6 月。

③ 《2019 上半年各社交媒体都推出了哪些更新?》，雨果网，https：//www. cifnews. com/article/48700，2019 年 8 月 18 日。

④ 《Facebook“后社交时代”选择：群组、原创 KOL、加密货币》，新浪财经，https：//finance. sina. com. cn/stock/usstock/c/2019 - 04 - 07/doc - ihvhiewr3704379. shtml? cref = cj，2019 年 4 月 7 日。

3. 社交电商化，多个社交平台增加购物功能

经过十多年的发展，社交媒体已经告别单纯意义上的连接，而被赋予了分享资讯、交流观点、内容社区等多重功能。近年来，购物成为不少社交媒体探索的一项新功能，并日益成为平台变现的有效路径之一。

在亚洲，微信和 Line 都是较早接入电商的社交应用，用户可以在应用内实现支付、叫车等多种服务。近两年来，像抖音这样的视频社交软件也开始迈向电商化之路。2018 年，抖音正式开放全平台账号的购物车功能申请，同时推出官方话题、达人超级话题定制、抖音直播、抖音万物节等购物车玩法，相关账号一天售出商品达 10 万件，直接转化销售额突破 2 亿元，订单增长十倍。但是，从多元化内容营销到自建小店，再到购物车跳转，抖音并不甘心只做一个广告导流平台。2019 年 4 月，抖音推出“小米商城”“京东好物街”等首批电商小程序；5 月，正式上线商品搜索功能；11 月，更新了平台商品橱窗的开通权限，对用户粉丝数不再做硬性要求。随着向交易环节的日益深入，抖音已逐渐构建起自己的电商体系。

相对而言，西方国家在社交购物方面缺乏社会性或嵌入性的支付系统，也不具备消费者基础。不过，那些能够在消费者做出购买决定过程中发挥重要作用的社交应用却成为很好的突破口。早在 2016 年，Facebook 便推出在线售卖平台“市场”（Marketplace），2019 年，有消息称，Facebook 收购了一家小型视频购物初创公司 Packagd，旨在帮 Marketplace 平台开发实时直播购物功能。[①] Instagram 也在美国推出只对企业用户开放的购物功能“shoppable posts”，不久后，该功能便扩展到英国、澳大利亚、巴西等更多国家。2018 年 9 月，Instagram 在其 Explore 选项卡中引入专门的购物频道，并将其添加到 Stories 中；11 月添加收藏标签，用户可在 Stories、帖子和可购物视频中保存产品，同时，商家页面（business page）上添加商店标签，用来展示品牌或商家产品。2019 年 3 月，Instagram 与 23 个美国品牌推出一

① 《Facebook 或将推出实时直播购物功能，已收购一家视频购物初创公司 Packagd》，搜狐网，https：//www. sohu. com/a/361964726_ 487885，2019 年 12 月 21 日。

项本地化的结账功能，支持购物者在应用内付款。5 月，Instagram 又开设官方购物账号“shop”，主要发布由其团队挑选后的各种时尚单品，涵盖成衣、配饰和美妆等，并会附上购买链接。[①] 此外，主打竖向长视频的 Instagram IGTV 从 2018 年起就传出正开发一款独立购物应用 IG Shopping。

积极向电商之路迈进的不仅有 Instagram。社交平台 Pinterest 也开始努力卖货，2019 年 3 月发布五项购物功能：按品牌选购（Shop by brand）、个性化购物推荐、产品目录（Catalogs）、购物广告（Shopping ads）、购物搜索。11 月，Pinterest 又宣布推出新功能 Pinterest Shop，允许用户直接在商店中购买商品。Snapchat 于 2018 年在 Discover 板块上线 Snap Store 功能，同时开发视觉搜索功能，与亚马逊（Amazon）合作，扫一扫即可在亚马逊购买。2019 年，Snapchat 与 Shopify 合作，允许某些账户在 Snapchat 应用程序上开店，从而推动其应用内购物功能再度升级。

不同于以卖货为主要业务、用户“即买即走”的纯电子商务平台，类似 Instagram、抖音这样的社交媒体平台更具用户黏性，用户的购买行为往往被镶嵌在一定的社交场景中。一个可见的趋势是：这些平台正从简单的内容平台转变为综合性服务平台，甚至成为直接销售的强大工具。GfK 的一项研究显示，随着精通技术的千禧一代和 Z 世代开始接受社交电商，认为社交媒体“正迅速成为我最重要的购物工具”的消费者比例从 2015 年的 29% 飙升至 2018 年的 45%。[②]

4 国外主流媒体深耕社交平台

社交媒体的巨大流量红利使国外主流媒体越来越重视这块平台，开始积极制定自身的运营战略和“吸粉”计划。

《金融时报》早在 2016 年就开始尝试通过 Instagram 的“故事”功能推出付费新闻之外的内容，用互联网的方式向用户呈现内容和数据。如今，除

① 安吉：《Instagram 又推出一个新的直接购物功能》，亿恩网，https://www.ennews.com/article-11580-1.html，2019 年 5 月 15 日。

② 安吉：《Instagram 又推出一个新的直接购物功能》，亿恩网，https://www.ennews.com/article-11580-1.html，2019 年 5 月 15 日。

了“轻生活”类、休闲类新闻图片，《金融时报》的信息图表在 Instagram 上也获得了相当的影响力。《经济学人》长期致力于在社交媒体平台上建立社区，现在，它也试图将一些数据分析导向的文章搬运至 Instagram，充分利用“故事”功能，以有效的视觉叙述方式带动观众参与度。下一步，《经济学人》还计划尝试平台的 Q&A 功能，让读者就某个特定主题向记者发问，从而分享一些更为细致的分析。①

彭博社青睐短视频，通过在 Instagram 账号上发布大量含有互动式图表的新闻视频讲述标题背后的故事，根据 Tubular Labs 的数据，其在 Instagram 每月的视频总浏览量在 200 万次左右。Buzzfeed 则主攻长视频，通过在 Facebook、YouTube 等各个社交平台上推出自制视频节目吸引广告主。《每日电讯报》选择深耕 Snapchat，在充斥平台的宠物视频和名人自拍中间插入自己的新闻，包括谈论政治经济的硬新闻、数据分析、视频类、生活方式类等内容。与此同时，还利用 Snapchat 上的小功能，例如小测验、投票和其他交互功能，来提高读者的参与度，不仅大大提高了自家新闻的曝光量，还吸引了大量年轻粉丝。②

（四）流量、用户、时长争夺继续，内容市场新风向不断

1. 技术赋能内容，互动视频有望成未来方向

未来的内容市场，“视频为王”似乎已无可争议。移动视频发展至今，已经基本形成了长视频、短视频、直播视频等多种视频形态共存的格局，且它们各自的发展已趋于稳定，前两年风头大盛的短视频也从最初的“爆发式增长”逐渐回落，整个移动视频市场面临饱和，如何在这样的大环境下更新内容产出模式、寻找新的用户兴奋点，成为内容平台的重要任务。互动视频正是在这样的背景下走向台前。

① 《国外顶级媒体运营的新本事：如何做社交影响力》，https：//36kr. com/p/5217894，2019 年 6 月 21 日。

② 《国外顶级媒体运营的新本事：如何做社交影响力》，https：//36kr. com/p/5217894，2019 年 6 月 21 日。

所谓互动视频，就是用户在观看视频时，会触发一些情节点，按照自己的喜好选择不同的选项，剧情走向也会不一样，可以看到更符合自己胃口的片段和结局。[①] 2018 年 12 月 28 日，Netflix 热门剧集《黑镜》第五季回归首作《黑镜：潘达斯奈基》（*Black Mirror*：*Bandersnatch*）在 Netflix 平台上映。与以往不同的是，这部片长 90 分钟的电影交互总时长就达到了 312 分钟，观众可以通过选择主人公、选择剧情支线等交互动作，一边观看一边掌控电影剧情的发展。

《黑镜》上映后，好评与争议参半，但且不说它成功摘得第 71 届艾美奖“最佳电视电影”，单是它携带的交互式元素，便在业内引起极大关注，不少平台也由此看到了新的视频内容方向。2019 年以来，不少平台都开始陆续推出自己的互动视频项目，也因此有人直接将 2019 年标注为“互动视频元年”。

国外，尝到甜头的 Netflix 又推出一档交互体验节目《贝尔对战荒野》（*You vs. Wild*），并发布互动式影集《贝尔对战荒野》中文宣传片。Facebook 很早就开始发力视频内互动，收购 Vidpresso 技术及团队，探索如何将用户交流与视频内容相结合。YouTube 宣布正在制作自己的互动原创节目，并采用实验形式。NBC Universal 发布了一款名为“Series：Your Story Universe”的应用程序，将一些著名 IP 与互动故事结合。20 世纪福克斯正在与一家名为 CtrlMovie 的初创公司进行合作，以在影院上映互动电影，观众可以集体投票选择整部电影的叙事方式。就连沃尔玛都与 Eko 成立了一家合资企业，投资 2.5 亿美元制作互动内容[②]。英国 Wales Interactive 公司开发并发行的真人互动科幻视频 The Complex 上架 Steam 平台。

国内视频巨头也纷纷跟进。爱奇艺发布互动视频标准（Interactive Vidco

① 《互动视频“被元年”，行业巨头能否找到新出路吗?》，亿欧，https：//www. iyiou. com/p/105597. html? share_ from = 8405676wIaRO - 8msn0CCPoaRC7NWvle_ wLh9vEB5hFSm4zEsZpAFdRopQD2BtManSjb3KskyM8GbAYw6IY4GueppcAVqrP2x2ujFIyAXjs8HKkDG64，2019 年 7 月 16 日。

② 《交互内容会是媒体的未来吗? 全球行业互动案例一览》，搜狐网，https：//www. sohu. com/a/327047025_ 247520，2019 年 7 月 15 日。

Guideline，IVG），并计划推出协助互动视频生产的互动视频平台（Interactive Video Platform，IVP），上线互动网剧《他的微笑》；紧随其后，腾讯上线《古董局中局之佛头起源》《隐形守护者》等一系列互动视频，推出互动视频标准和平台，发布集互动视觉小说、互动漫画、互动剧于一体的互动阅读客户端“一零零一”；优酷上线优酷互动内容平台，并公布优酷互动视频创作标准和互动内容技术标准；B站上线“互动视频”功能；以微视为代表的不少新兴短视频社区也上线了分支剧情模板，并对“分支剧情”创作的内容进行了定向扶持。①

尽管目前互动视频整体上仍处于探索阶段，它的优势却清晰可见：其一，用户可以选择内容走向，参与度更高、参与感更强；其二，更强的参与感延长了用户停留在平台上的时长；其三，剧情代入下，诸如付费解锁剧情、付费获取道具等变现可能性增多，有望为目前靠会员和广告“两条腿走路”的视频平台带来新的商业模式。基于此，互动视频很有可能成为内容赛道的下一个“赛点”。它的走热既显现出5G时代消费者选择的某些必然性，也揭示了技术赋能为内容产业创造新红利带来的强大驱动力。

2. 海内外新闻媒体试水新闻短视频

尽管短视频之风盛行已久，但2019年TikTok的海外崛起还是吸引了不少目光。它对年轻用户巨大的吸引力使不少海内外新闻媒体开始思考：如何将新闻与短视频结合起来，使之变得更加轻松、有趣。

2019年5月，《华盛顿邮报》率先注册自己的TikTok账号，投放的主要内容包括新闻采编部工作实况的视频博客（Vlog）和嵌入“迷因”（Meme）的潮流短视频，账户开通三个月就吸引了超过7.8万名粉丝和超过100万的视频点赞量。② 继《华盛顿邮报》之后，《达拉斯晨报》也紧跟本地的流行趋势，开通TikTok账号并发布了大量视频，展示警察、消防员、

---

① 《直播带货、互动剧、微剧……2020内容产业风往哪吹?》，新浪科技，https://tech.sina.com.cn/csj/2019-12-27/doc-iihnzahk0432695.shtml，2019年12月27日。

② 史安斌、王沛楠：《2020全球新闻传播新趋势——基于五大热点话题的访谈》，《新闻记者》2020年第3期。

记者等不一样的一面。此外，NBC 新闻频道的“Stay Tuned”也在 TikTok 上更新视频；法国发行量最大的报纸《费加罗报》报道称，多家当地媒体在 TikTok 开设官方账号，通过科学知识等内容日渐影响着新一代群体；[①] BBC、Kyra TV、ESPN 等也开始布局 TikTok；[②] Bloomberg 靠发布交互图表和浓缩新闻视频，用户一年内在 Instagram 平台暴增 400%。

中国媒体界在新闻短视频方面的探索与应用由来已久，尤其是全国“两会”，更成为各家短视频角力的战场。但 2019 年也有了一些“标志性”推进：一是前文述及的中央广播电视总台视频社交平台“央视频”正式上线，以及人民日报社短视频聚合平台“人民日报 +”推出；二是素来以正经严肃形象“居庙堂之高”的央视《新闻联播》终于入驻抖音、快手等短视频平台，且一天内涨粉超千万，相关短视频栏目《主播说联播》也正式推出；三是一向正襟危坐以“播音腔”示人的中央广播电视总台新闻节目主持人康辉在跟进采访习近平主席出访希腊、巴西时，以“康辉的 Vlog”形式在微博、Bilibli 等平台发布新闻视频，多次登上热搜，收获众多粉丝喜爱。

海内外媒体热情拥抱新闻短视频，提示我们留意两种趋势：一是在平台视频化之外，媒体也在视频化，那些尝试新闻短视频的媒体，已经突破了自身固有的报纸、广播、电视的业务边界；二是为了更加贴近年轻用户，新闻媒体正不断尝试挖掘自己创造“严肃娱乐”内容的潜力，它们抛弃了过去居高临下的大众传播姿态，却又不是纯粹娱乐化的迎合，这种更加年轻态、个人化的传播方式有望开辟一种全新的新闻话语表达之风。

3. 互联网巨头瞄准儿童内容市场

近年来，成年互联网用户增长趋于饱和，儿童内容市场转而成为备受平台关注的蓝海流量池。

Netflix 较早开始关注儿童市场，2013 年就推出首部原创儿童动画剧集

① 《海外主流报纸在 TikTok 意外走红 靠短视频收获新一代读者的欢迎?》，搜狐网，https://www.sohu.com/a/271957295_99995599，2019 年 8 月 28 日。

② 《发行商如何在拥有超过 5 亿用户的 TikTok 应用上增加受众》，腾讯云，https://cloud.tencent.com/developer/news/455524，2019 年 10 月 15 日。

《童话高中》（*Ever After High*），此后不断提升儿童内容在整体内容中的比例，甚至将儿童内容布局放在全球化扩张的高度。2018 年，更是宣布与澳大利亚广播电视公司等共同投资真人儿童系列喜剧“The InBESTigators”。2018 年底的统计数据显示，美国平台上“儿童和家庭”（Kids & Family）板块的节目观众人数攀升 13%，在这一基础上去除美国本土市场的贡献，海外收视率的增长高达 61%；在全球 1.04 亿 Netflix 订阅者中，有将近一半以上观看过该板块内容。[①] 基于此，Netflix 在 2019 年进一步加大了对动画内容的投入，在内容创作端聚集差异化创作者，以实现全年龄段的“合家欢”，在互动剧、带有科幻或人文内核的深度动画上亦强势发力，[②] 同时于 5 月收购了儿童系列节目“Ask the StoryBots”的幕后创作方 StoryBots 公司，以更好地应对来自迪士尼、亚马逊等的竞争。

除了流媒体巨头 Netflix，社交平台也注意到儿童市场的巨大利好。Facebook 继 2017 年推出儿童版社交软件 Messenger Kids 后，2019 年开始对青少年业务团队进行整合和重组，重组后的团队将重心转向 13 岁及以下的儿童，即如何基于 Messenger Kids 对儿童即时通信社交进行优化。[③] 在 YouTube 上，儿童内容也越来越热门，玩具拆箱视频不仅成为 YouTube 上的一股潮流，而且深刻影响了玩具业；YouTube 儿童版（YouTube Kids）最受欢迎视频排名前十位的作品里有 7 个是儿歌。2019 年 9 月，YouTube 宣布将成立一个1 亿美元的基金，用于投资原创儿童内容。

相较于海外，中国的儿童数字市场更可谓“繁花似锦”，从视频到音频，从动画产品到教育产品，从软件到硬件，互联网巨头们都纷纷布局了“少儿内容”这一垂直品类。易观发布的《中国儿童数字内容行业白皮书 2019》显示，2018 年中国儿童数字内容核心产业规模达 2378 亿元人民币，

① 《瞄上儿童市场，看 Netflix 的儿童内容选择标准……》，搜狐网，https：//www. sohu. com/a/285856595_ 313880，2018 年 12 月 31 日。

② 《国外大平台瞄准儿童注意力市场：打法多，前景亮，安全不能忘》，全媒派，https：//36kr. com/p/5200674，2019 年 5 月 3 日。

③ 《国外大平台瞄准儿童注意力市场：打法多，前景亮，安全不能忘》，全媒派，https：//36kr. com/p/5200674，2019 年 5 月 3 日。

环比增长21%，而且伴随用户以及儿童对内容更多元化、细化的需求，以及用户付费习惯的养成，产值仍将维持增长态势。[①]

（五）人工智能升温，政府、媒体、科技界多方关注

2019年，全球产业互联网呈现深化发展态势，政府重视、媒体关注、巨头聚集。尽管各家战略、突破方向有所差异，但投资布局都聚焦在诸如人工智能（AI）、云计算、大数据、物联网等产业互联网的技术基础层面。其中，AI是较为引人关注的一个。

1. 国家层面加速战略布局

作为一项引领未来的战略性技术，全球主要经济体都将发展人工智能作为提升国家竞争力、维护国家安全的重大战略，加紧出台规划和政策，围绕核心技术、基础设施、标准规范、重点应用等强化部署。2019年，国家层面的人工智能战略布局进一步强化。

美国继续加强战略引导，确保人工智能的优先发展地位。2019年2月，特朗普签署《维护美国人工智能领导地位的行政命令》（*Executive Order on Maintaining American Leadership in Artificial Intelligence*），启动“美国人工智能倡议”，明确要求联邦机构在研发投入中把人工智能列入优先地位。[②] 3月，美国《2019财年国防授权法案》批准成立“国家人工智能安全委员会”（NSCAI），旨在评估和审查美国及全球范围内人工智能的发展现状和趋势，推动美国人工智能、机器学习和相关技术的发展。6月，美国科技政策办公室（OSTP）发布最新版《国家人工智能研究和发展战略计划》，将2016年奥巴马政府人工智能研究和发展战略计划中的七大重点战略方向进行全方位升级。

欧盟重在强化各国在人工智能方面的协同推进，并加大相关投入。2019年1月，欧盟委员会预算为2000万欧元的“欧洲联盟人工智能”（AI4EU）项目正式启动，旨在建立第一个欧洲人工智能平台并搭建欧洲

---

① 易观：《中国儿童数字内容行业白皮书2019》，2019年5月。

② 《全球主要国家战略布局人工智能 持续加码研发投入》，新华网，http://www.js.xinhuanet.com/2019-05/14/c_1124491562.htm，2019年5月14日。

人工智能共同体。[①] 2月，欧盟理事会通过《关于欧洲人工智能开发与使用的协同计划》，促进成员国在投资、数据、人才、信任等方面的合作；4月，欧盟委员会又发布了人工智能伦理准则，以提高人们对人工智能产品的信任；之后，欧盟还表示将在下一个7年预算期内，加大对人工智能的相关投入。[②]

欧洲其他一些国家也开始加紧布局。2019年3月，丹麦政府发布“人工智能国家战略”，确定人工智能未来发展愿景；西班牙政府也发布《西班牙人工智能研究、发展与创新战略》。4月，荷兰政府负责人工智能的相关机构AINED制定了荷兰“国家人工智能战略”初稿，拟提供一个具体的行动计划，使人工智能成为国家优先事项。[③] 10月，俄罗斯总统普京签署命令，批准《2030年前国家人工智能发展战略》，旨在促进俄罗斯在人工智能领域快速发展，包括在人工智能领域进行科学研究、为用户提升信息和计算资源的可用性以及完善人工智能领域人才培养体系等。[④]

韩国在人工智能方面属于后起之秀，但2019年的布局也明显提速。1月，韩国科学技术信息通信部出台《数据和人工智能经济发展计划（2019～2023）》，旨在将韩国建设成为数据和人工智能强国。[⑤] 8月，韩国政府多部门联合发布《创新增长扩散与加速化战略》，将大数据、人工智能、网络（5G）、氢经济定为战略投资领域，计划2020年加大在这些领域的投资。[⑥] 12月，韩国政府公布“人工智能（AI）国家战略”，旨在推动韩国从“IT强国”发展为“AI强国”，计划在2030年将韩国在人工智能领域的竞争力

① 《欧盟正式启动“欧洲联盟人工智能”（AI4EU）项目，项目预算达2000万欧元》，搜狐网，https://www.sohu.com/a/297328690_313834，2019年2月24日。

② 《人工智能2019，全球热度升温、各国发展加深!》，中国智造网，http://www.china-mic.cn/html/transition/zbsc/14526.html，2019年12月20日。

③ 《美国国际战略研究中心发布〈2019年度太空威胁评估〉报告，将中俄伊朝列为四大威胁国家》，http://dy.163.com/v2/article/detail/EC8O43D70514R8DE.html，2019年4月8日。

④ 《俄总统普京批准〈2030年前国家人工智能发展战略〉》，东西智库，https://www.dx2025.com/archives/25255.html，2019年12月30日。

⑤ 《韩国出台〈数据和人工智能经济发展计划〉》，中国科技情报网，https://www.chinainfo.org.cn/article/detail?id=230194，2019年2月15日。

⑥ 《韩政府明年拟投资4.7万亿发展大数据、人工智能和5G》，韩国中央日报中文网，http://jciadmin.joins.com/gb/article.do?method=detail&art_id=192145，2019年8月22日。

提升至世界前列。[1]

日本聚焦人工智能人才培养，文部科学省将与全国的大学共同制定新的人才培养课程，最早于2020年编写能够使学生掌握实用知识和技术的讲义和教材。[2] 新加坡则于2019年11月发布一项为期11年的国家人工智能战略，提出新加坡未来人工智能发展愿景、方法、重点计划、建立人工智能生态等内容。[3]

总体来看，2019年的全球人工智能发展，新力量、新战略层出不穷，各国都在根据自身实际积极制定符合本国国情的相关战略规划和具体措施，有的旨在确保领先地位，有的渴望引领产业变革，有的则更关注人才培养。对此，我们在巩固、加速自身发展成果的同时，也应保持密切关注。

2. 业界积极引入赋能内容产业

2019年1月25日，习近平总书记在中共中央政治局就全媒体时代和媒体融合发展举行的第十二次集体学习中提出：从全球范围看，媒体智能化进入快速发展阶段，我们要增强紧迫感和使命感，推动关键核心技术自主创新不断实现突破，探索将人工智能运用在新闻采集、生产、分发、接收、反馈中，用主流价值导向驾驭“算法”，全面提高舆论引导能力。

如果说新一轮信息技术正在重塑内容产业，那么人工智能技术则无疑是前沿和焦点。2019年，无论是在国内还是在海外，人工智能对内容产业的渗透都更加深入。

积极引入人工智能技术，对传统新闻业进行流程再造、推动媒体“智能化”发展，是海内外媒体界的普遍做法。人工智能在信息采集、新闻选题、新闻写作、新闻播报等方面的应用已不乏先例，尤其是海外主流媒体，在人工智能编辑、自动化新闻、人工智能分析、聊天机器人、事实核查等方面已有许多成功案例。2019年，又有一些新实践在业界出现。1月，英国

① 马菲：《韩国公布“人工智能国家战略”》，《人民日报》2019年12月19日。

② 《日本政府要联合高校制定AI人才培养课程》，腾讯云，https://cloud.tencent.com/developer/news/430240，2019年8月29日。

③ 《新加坡发布国家人工智能战略》，中科院网信工作网，http://www.ecas.cas.cn/xxkw/kbcd/201115_127946/ml/xxhzlyzc/202001/t20200102_4553893.html，2020年1月2日。

《卫报》在官网上刊发了一篇有关澳大利亚政治捐款的报道，它的作者正是《卫报》一个名为“ReporterMate”的实验性自动新闻报道系统，该系统能快速分析海量的数据、生成文本内容。[①] 同是2019年初，BBC开发了一项名为“Salco”（Semi-Automated Local Content，半自动生产本地内容）的实验项目，借助这一工具，读者每天看本地新闻时，还可实时了解本地医院的急诊情况。[②]《华盛顿邮报》则将人工智能系统变成一个编辑器，使其根据不同读者对文章主题、内容的了解程度来修改段落，改变文章内容的呈现结构，决定将一篇文章隐藏或者显示给不同的用户，这被称为“折叠新闻”（Origami journalism）——在线文章不再是静态的印刷时代式的，而更像一份折纸，它的部分折叠和展开取决于阅读的人。[③]

在中国，相对于人工智能内容生产和人工智能编辑，人工智能主播方面的实践更为常见。继2018年5月科大讯飞旗下讯飞智声平台的AI语音合成技术对中央广播电视总台主持人康辉的声音进行合成模拟，打造出全球第一个虚拟主播形象“康晓辉”之后，2019年，由科大讯飞和中央广播电视总台联合打造的AI记者助理“小白”、AI虚拟记者“通通”也陆续上岗。2019年中央广播电视总台网络春晚中，更是首次启用了AI虚拟主持人，撒贝宁、朱迅、高博、龙洋四位主持人携手自己的“孪生”AI主播共同完成了主持。2019年全国“两会”期间，各媒体在新兴技术与传统报道模式的结合上下足了功夫，类似的AI主播更成“标配”。新华社联合搜狗公司发布“全球首个AI合成女主播”——“新小萌”，此前的AI合成男主播“新小浩”从此有了搭档；《光明日报》、光明网联合开发的AI虚拟主播“小明”也正式上岗，开始播报“两会”新闻；封面新闻推出AI虚拟主持人——小封；河北长城网也上线了自己的虚拟主播“冀小蓝”。5月，人民

---

① 《替代还是赋能？全球大型媒体AI应用案例大盘点》，http：//www.yidianzixun.com/article/0M5TWF6f，2019年5月24日。

② 《BBC实验室揭秘：如何制作半自动化新闻？生产流程全公开》，搜狐网，https：//www.sohu.com/a/321008339_656174，2019年6月16日。

③ 《定制你的专属播报员，国外顶级媒体：机器人记者正在个性化》，搜狐网，https：//www.sohu.com/a/316262744_804309，2019年5月24日。

日报社首款人工智能虚拟主播“果果”也正式上线。

当然，国内在“智媒体”领域的探索不止于AI主播。2019年，中央广播电视总台成功实现我国首次8K超高清内容的5G远程传输，央视网“人工智能编辑部”发布系列创新产品；新华智云发布“媒体大脑3.0融媒中心智能化解决方案”；全球首个智能化新闻编辑部也在新华社正式投入运营……不过，相对海外，中国主流媒体在人工智能技术的媒体应用方面仍显深度不够，人工智能在媒体融合转型中的动能尚未得到充分释放，尤其是内容生产与编辑、内容分发、人机协同、媒介运营管理、用户运营管理等方面，都应是下一步努力的方向。

此外，人工智能也为整个泛内容行业注入不少新活力。比如，Facebook开发出一款名为“Fashion ++”的AI智能App，可以通过算法调整服装穿搭。人工智能+语音的探索也远未结束，美国消费者新闻与商业频道（CNBC）进一步丰富了语音助手平台上的产品，增加了4款专业性新闻简讯节目。语音搜索领域更是引来互联网巨头纷纷布局，全球知名调研机构Gartner研究显示，到2020年，30%以上的搜索将不需要屏幕；另一知名调研机构ComScore则预测：2020年将有50%的搜索量通过语音完成。[①]

3. 科技巨头展开AI芯片大战

芯片是人工智能产业链中的重要一环。随着人工智能技术与其相关应用的快速演进，AI芯片的争夺也愈演愈烈。2019年，海内外各类公司纷纷加快在AI芯片方面的布局。在海外，不仅亚马逊、谷歌展开AI军备竞赛，连Facebook、苹果等也开始自主研发AI芯片；在国内，不仅BAT、华为等巨头积极造芯，一些算法公司、传统芯片公司以及大量创业公司也积极涌入，加大AI芯片投入和研发力度，一场AI芯片大战悄然打响。国际基金评级机构Morningstar曾预测，2021年全球AI芯片市场规模有可能超过220亿美元。[②]

① 《2020年一半搜索或用语音完成，用户究竟如何使用语音搜索?》，新浪科技，https：//tech. sina. com. cn/roll/2020-02-03/doc-iimxyqvy9890821. shtml，2020年2月3日。

② AiChinaTech：《干货总结，盘点2019年AI五大趋势》，https：//blog. csdn. net/sinat_15603323/article/details/103364854，2019年12月3日。

首先，云端AI芯片迎来众多新玩家，算力大战持续升级。2019年4月，高通推出面向数据中心推理计算的云端AI芯片Cloud AI 100；10月，阿里巴巴推出号称全球最高性能的AI推理芯片含光800；12月，亚马逊推出机器学习推理芯片AWS Inferentia；腾讯投资的燧原科技发布首款人工智能训练产品“云燧T10”。

其次，AI语音芯片持续火热。科大讯飞、阿里、探境科技、清微智能等都发布了针对智能家居的AI语音芯片，反映了AI芯片在特定领域的专业化、定制化趋势。[①] 2019年7月，百度发布用于远程语音交互场景的AI芯片“鸿鹄”；8月，阿里巴巴达摩院发布新一代AI语音FPGA芯片技术——Ouroboros。相对于视觉，对人工智能而言，语音是技术挑战更小的一大应用方向，因此，AI语音芯片未来的竞争仍将是一片红海。

最后，边缘AI芯片进入抢滩期，端云一体的生态格局逐渐清晰。从场景来看，AI芯片又分为云端和边缘（终端）两类。NVIDIA、Intel、IBM、谷歌等都是云端芯片的代表，而苹果、ARM、高通、三星、华为等则属于边缘阵营，目前全球AI芯片呈现云端领先、边缘追赶的局面（见表3）。[②] 一方面，如NVIDIA、谷歌、寒武纪、百度等一些在云端AI芯片市场已积累一定实力的巨头芯片公司开始相继推出面向边缘端的AI芯片，或增强边缘端AI芯片的实力，希望完善云、边、端生态，打造一体化计算格局。另一方面，自动驾驶等专用边缘AI芯片也势头渐显，一些初创公司从一开始就制定了端云一体战略，希望构建强大的AI芯片生态。[③]

---

① 张心怡、马利亚：《AI芯片怎么就进入了洗牌期?》，中国电子报、电子信息产业网，http://m.cena.com.cn/semi/20200106/104112.html，2020年1月6日。

② 《一文看懂2019全球AI芯片产业链全局》，搜狐网，https://www.sohu.com/a/350110421_468636，2019年10月28日。

③ 张心怡、马利亚：《AI芯片怎么就进入了洗牌期?》，中国电子报、电子信息产业网，http://m.cena.com.cn/semi/20200106/104112.html，2020年1月6日。

表 3　2019 年部分海内外公司在 AI 芯片方面的行动

时间	公　司	行　　动
3 月	美国 Intel	发布针对 AI 训练和推理的 Nervana NNP－T/I 系列芯片
3 月	美国 NVIDIA	宣布将斥资 69 亿美元收购以色列芯片厂商 Mellanox
4 月	美国高通	推出面向数据中心推理计算的云端 AI 芯片 Cloud AI 100
5 月	英国 Graphcore	在戴尔科技集团全球大会(Dell Technologies World)上展出基于其 IPU(Intelligent Processing Unit)核芯的 AI 加速卡
6 月	中国寒武纪	发布其第二代云端 AI 推理芯片"思元 270"和边缘侧推理芯片"思元 220"
7 月	中国百度	联合中国联通、中国移动、中国电信、中兴通讯、爱立信、Intel、浪潮、富士康工业互联网等共同发起成立百度 AI 边缘计算行动计划
8 月	美国 Cerebras	推出史上最大 AI 芯片"晶圆级引擎"(Cerebras Wafer Scale Engine,WSE)
9 月	美国苹果	苹果发布新一代 A13 仿生芯片
9 月	以色列 Habana Labs	在 Hot Chip 31 大会上展出其全系列 AI 产品
10 月	中国华为	宣布晟腾 310 和晟腾 910 AI 芯片商用,并发布基于晟腾 910 AI 芯片的 Atlas 800 AI 服务器
10 月	中国阿里	发布旗下号称是目前全球最强的首款自研 AI 芯片含光 800
11 月	美国 Intel	推出代号为 Keem Bay 的第三代视觉处理芯片,同时宣布 Nervana 系列芯片正式出货
11 月	美国 NVIDIA	推出 Jetson Xavier NX 轻量 AI 计算机
12 月	美国 Intel	宣布以 20 亿美元收购 Habana Labs
12 月	中国百度	正式推出命名为"昆仑"的自研云端 AI 推理芯片

当然，科技巨头们的 AI 大战并不止于芯片，2019 年的人工智能人才和技术争夺也是相当激烈。这种"硝烟味"从一系列收购中便可窥知一二：Facebook 相继收购视觉搜索初创公司 GrokStyle、神经软件公司 Ctrl-labs、以色列聊天机器人创企 Servicefriend；亚马逊则一口气吞下温哥华云消费分析创企 TSO Logic、mesh 网络初创公司 Eero、仓储机器人初创公司 Canvas Technology 以及纽约广告技术公司 Sizmek 的部分技术；苹果收购机器学习初创公司 Laserlike、无人汽车初创公司 Drive. ai、瑞士计算机视觉初创公司 Fashwell；微软收购科技公司 Jclarity 和自动化产品营销平台 PromoteIQ；谷歌收购 Superpod 背后的创始团队和教育技术平台 Socratic。除"五大巨头"

外，还有一些标志性的人工智能收购活动，如 Twitter 收购 Fabula AI、音频巨头 Sonos 收购 Snips、Tesla 收购计算机视觉初创公司 DeepScale、VMware 收购 Bitfusion 等，甚至像耐克、麦当劳这样的“非科技”公司也开始参与人工智能的收购活动，这展现了人工智能在各个领域的潜在影响力——从电子商务到无人汽车，从教育到客户服务；而收购将继续在大科技企业的人工智能战略中发挥关键作用——毕竟，抓住最聪明的大脑可能才是取胜的关键。①

（六）数据隐私保卫战继续，全球数据与信息治理再升级

2018 年欧盟《通用数据保护条例》（*General Data Protection Regulation*，GDPR）的实施在全球范围内掀起一股数据保护改革浪潮。算法深度融入受众日常生活，而屡发的数据泄露与滥用事件也将数据和隐私保护问题推向民众和立法者视野。RSA Security 发布的《2019 年数据隐私和安全报告》（*RSA Data Privacy & Security Survey 2019*）显示，近年来，消费者对众多备受瞩目的数据泄露事件的强烈反应暴露了数字化转型的潜在风险——失去客户信任。在 RSA 调查的法国、德国、英国和美国的 6000 多名成年人中，只有 48% 的消费者认为公司可以通过道德方式使用他们的数据。② 这表明全球数据保护形势依然严峻，事实上，“后 GDPR 时代”全球的数据与信息治理依旧没有放松。

1. 个人数据保护立法与执法双管齐下

2018 年，Facebook 的隐私泄露丑闻闹得沸沸扬扬，2019 年 7 月，美国联邦贸易委员会（FTC）就此对 Facebook 开出了约 50 亿美元的巨额罚单。执法的同时，立法也在紧锣密鼓推进。在 GDPR 影响下，美国加州于 2018 年率先出台《加州消费者隐私法案》（CCPA）；2020 年 1 月 1 日，CCPA 正式生效。这成为美国各州和联邦个人信息数据立法的强大推力，加利福尼亚州

① 云鹏：《麦当劳也在买 AI 创企！2019 五大美国科技巨头 AI 收购战》，新浪财经，http：//finance. sina. com. cn/stock/relnews/us/2019 - 12 - 26/doc - iihnzhfz8519869. shtml，2019 年 12 月 26 日。

② RSA Security，*RSA Data Privacy & Security Survey 2019*，2019.

之后，新泽西州、伊利诺伊州、纽约州、华盛顿州等都开始酝酿自己的个人信息保护法。层出不穷的立法使科技公司、行业协会、民间组织等开始呼吁联邦层面的统一立法。2019 年，美国参众两院均提出了多项数据隐私保护提案。2019 年 11 月 26 日，多名民主党参议员联合提出《消费者线上隐私权法》（COPRA）。这份综合性隐私法案将向个人授予对他们数据的广泛控制权、设置关于数据处理的新义务以及扩大美国联邦贸易委员会（FTC）在数字隐私方面的执法职能。① 大洋彼岸的中国，2019 年也进入个人信息保护的“攻坚之年”。3 月，十三届全国人大二次会议将《个人信息保护法》列入本届立法规划。4 月，公安部网络安全保卫局、北京网络行业协会、公安部第三研究所等单位共同研究制定的《互联网个人信息安全保护指南》正式发布。② 5 月，国家互联网信息办公室发布《数据安全管理办法（征求意见稿）》。8 月，国家市场监督管理总局、中国国家标准化管理委员会联合发布《信息技术数据交易服务平台通用功能要求》《信息安全技术数据交易服务安全要求》两项国家标准，两项标准于 2020 年 3 月 1 日正式实施，与此前的《信息技术数据交易服务平台交易数据描述》共同推动数据交易产业的规范化发展。10 月，十九届四中全会通过《推进国家治理体系和治理能力现代化若干重大问题的决定》，将“数据”纳入与劳动、资本、土地并驾齐驱的参与分配的生产要素。12 月，国家互联网信息办公室发布《网络信息内容生态治理规定》，自 2020 年 3 月 1 日起施行，这使数据治理的公共性进一步提升。

此外，一系列专项执法行动也密集开展。最为瞩目的是 2019 年初中央网信办、工信部、公安部、国家市场监督管理总局四部门联合发布的《关于开展 App 违法违规收集使用个人信息专项治理的公告》，12 月，《App 违法违规收集使用个人信息行为认定方法》正式公布。另外，公安部开展的“净网 2019”专项行动、国家市场监管总局开展的“守护消费”暨打击侵

① 《2019 全球数据与信息治理回顾与前瞻》，中国信息安全，http://ankki.com.cn/AboutNewsDetail_84_4668.html，2020 年 3 月 18 日。

② 《盘点！2019 年度个人信息保护十大事件》，中国电子银行网，https://www.cebnet.com.cn/20191231/102629014.html，2019 年 12 月 31 日。

害消费者个人信息违法行为专项执法行动、工信部开展的“电信和互联网行业提升网络数据安全保护能力专项行动”、工信部信管局开展的“信息通信领域 App 侵害用户权益专项整治行动”，亦前赴后继，形成了具有中国特色的个人信息保护执法格局。①

2. 各国政府强化对科技公司和数据平台管控

整体而言，2019 年各国政府对各大科技公司和数据平台的监管再次加码。

一方面，对音频市场的规范加强，尤其对个人信息泄露问题更加关注。2019 年，欧洲和美国的监管机构开展了一系列活动，调查科技平台如何存储、处理和使用音频数据。如有违反相关规定，将会处以巨额罚款。Facebook、谷歌、微软、苹果、亚马逊等公司均被德国、爱尔兰等地的监管机构列入调查，人工语音审核是调查的核心。② 2019 年初，谷歌收到 GDPR 生效以来的第一张欧盟国家罚单；11 月，谷歌在其官方博客中宣布，将进一步采取措施保护用户隐私。根据其与数据保护机构的合作，从 2020 年 2 月起，不再向广告竞拍中发起出价请求的买主共享情境内容数据。③

另一方面，对网络虚假信息和网络恐怖主义的打击力度也在加大。2019 年 2 月，美国政府问责局（GAO）发布报告，建议国会效仿欧盟的 GDPR 制定互联网数据隐私立法，以加强对消费者的保护。④ 另据 CNET 网 7 月 15 日消息，美国参议院要求联邦贸易委员会（FTC）对 Facebook、谷歌和推特等科技公司的内容策划展开调查，以防科技公司控制推送内容影响选举。⑤

① 《2019 全球数据与信息治理回顾与前瞻》，中国信息安全，http：//ankki. com. cn/AboutNewsDetail_ 84_ 4668. html，2020 年 3 月 18 日。

② 《欧洲监管机构着手调查科技巨头们的音频使用》，腾讯新闻，https：//news. qq. com/a/20190829/008884. htm，2019 年 8 月 29 日。

③ 《谷歌进一步限制数据分享，品牌备战黑五购物季》，全媒派，https：//36kr. com/p/5266906，2019 年 11 月 18 日。

④ 《效仿欧盟 GDPR 美国有望推进互联网隐私保护立法》，新浪财经，http：//finance. sina. com. cn/stock/usstock/c/2019 －02 －17/doc －ihrfqzka6514359. shtml，2019 年 2 月 17 日。

⑤ 《美国国会将对谷歌、Facebook 和推特展开调查，以防范 2020 年选举的风险》，网易，http：//dy. 163. com/v2/article/detail/EK7OBH4B0545106L. html，2019 年 7 月 16 日。

5 月，为纪念新西兰城市基督城发生的大规模枪击事件，新西兰牵头法国、德国等 17 国政府机构与 Facebook、亚马逊、谷歌等 8 家科技公司签署了一项名为“基督城呼吁”（Christchurch Call）的协议，共同打击网络暴力极端主义。[①] 新加坡国会通过《防止网络假信息和网络操纵法案》，使政府有权要求个人或网络平台更正或撤下对公共利益造成负面影响的假新闻。[②] 日本通信部门也释放消息，拟于 2020 年修改电信企业法，从而将日本国内隐私保护规定扩大到全球科技巨头身上，加强对苹果、谷歌、Facebook、亚马逊等海外科技巨头的监管。

3. 儿童数字隐私保护受关注

随着儿童触网年龄越来越低，儿童的数字隐私保护也日益受到关注。2019 年 5 月，苹果和谷歌应用商店里的三款约会应用 Meet24、FastMeet 和 Meet4U，因允许 13 岁以下儿童注册被下架；8 月，谷歌因侵犯儿童网络隐私被美国联邦贸易委员会（FTC）重罚 2 亿美元；9 月，YouTube 因儿童隐私问题被美国联邦贸易委员会（FTC）罚款 1.7 亿美元……连发的侵犯儿童数字隐私案例再次给人们敲响警钟。普华永道（PwC）联合 SuperAwesome 发布的《2019 全球儿童数字媒体报告》（*Kids Digital Media Report 2019*）显示，估计到 2021 年，全球儿童数字广告市场的价值将达到 12 亿美元；每天有超过 17 万名儿童第一次上网，随着儿童在每日互联网受众中的比例越来越大，预计保护他们的法律将更加紧迫。[③]

美国早在 1998 年就通过了《儿童在线隐私保护法》（COPPA），上述受罚的公司，也都是因为不同程度上违反了该法案的规定。在此背景下，一些平台开始主动作出改变。2019 年 6 月，苹果更新了应用审核中有关“儿童类”（Kids Category）的规定，要求儿童类别应用不再允许包含第三方广告和分析工具，包含应用外链接、购买机会或其他干扰儿童的内容也被一并禁

① 《多国签署“基督城呼吁”协议让网络远离暴力极端主义》，《先驱报》2019 年 5 月 18 日。

② 王丽丽：《新加坡通过〈防止网络假信息和网络操纵法案〉》，新华网，http：//www.xinhuanet.com/2019-05/09/c_1124472325.htm，2019 年 5 月 9 日。

③ PwC & SuperAwesome，*Kids Digital Media Report 2019*，2019.

止，否则将被 App Store 下架；同时指出，开发者应特别注意世界各地保护儿童网络隐私的法律。[①] 2020 年 1 月，YouTube 官方宣布，将正式限制平台与创作者收集儿童内容的用户数据。早前，它就曾宣布，所有创作者都必须标注内容是否为儿童创作，任何观看儿童内容的用户，都会被标记为“儿童”。即使该用户是被验证过的付费高级会员，如果被 YouTube 判定为 10 岁的孩童，其数据也会被相应处理。[②]

2019 年，中国的儿童个人信息保护规范出台。8 月，国家互联网信息办公室发布《儿童个人信息网络保护规定》，明确任何组织和个人不得制作、发布、传播侵害儿童个人信息安全的信息，网络运营者收集、使用、转移、披露儿童个人信息的，应征得儿童监护人的同意。此外，教育部等八部门还联合发布了《关于引导规范教育移动互联网应用有序健康发展的意见》，对面向未成年人尤其是在校学生提供产品或服务过程中收集其个人信息的运营者进行明确的行为约束及规范。对于儿童个人信息保护，中国已迈出了关键性一步。[③]

三　全球传播生态热点前瞻

（一）全球“Z 世代”人数首超“千禧一代”，数字原住民媒介接触习惯不容忽视

Z 世代（Generation Z / Gen Z），根据不同年龄划分方法，有不同的定义，通常被认为是 1995～2010 年出生的人，也有一说是 2000 年之后出生的人。但不论何种说法，Z 世代族群的大致出生时间都被框定在 1990 年代中期至 21 世纪初期。他们成长在互联网的高速发展之下，因此又被称为网络

① 《苹果将规范“儿童类别”应用行为，不再允许包含第三方广告及分析工具》，搜狐网，https://www.sohu.com/a/318901048_114774，2019 年 6 月 6 日。

② 《YouTube 保护儿童隐私 限制儿童内容数据收集》，http://mini.eastday.com/mobile/200114214410753.html，2020 年 1 月 14 日。

③ 《2019 网络安全与数据保护年度报告》，中伦律师事务所，2020 年 2 月。

世代、互联网世代。

根据Z世代研究机构 Zebra IQ 发布的报告《2019 Z 世代状况报告》（*The State of Gen Z 2019*），2019 年，全球Z世代人数将超过千禧一代。报告显示，目前，全球Z世代有24亿人，占全球人口的32%，其消费能力达到440亿美元。[①] 随着Z世代逐渐成长为主流消费人群，越来越多的商业布局已悄然围绕他们展开。毋庸置疑，对传媒界而言，Z世代也是未来移动互联网消费乃至智能媒体消费的一股重要力量，是不容忽视的一个潜在用户族群。

目前，已有一些专门针对Z世代媒介接触习惯的调研展开，所得结论值得引起注意。

其一，尽管社交媒体伴随着Z世代成长，是他们与世界沟通、连接的重要方式，但 Hill Holliday 公司内部研究部门 Origin 2018 年发布的《Z 世代社交媒体研究报告》（*Meet Gen Z：the Social Generation*）显示，Z世代青年有34%的人表示将永久离开社交媒体，64%的人表示正在逐步降低社交媒体使用频率。[②] 然而，这并不表明Z世代已经放弃了社交媒体，数据显示，91%的Z世代成年人使用社交媒体；但是，Z世代很少使用 Facebook、Twitter 和 Pinterest，相反，他们更喜欢 YouTube、Instagram 和 Snapchat。[③] 分析认为，“Z世代在用新的社交方式构建自我，堪称数字企业家。社交媒体大撤退，彰显出Z世代绝不是为习惯所困的原住民，而是互联网新潮流的制造者。”[④] 事实也的确如此，Z世代们热衷于在 Snapchat 上与好友聊天，在 TikTok 上刷好友的短视频动态，在 Discord 上与相同爱好人群对话。除此之外，受到Z世代欢迎的应用还有 Twitch、Reddit、Imgur、Unfold、Brat、

① 《揭秘Z世代的真正身份：不是社交原住民，而是数字企业家》，全媒派，https：//www. iyiou. com/p/103919. html，2019 年 6 月 26 日。

② Hill Holliday, *Meet Gen Z：the Social Generation*, 2018.

③ 《Z世代的社交媒体格局》，搜狐网，https：//www. sohu. com/a/330753883_100193809，2019 年 8 月 1 日。

④ 《揭秘Z世代的真正身份：不是社交原住民，而是数字企业家》，全媒派，https：//www. iyiou. com/p/103919. html，2019 年 6 月 26 日。

NTWRK 和 Lomotif 等。[①] 这其中，就有三个小众化社交媒体平台，分别是：以发帖—回复为基本模式的内容社区 Reddit、“表情包大战”社区 Imgur、精致优雅美图社区 Unfold。[②] 多元化的诉求、难以“标签化”的用户形象，使 Z 世代在不同社交平台之间的迁移变得更加容易。

其二，除了社交媒体平台，泛娱乐平台也显示出对 Z 世代很强的吸引力。如果说千禧一代是数字先驱者，那么 Z 世代则是真正的数字原住民，他们成长在虚拟经济大发展、消费结构大变革的时期，直播、移动视频、移动音乐、手机游戏、数字阅读等构成了他们的“媒介环境”，游戏、动漫、电竞、二次元等成为他们的日常文化消费品，他们不仅是移动互联网时代新文化产品的追随者、消费者，同样也是新技术和新文化产业需求的创造者、构筑者。触宝大数据研究院大数据报告显示，漫画类 App 是目前海外兴趣类 App 中的新潮流，它们获得 Z 世代用户的大量安装以及长时间使用。[③] 在我国，明略科技和 AdMaster 发布的报告也显示，近一半受访 Z 世代人群有使用动漫表情包进行沟通的习惯，动漫相关内容在微博的提及量近三年间增长 23%，近七成人的消费决策受动漫元素影响，在动漫圈层属性较强的 Bilibili 近三年用户规模呈持续增长之势。漫画、动画视频、游戏（ACG 文化）已成为中国 Z 世代年轻人最普遍的兴趣爱好，动漫文化已经渗透到年轻人的社交场景和沟通语境，是年轻人的通用语言。[④]

Z 世代的崛起也意味着兴趣圈层和亚文化的崛起，Bilibili 的成功、二次元文化和弹幕文化等的流行都是明证。目前已有一些媒体平台开始探索“预订”年轻用户的方法，国外主流媒体纷纷瞄准校园市场，在学生用户上做文章，比如英国《金融时报》推出“FT 中学”项目，旨在与中学老

① Zebra IQ, *The State of Gen Z 2019*, 2019.

② 《揭秘 Z 世代的真正身份：不是社交原住民，而是数字企业家》，全媒派，https://www.iyiou.com/p/103919.html，2019 年 6 月 26 日。

③ 《触宝报告：漫画类 APP 全球吸粉 崛起的 Z 世代与“她经济”》，中国新闻网，http://www.sh.chinanews.com/swzx/2019-06-24/58777.shtml，2019 年 6 月 24 日。

④ 明略科技 &AdMaster：《动漫，年轻人的通用语言》，2019 年 5 月。

师合作，通过小测试、写作比赛等方式培养学生们阅读《金融时报》的习惯；《纽约时报》推出“资助学生订阅”项目，3万多名用户参与该项目，自掏腰包帮助美国50个州内4000所公立学校的逾300万青少年实现“免费”订阅《纽约时报》，使其成为课堂教学与课后作业的重要学习资源之一；[①] Facebook秘密开发一款为年轻人量身定做的视频产品——LOL，主打搞笑视频和GIF剪辑；腾讯教育品牌正式发布，还推出了面向中小学的AI教学平台“腾讯智启学堂”……由新兴市场的人口结构变化所带来的受众需求代际差异，毫无疑问会给媒体带来短暂适应期，但也带来了新的机遇。总体上看，Z世代的媒体使用习惯将深刻改变新闻生产和分发的方式，同时影响着内容的生产形态，从而推动传媒业的生产与传播模式经历一场结构性变革。[②] Z世代还有哪些媒介接触偏好？他们将如何主导未来的媒介消费趋势或媒介文化走向？这一庞大的新兴主流消费人群值得我们深入探研。

（二）反垄断、数字税来袭，科技巨头将面临多重压力

近两年，说科技巨头进入了“多事之秋”恐怕毫不夸张。一方面，大型互联网平台与媒体之间的关系变得日益紧张，合作中摩擦不断。媒体越来越不满平台借助自身内容日渐壮大，自己却很难从平台的巨大流量中获益，开始要求平台为内容使用付费。一场由行业协会、政府机构等多方组织参与，以算法监管、新闻减税、内容付费为主要内容的媒体与平台拉锯战已经揭开序幕。目前，苹果和Facebook正在开发新产品，通过这些产品向选定的媒体支付内容费用；微软新闻、Twitter和Snapchat也正在提供支付服务。[③] 这使平台与媒体之间的战火升级，2019年3月，BBC直接宣布将下属

---

① 《NYT的“免费”生意经：300万学生受益订阅，成本从读者腰包里掏》，网易，http：//dy. 163. com/v2/article/detail/EASVNQ2U05198NMR. html，2019年3月22日。

② 史安斌、王沛楠：《2020全球新闻传播新趋势——基于五大热点话题的访谈》，《新闻记者》2020年第3期。

③ 《数字平台与媒体关系十大观察：离不开也靠不住?》，全媒派，https：//mp. weixin. qq. com/s/2ZUw0r2LNvbhBOnYuqYrMA，2019年11月1日。

的播客节目从 Google Podcasts 的系统中移除，取消 Google Assistant、Google Home 智能音箱的内容访问权限，原因是自从谷歌 2019 年推出了自己的播客 App 之后，就倾向于引导搜索 BBC 播客节目的用户至谷歌自己的应用程序，而非 BBC 的音频应用 Sounds 或者其他第三方服务平台。[①] 另外，闹得沸沸扬扬的隐私问题迫使平台们不得不加强隐私设置，但这不可避免会对媒体收集数据造成一定程度上的困难，媒体广告和订阅策略也因而受到消极影响。[②]

而如今，这些问题还尚未得到妥善解决，科技巨头们又将迎来新的麻烦。

1. 美科技巨头遭遇反垄断监管风暴，被拆分风险加剧

反垄断调查由来已久，欧盟反垄断监管机构一直没有停止对科技巨头的关注，早前几年谷歌就曾因购物搜索结果和广告排名、安卓操作系统的相关行为、非法广告等被欧盟委员会罚款多次。2019 年，巨头们庞大的市场份额以及强大的数字广告营收力量再次引发监管机构、立法者和民众的担忧，一场反垄断风暴卷土重来。

这次的主导力量是美国，在这一点上，白宫和国会意见都极为统一，这使形势对科技巨头们更加不利。在美国执行反垄断法的主要是联邦贸易委员会（FTC）和司法部（Department of Justice）。2019 年2 月底，FTC 就宣布，将对互联网巨头展开调查，监测它们是否存在反竞争行为，过往的行业并购也被纳入调查范围之内。包括谷歌、Facebook、亚马逊和苹果，都有可能因反垄断而面临分拆风险，如果已经完成的并购对消费者不利，有可能要求撤销合并。[③] 6 月，美国众议院司法委员会宣布，将对 Facebook、谷歌和其他科技巨头就反垄断问题进行“自上而下”的调查，这意味着特朗普政府向

① 《媒体与平台战火蔓延：BBC 从谷歌应用中移除音频节目，正面刚》，全媒派，https：//xw. qq. com/amphtml/20190429A02FJR00，2019 年 4 月 29 日。

② 《数字平台与媒体关系十大观察：离不开也靠不住?》，全媒派，https：//mp. weixin. qq. com/s/2ZUw0r2LNvbhBOnYuqYrMA，2019 年 11 月 1 日。

③ 《重视反垄断风险 美国联邦贸易委员会宣布对互联网巨头展开调查》，金投网，https：//usstock. cngold. org/c/2019 - 03 - 13/c6264815. html，2019 年 3 月 13 日。

调查科技巨头的反竞争行为迈出了重要和实质性的第一步。[①] 7月，美国司法部宣布将展开一项广泛的反垄断调查，以确定占主导地位的科技公司是否在非法扼杀竞争。[②] 9月，有媒体报道，美国多个州的检察长将分别对 Facebook 和 Alphabet 旗下子公司谷歌展开正式的反垄断调查，这将给已经面临美国联邦机构审查的科技巨头带来更大压力。[③]

重重“围堵”之下，科技巨头们被拆分的风险加剧。事实上，2019年初，就有新闻集团向监管部门提出，应该拆分谷歌从而恢复被其“压倒性”力量破坏的公平竞争环境；3月，美国民主党总统竞选人伊丽莎白·沃伦在 Medium 上发文，建议拆分亚马逊、谷歌和 Facebook 等年收入超过250亿美元的科技公司，并禁止这些公司通过自有平台宣传自己的产品。[④] 而另一边，对巨头们展开反垄断调查的其实不止美国，欧盟步步紧逼之下，德国、日本等也开始效仿，科技巨头在全球范围内面临的反垄断压力呈加剧之势。

2. 全球数字税征收提上日程

全球数字经济的快速发展呼吁税收领域的改革。2019年，全球范围内的数字税征收开始加速推进。

欧盟持续关注数字版权问题。早在2018年，欧盟委员会就提出针对大型互联网企业征税提案，不少成员国也纷纷推出本国数字税征收计划。2019年3月，欧洲议会通过《数字单一市场版权指令》，对欧盟施行了20年的版权法首次进行修改。该指令规定，互联网平台使用版权作品，将有支付版税的义务，明确规定了作者拥有从作品的使用（包括在线使用）中，获得公平且成比例报酬的权利。欧盟各成员国将在未来两年将其纳入各国立法，预计

---

① 冯卫东：《被特朗普当局认为拥有“非凡权力”美科技巨头或集体遭遇反垄断调查》，《科技日报》2019年6月6日。

② 《美国司法部将对科技巨头展开全面反垄断调查》，新浪财经，http：//finance. sina. com. cn/roll/2019－07－24/doc－ihytcerm5834320. shtml，2019年7月24日。

③ 《美国多州要对谷歌、Facebook 下手：展开反垄断调查》，搜狐网，https：//www. sohu. com/a/339789750_ 100191067，2019年9月9日。

④ 《都在喊话拆苹果、拆谷歌？拆字诀能破解国外科技巨头垄断局面吗?》，站长之家，https：//www. chinaz. com/news/2019/0419/1010292. shtml，2019年4月19日。

将对欧洲乃至全球的互联网行业产生深远影响。2019 年 6 月 9 日，日本福冈二十国集团（G20）财政和央行行长会议就针对数字巨头的征税计划达成共识，提出“双支柱”计划，并预计在 2020 年前拟定一个最终报告。[①] 在此推动下，7 月，法国参议院投票通过向大型互联网企业征收数字税的法律草案。根据该草案，自 2019 年 1 月 1 日起，谷歌、亚马逊、脸书等 30 余家全球数字业务营业收入不低于 7.5 亿欧元，同时在法国营业收入超过 2500 万欧元的互联网企业将被征收相当于其在法国营业额 3% 的数字税。[②] 由此，法国成为数字税征收的先行者。

紧随其后，2020 年 1 月 1 日，意大利开始向大型科技公司征收其在意营业额 3% 的数字税。英国宣布对 Facebook、谷歌、亚马逊等征收 2% 的数字税。新西兰内阁计划更新税法，向跨国数字巨头征收数字服务税。奥地利议会下议院于 2019 年 9 月批准了一揽子税收改革方案的第一部分，拟从 2020 年起对全球年销售额超过 7.5 亿欧元的互联网企业征收 5% 的数字税。[③] 捷克政府于 2019 年 11 月批准了一项 7% 的数字税提案，旨在通过对谷歌和 Facebook 等全球互联网巨头的广告服务征税来增加国库收入。[④] 印度拟对谷歌等互联网巨头征收数字税，数字税率将会按照在该国运营的业务收入和用户基数来征收，征收范围在 30% ~40% 。[⑤]

数字经济迅猛发展下，数字税收已成全球大势所趋。数字经济改变了商业运行模式，也必然带来全球经济治理规则的调整，而数字税收的背后，则是各国全球经济治理权的博弈。这种形势下，中国究竟该如何应对，是值得关注的问题。

---

① 岳云嵩：《数字税发展动向与启示——以欧盟为例》，搜狐网，https：//www.sohu.com/a/319635523_ 735021，2019 年 6 月 10 日。

② 葛文博：《法国计划对互联网巨头征收“数字税”》，《人民日报》2019 年 7 月 3 日。

③ 《奥地利 2020 年起率先征收数字税》，http：//at.mofcom.gov.cn/article/jmxw/201904/20190402851494.shtml，2019 年 4 月 8 日。

④ 《捷克政府批准一项数字税 对谷歌 Facebook 等征税 7%》，新浪科技，https：//tech.sina.com.cn/i/2019 - 11 - 18/doc - iihnzahi1784942.shtml，2019 年 11 月 18 日。

⑤ 《印度政府要开始“收割”美国科技巨头了！数字税率或高达 40%》，网易，http：//dy.163.com/v2/article/detail/E8L6UFK70511AFKC.html，2019 年 2 月 2 日。

（三）中美“媒体战”提示需关注国际传播环境结构性变化

2020 年 2 月 18 日，美国国务院宣布，将 5 家驻美中国媒体指定为“外国使团”（foreign missions），要求它们像外国使馆一样向美国国务院登记在美雇员和财产等信息，这项决定根据美国《外国使馆法》（*Foreign Missions Act*）即刻生效。这 5 家中国媒体包括：新华社、中国国际电视台（CGTN）、中国国际广播电台、《中国日报》和《人民日报》海外版。这被认为是华盛顿为应对中国在美影响力而采取的最新举措，是特朗普政府“大国对抗”战略的一部分。[①] 紧接着，3 月 13 日，美国国务院又宣布，对被作为“外国使团”列管的 5 家中国媒体中国籍员工数量采取限制措施。

近年来，美国对中国媒体的打压并不鲜见。2018 年 12 月，美司法部就将中国国际电视台北美分台登记为“外国代理人”，此外，对中国记者入境签证采取歧视性政策、以种种理由限制中国记者在美采访等更是常有之事。只是此次越发升级。对此，2 月 19 日，中国外交部宣布吊销《华尔街日报》3 名驻京记者记者证；3 月 18 日，宣布中方针对美方打压中国媒体驻美机构行为采取反制措施，除要求 5 家美国媒体向中方进行登记，类似中国5 家媒体在美国被要求的登记手续，《纽约时报》《华尔街日报》《华盛顿邮报》3 家美媒的驻华记者 2020 年记者证到期的，将被要求 10 天内交还，不得继续在华采访。[②]

事实上，无论是此前的贸易战还是科技战，中美之间的舆论较量一直贯穿始终。从美国杂志《纽约客》点名批评微信公号“北美留学生日报”，到中央广播电视总台抨击“美国对华强硬派荒唐得令人喷饭”登上微博热搜，中美舆论场上一直呈短兵相接、刀光剑影之势。而如今的“媒体战”，更是

① 张全：《对抗中国影响力，美国盯上了中国 5 家媒体》，凤凰网，http://news.ifeng.com/c/7uBySZ1G03a，2020 年 2 月 19 日。

② 《环球时报：“媒体战”若打下去，美方占不了便宜》，环球网，http://news.sina.com.cn/c/2020-03-18/doc-iimxyqwa1269452.shtml，2020 年 3 月 18 日。

这种对抗的一种外显，它提示我们需要重新审视当前所处的国际传播环境，继而在新的视角下做好国际传播工作。

首先，美国对中国媒体的限制打压源于对“中国媒体扩张”的担忧，其目的是削弱中国媒体在美影响力。“中美从贸易战、科技战开始，发展为更多领域和方位的对抗。而此次美国政府突然对中国媒体出手，不过是中美竞争关系的一个衍生和缩影，舆论较量已经成为美国在对抗之下开辟的一个全新战线。”① 不过，这也恰恰反映了近年来中国积极“构建讲好中国故事的国际传播新格局”的努力与成效。

其次，无论是近年来西方媒体对中国日益频繁、密集的抹黑，还是全球公共卫生事件语境下国际舆论对中国的高度关注、对中国国家形象的爆发式聚焦，实际上都是中国与世界关系变化和西方各国社会结构巨变的一种折射，是西方舆论在政治、经济与文化三方面冲击中国国家形象的表现，可以预见，未来中国国家形象的对外传播难度将大增。②

最后，网络国际空间话语权日益成为更为重要的国际传播战略高地，与此同时，社交媒体推动下的社会大众话语力量崛起在一定程度上重塑了传统的舆论权力结构，“当今世界，占国际信息发布量80%以上的英文世界的传播载体正在发生巨变，用户覆盖率极高的Facebook、Instagram、Twitter和Snapchat四大社交媒体平台的格局已形成”③，对此我们应予以高度关注，在整体变局中对国际传播实践作出调整。2019年国产短视频平台的成功出海、李子柒海外爆红等，值得欣喜，但仍任重道远。“从国际环境角度看，以中国崛起为动力的全球秩序转移能否推动全球化进程从美国主导时期弱肉强食的‘丛林法则’走向‘后美国时代’的人类命运共同体，在一定程度

---

① 《从贸易战到舆论较量 美国对中国媒体出手背后》，https://mp.weixin.qq.com/s/edL8zIquNaL5tbpC2807Jg，2020年2月20日。

② 王文、贾晋京、关照宇：《后疫情时代，中国形象传播方式急需改革》，《对外传播》2020年第3期。

③ 王文、贾晋京、关照宇：《后疫情时代，中国形象传播方式急需改革》，《对外传播》2020年第3期。

上取决于国际传播挖掘、阐发、推广以‘共同发展’为理念的国内外实践”①，而这依然需要我们去不断探索。

（四）国际政治经济格局变化下的全球信息传播秩序变革应予警惕

1. 从一国到国际，政治传播生态改变加速全球传播秩序重建

舆论宣传在任何国家都是掌控意识形态的重要抓手。当前，社交媒体已全方位进入并成为舆论宣传的“主战场”，自然也成为政治党派和人物的首选平台。其一方面生产着海量信息，另一方面又面临监管乏力，在受众注意力和辨别力有限的情况下，使当今世界加速进入“后真相”时代。西方民主政治中原本就纷繁复杂的政治博弈，体现在社交媒体上就更加分化和撕裂，原本泾渭分明的舆论对抗演变为广泛多元的政治价值冲突。不管是政治党派和人物的自主推动，还是新闻媒体的传播推广，都在以“吸睛”、“刷屏”和“流量为王”的社交媒体上做了“迎合性”选择——“计算宣传”（Computational Propaganda）②，一种打破原有政治传播生态的方式。不同的政治身份、种族、文化、宗教、立场在碎片化的媒体环境下混合重叠，显现了这种政治传播生态中的乱象。

研究显示，2019 年，有 70 个国家的政党和政治家们进行过有组织的社交媒体操作活动，其中有超过 80% 是利用网络水军、虚假账户，甚至机器人账户散播对政党和政客的正面或负面信息。除了政界直接参与，媒介在政治传播中的“算计”也随之出现。2018 年美国佛罗里达州长选举中，NBC 选择在不同的时间向来自不同地区的受众推送不同的内容：在奥兰多地区只推送民主党候选人吉勒姆的相关消息，而在迈阿密地区则只推送共和党候选人德桑蒂斯的新闻。这是基于地理位置的“定制化推送”模式的一次尝试，也是“计算宣传”在政治传播中的一次公开亮相。2020 年正值新一轮的美

① 洪宇：《立足问题意识，唱响“世界之中国”》，《新闻战线》2019 年第 21 期。

② 史安斌、王沛楠：《2020 全球新闻传播新趋势——基于五大热点话题的访谈》，《新闻记者》2020 年第 3 期。

国大选年，新闻媒体与民主政治的共生关系将再次接受考验。①

不仅如此，“计算宣传”也从一些西方国家国内政治的使用中波及国际关系领域和全球公共事务，演变为“社交媒体冷战”。研究表明，在 Twitter 平台上以中国相关的标签发推量前 100 的账户内容中，没有一条在内容的情感上是“亲华”的，“反华”内容则超过了一半。显然，这些信息很大程度上是社交媒体机器人的操纵。

由计算宣传掀起的这场从西方国家到国际社会的政治传播生态变局，预示了今后全球舆论战的发展方向和关注焦点，给国际传播提出了新的挑战，但同时也给使用“计算宣传”的政治传播国家带来系列问题。首先，与社交媒体相对的新闻媒体的影响力和公信力降低，使传播力大打折扣。其次，逐渐失去权威和主流导向的社交媒体所生产的信息会进一步“野蛮生长”，使社群、族群的分化越来越严重，甚至可能导致社会风险和政治动荡发生。这些国内问题会严重影响这些国家在国际社会上的“发声”，致使现有的国际传播秩序发生剧烈而深刻的改变。中国在遭遇“社交媒体冷战”的同时，也应当看到自身已经站到全球舆论战前沿的现实，需要防止“计算宣传”病毒的蔓延，从而有效应对全球传播秩序变革。

2.“西强我弱”格局有所松动，非西方国家面临机遇

当前，以美英为首的发达国家占据信息生产、传播和技术制高点的“西强我弱”的全球信息传播整体态势仍未根本改变，但随着国际政治经济领域一些新的变化出现，这样的格局已经有所松动。

一方面，以中国、印度、俄罗斯等“金砖国家”新兴经济体为代表的“他国崛起”进一步动摇了二战后由美国主导的世界秩序，全球媒体文化产品的流动也日趋多样化，出现了由新兴经济体和发展中国家主导的反向流动（counter-flow）趋势。② 2019 年 10 月，在第四届金砖国家媒体高端论坛上，

① 史安斌、王沛楠：《2020 全球新闻传播新趋势——基于五大热点话题的访谈》，《新闻记者》2020 年第 3 期。

② 史安斌、王沛楠：《2020 全球新闻传播新趋势——基于五大热点话题的访谈》，《新闻记者》2020 年第 3 期。

来自金砖五国的55家主流媒体机构的近百名代表共同发表《金砖国家媒体高端论坛行动计划（2019～2020年）》，提出金砖国家媒体应深化合作传播，“在国际重大问题报道上加强协调，联合发声，维护和增强新兴市场国家和发展中国家的话语权，携手构建更加公平、公正的国际舆论传播秩序”[①]，这种“抱团取暖”式的媒体互利合作，将有望打破西方对抗性零和博弈的惯性思维模式，进一步彰显和推动中国“人类命运共同体”全球秩序观的价值与国际影响力。

另一方面，近年来由信息通信技术创新驱动的传播秩序变革已初见端倪，2019年全球围绕5G标准展开的政治与技术话语权之争无疑是世界进入“西方缺失”（Westlessness）这一“新常态”的重要表征，也成为非西方国家改变当前不平衡的全球信息流动格局的重要机会。[②] 这种由技术层面所推动的市场规模和话语力量洗牌，将迫使既有的由西方发达国家主导和建构的全球信息传播秩序面临一场深刻转型。中国在5G领域所具备的先发优势和即将扮演的重要角色，将有利于为推动和变革全球治理体系和促进新型全球化关系贡献中国智慧和中国方案，从而有力推动全球信息传播秩序变革。

---

① 《金砖国家媒体高端论坛发表〈金砖国家媒体高端论坛行动计划（2019～2020）〉》，https：//baijiahao. baidu. com/s？id＝1648981091416739468&wfr＝spider&for＝pc，2019年11月1日。

② 史安斌、王沛楠：《2020全球新闻传播新趋势——基于五大热点话题的访谈》，《新闻记者》2020年第3期。

政策—理念篇

Reports on Policy and Idea

B.2
打通供需两侧　做强环"球"传播
——5G语境中的媒体供给侧结构性改革发展报告

江和平*

摘　要： 在5G媒体技术爆发语境下，媒体面临的主要矛盾是用户日益增长的个性化信息需求和与之不相应的供给之间的矛盾。文章通过解构"球"字，一方面，从需求侧的六个具体媒体应用入手，分析5G时代需求侧新形势、新特点、新变化；另一方面，紧扣需求侧发展趋势，以中国环球电视网（CGTN）国际传播的探索和实践为例，对5G时代媒体供给侧进行六个"重新定义"，阐释供给侧结构性改革的方向和路径，探讨如何丰富传播思路、优化传播策略，准确有力地发出中国声音。

* 江和平，中央电视台外语频道总监。

关键词： 5G语境　环“球”传播　供给侧改革　结构性改革

当前，移动互联网已经成为信息传播主渠道，5G即将成为媒体技术爆发的另一个风口。习近平总书记2019年“1·25”讲话提出，全媒体时代要加快推动媒体融合发展，构建全媒体传播格局。这是习近平总书记站在媒体治理体系和治理能力现代化的高度，解决新时代媒体发展主要矛盾的重要部署。

媒体面临的主要矛盾是什么？正如习近平总书记在党的十九大报告中指出的，中国特色社会主义进入新时代，我国社会主要矛盾已经转化为人民日益增长的美好生活需要和不平衡不充分的发展之间的矛盾。在媒体领域，笔者认为是：用户日益增长的个性化信息需求和与之不相适应的供给之间的矛盾。[①] 这一矛盾集中反映的是媒体产品的供给侧和需求侧之间的偏离现状。如何解决这一主要矛盾？笔者的答案是：对需求侧新形势、新特点、新变化保持敏感和预见，与时俱进地进行供给侧结构性改革，更加精准有效地满足用户需求，甚至引导用户需求。

在5G引领媒体业态大变革、大发展、大融合的新时代背景下，需求和供给两侧都将呈现一系列新变化。笔者用一个“球”字，以中国国际电视台（中国环球电视网，CGTN）国际传播的探索和实践为例，来阐释5G时代媒体供需两侧的发展方向和路径。

“球”字是一个形声字，由“王”和“求”构成。左边的“王”，由古“斜玉”旁转化而来。“三横”是内容、技术、渠道，“一竖”是媒体融合，“丶”是用户。笔者曾用“主”字上的“丶”，强调“用户为主”。[②] “丶”内移成为“玉”，代表着媒体供给与用户需求融合更深，融为一体，这是供给侧。右边的“求”，顾名思义，就是需求侧。当供给侧的“王”加上了需求侧的“求”，就形成了球体的“球”。

---

① 江和平：《新时代新战略新探索 CGTN重新定义融合传播》，《电视研究》2018年第1期。

② 江和平：《新时代新战略新探索 CGTN重新定义融合传播》，《电视研究》2018年第1期。

“球”的任何一个剖面都是圆。置于平面图的时候，这个圆就好比“太极图”。“王”和“求”就如太极图的阴阳鱼，头尾相交、互相咬合、阴阳交替、合二为一。这正是笔者所认为的“需求侧”和“供给侧”的关系，互为驱动，互相融合。

从立体结构上来看，球体是宇宙中最为稳定的结构。如地球一样的天体之所以是“球体”，是因为自转。而“需求侧”与“供给侧”之间的相互作用力，正是驱动球体自转的内在的、不竭的、蓬勃的动力。

一　需求侧：即时化、多元化、个性化需求将充分释放

媒体供需关系是一个传统话题，但内涵随着时代的发展在不断演变。在纸媒时代，我们用读者热线、订阅量来收集用户的阅读体验。在广播电视时代，我们用收听率、收视率、市场调查来衡量听众、观众的选台偏好。在互联网时代，我们用页面浏览量、视频观看量、互动量、停留时间来判断用户的阅读兴趣。

如今5G已来，但5G需求尚未开启，这是一片蓝海。回顾对4G的认知过程可以发现，最初人们都只注意到了4G的速度，但4G为整个社会带来的远不止这些，4G时代完成了用户向移动端的根本性迁移，造就了微视频的辉煌时代，颠覆了人们的支付方式，因此，4G改变了人们的生活。

何谓5G？不管用什么具体的技术手段，能够满足三大应用场景需求的无线网，就是5G。当前学界有普遍共识的这三大应用场景是：传递8K高清所需的超高带宽；针对工业互联网的超多链接数量；针对车联网的自动驾驶所需要的超高可靠与超低时延的通信。分别对应解决的是传输速度不够快、传输终端不够多、传输质量不可靠的问题。

4G时代的经验告诉我们，我们很难从一个时代开启之初推测未来，但是我们可以在5G发展方向上进行推演，预测媒体用户需求侧的特征将如何自我进化。

马斯洛金字塔[1]将人类的需求从低到高分为生理需求、安全需求、社交需求、尊重需求和自我实现需求五个层次。人类对于心理层面的需求较生理层面更加细腻和复杂。5G 将全面提升人类视、听、触、嗅、味五大感官感知，极大地释放情感和心理需求。下面，笔者主要从视频（VOD）、音频（MOD）、连接（LINK）、上传（UGC）、社交（SNS）、游戏（GAME）六个媒体应用方面做简要分析。

（一）视频（VOD）需求：实现移动化

5G 将创造一个万物皆媒的时代，这是业界的一个基本判断。媒体将越来越依赖屏幕而存在，万物皆媒的前提是万物皆屏。在 5G 时代能够接入物联网的终端设备都有可能成为信息接收终端，所有带屏设施都将沾染媒介属性，甚至包括汽车、冰箱、手表、桌面、幕墙等。

视频的未来是移动，移动的未来是视频。[2] 移动的视频才是未来媒体的最高形态。5G 时代，当视频直播上传速度从 4G 时代的 6 兆/秒，提升至理论上的 1G/秒时，制约视频传输的带宽、速度、流量、成本等因素将不复存在，视频产品的产能将被充分激活，4K、8K 超高清视频，甚至三维、四维等高维度视频将不受限制地在移动端和虚拟端传输、发酵。未来短视频或将失宠，社交、娱乐将全面视频化。我们看到，国外知名图片社交平台 Instagram 对这一趋势早有洞见，推出长视频平台 IGTV，用户可以自由设置不超过 60 分钟的视频时长。

（二）音频（MOD）需求：实现扩大化

视频是传播的最高形态，却不一定是最好形态，如用户开车的时候，音频产品就比视频产品更好。在信息碎片化加剧的时代，音频产品正在分化用户“注意力”。美国犯罪类非虚构节目“Serial”自第一季发布以来，打败

① 见亚伯拉罕·马斯洛于 1954 年发表的《动机与个性》。
② 美国电话电报公司（AT&T）收购时代华纳时发表的公开声明。

众多热播美剧，成为美国人最期待的内容。蜻蜓 FM 旗下产品《大头侃人》开播 300 天，访问量已突破 1 亿。

5G 将进一步扩大音频市场。内容上，用户将倾向内涵更为“抓耳”、品类更为细化、融合度更高的音频平台。技术上，4G 时代饱受诟病的“算法不准确”“无损音质和流量无法兼容”等问题亟待被解决，音频交互功能将更为流畅、智能，音频流量将进一步爆发。商业上，大量文本内容等待被音频化、商品化，传统广播电台主持人有待被挖掘为大 IP。

（三）连接（LINK）需求：实现高效化

信息入口移动化让全球用户对发生在地球村中的新闻事件敏感度更高、求知欲更强。用户希望获取信息路径最短、时间最少、效率最高。连接成为信息的重要入口。用户想要获取热门信息时，关注推荐比主动搜索更省力。想要获取长尾信息时，点开链接比主动调查更省时间。人们希望一块屏幕就能提供给自己想要的全部内容。这就是人们喜欢头条一类的资讯产品，而不再关注门户网站的原因。

AI 算法推送技术基于个性化需求而生，通过大数据为用户的行为习惯画像，源源不断地向用户推送“感兴趣”的内容，让用户动动手指就可能“上瘾”。但问题也显而易见，例如当前经常被讨论的“茧房效应”“信息回音室”“过滤气泡”等。AI 算法被质疑窄化用户信息接收范围，尚未真正“读懂”用户。所以，未来 AI 算法推送要解决三类问题：算法的准确度、价值导向的效度、内容的深度。

（四）上传（UGC）需求：获得成就感

4G 时代移动互联网短视频和直播应用的发展让 UGC 内容获得了前所未有的大规模增长，传统媒体也纷纷下水，尝到了甜头。路透社在过去的两年中，依靠 UGC，内容量从 500 万增加到了 1700 万，增加了 240%。斯里兰卡恐怖袭击事件、记者 Lyra McKee 谋杀案中的视频都由旁观者拍摄。

UGC 的核心就是互联网精神的核心：开放和分享。5G 将赋予用户更大的分享能力。AI技术让视频制作更加智能、简单，大带宽和云端技术解决上传下载、在线剪辑速度以及素材大容量存储的瓶颈问题。视频制作无须持有具备强大处理功能的终端设备，移动上传内容将不再局限于短视频形态，中长视频将成为可能。另外，用户期待获得更开放的平台，期望自己生产的内容被肯定、被传播，与其他用户产生互动，获得归属感、成就感。解决了分享和开放问题，就可充分释放用户内容生产的积极性和创造力。

（五）社交（SNS）需求：获得在场感

社交是人类的天性。社交移动化的需求已催生出微信、微博、知乎等一批产品。微信是用户规模最大的即时社交平台；微博是基于用户关系信息分享、传播实时信息的大型社交媒体；知乎是用户分享彼此知识、经验和见解的问答社区。然而，人类社交欲望永不满足，新型社交产品的探索也就不会停步。

社交向视频化发展，用户不再局限于信息流和语音交互，希望实现实时高清视频化沟通交流。社交向虚拟化现场化延伸，微信等社交产品都无法真正跨越空间的距离，让远距离的用户共处同一空间。5G支持下，VR能够打破空间障碍，将不同地方的人连接到同一个空间中，实现真正的“在场”社交。

（六）游戏（GAME）需求：获得参与感

早在互联网出现之前，填字、智力问答等游戏就成为新闻的一种补充形式。近年来，数据新闻、可交互页面等新闻形式渐渐为人所熟知。新闻内容游戏化，就是利用游戏互动属性来更好地提升新闻的传播力。

5G将助推新闻与游戏更好地结合，人们借此可以深入新闻的多个层面。通过5G的全覆盖，人们不用依赖固定的网络区域，通过移动网络就可以随时互动，体验不延时快感。通过VR的信息高速传播，人们可以直接抵达实时发生的虚拟3D现场。通过AR精确的地理定位，人们可以更准确地参与新闻游戏。目前，业界对新闻的严肃性和游戏的娱乐性结合存有争议。但不可否认，游戏是一种互动媒介，能吸引用户更深度地参与新闻。

总之，在5G时代，一旦传输速度不够快的问题得到解决，用户即时化需求将被充分释放。一旦传输终端不够多的问题得到解决，多元化需求将被继续放大。一旦传输质量不可靠的问题得到解决，个性化需求将被再次分化。最好的形态一定是基于适当的用户、适当的时间、适当的地点所构成的适当场景。我们在媒体产品末端设置的按键、选项、进度条等感知用户需求的神经末梢将更加敏感，用户的浏览时间、点击频率、留言与否，给我们发送的体验信号将更加清晰。供给侧对于需求侧的感知将更加多元和直接。

二　供给侧：六个“重新定义”

CGTN是一个国际传播机构，“球”字还意味着Globe，供给侧结构性改革的参照系是全球用户的需求，即meet the global demand。国际传播要体现“三个贴近”：贴近中国实际，体现真实、立体、全面；贴近国际关切，不要自说自话，否则传播效果会大打折扣，甚至背道而驰；贴近国外受众，认真研究海外受众的兴趣点、诉求点。

进入万物皆媒的5G时代，传媒供给侧和需求侧必将发生深刻变革。这种变革是由内向外，还是由外向内，决定了媒体未来的生存能力。笔者曾用重新定义电视、重新定义内容、重新定义技术、重新定义受众、重新定义“中央厨房”、重新定义舆论场六个“重新定义”① 来概括CGTN国际传播供给侧改革的探索与实践。现在，在5G语境下，笔者将对这些“定义”再次进行“重新定义”。

（一）重新定义媒体

通过观察人们应用媒体的习惯变化，我们发现，大众传播和人际传播之

---

① 江和平：《新时代新战略新探索 CGTN重新定义融合传播》，《电视研究》2018年第1期。

间的界限正在消失，媒体“把关”功能进一步弱化，媒体的边界逐渐模糊。习近平总书记提出的全媒体时代的全程媒体、全息媒体、全员媒体、全效媒体，正是新时代背景下对媒体的全新定义。

全程媒体，是传播介质突破时空尺度，使传播随时随地可以发生；全息媒体，是传播维度突破物理尺度，实现内容高维度呈现；全员媒体，是传播形式突破主体尺度，从一对多传播变成多对多传播；全效媒体，是传播效果突破功能尺度，传播内容集合信息、社交、服务、互动等各种功能。

世界将组成一个全媒体共同体。我们不仅要面对国际各大主流媒体的竞争，更将与来自互联网多个介质、不同维度、亿万用户产生的海量信息争抢机会。任何一个行业都可能“破圈”成为带有媒体属性的竞争者。旧思维无法衡量新未来，唯有实施行业全方位、立体化、深层次的融合，才能抓住5G 时代新机会，实现国际传播的弯道超车。

CGTN 从开播伊始，就直接按照融合传播理念打造全新融媒体传播机构。在 2020 年 CGTN 高质量发展改版中，CGTN 电视端所有栏目均向新媒体靠拢，适配新媒体多平台推送视频产品。新媒体端打造竖屏社交互动全媒体产品《问中国》，正面“接招”海外网友提问。广播端将依托专业电台主播优势，为苹果、Spotify 等新媒体平台量身定制播客产品。网罗 700 余名拍客优质内容的 PUGC 产品《环球客》即将上线。

（二）重新定义内容

技术对内容的革命是颠覆性的，终将彻底改变内容的应用形态。我们可以设想一个场景，当突发事件发生时，媒体通过街景技术迅速为事件周边环境建模，现场记者提供一手动态消息，后台编辑综观全局建立广泛连接，官方发布公共信息，网友上传经过审核的资讯，用户穿戴虚拟设备身临其境即可感知新闻的“5 个 W”，每个用户都能身在其中。从读、听、看新闻到体验新闻、参与新闻，这本身就是新闻产品游戏化的基本内涵，技术更迭的本身就具备足够的吸引力。可以说，用户通过媒体获得的一切体验皆可被定义为内容。

那么，什么体验才是用户最想要的？有网友这样形容自己当下移动端应用的使用习惯："把微博当百度用，把网易云当豆瓣用，把B站当公开课用。"人们在社交平台共同关心时政，在音频平台寻找同好，在视频平台边发弹幕讨论边学知识。新闻、资讯、社交、娱乐等将融合成大内容生态，而寻找文化归属、获得情感共鸣仍将是用户对内容需求的共性。

内容的门槛将会更高。供给侧一方面要打通单一产品界限，聚合视、听、上传、连接、社交、游戏等一切功能，提供具有竞争力的综合形态内容；另一方面，要坚定文化自信，浇铸文化内核，引导用户需求。国外主流媒体已经先行一步。BBC与30多家英国博物馆联合推出AR客户端"文明AR"，创建支持从360个视频到包含完整体验的多个项目，解码国宝级文物。CGTN迎头赶上，即将推出集权威性、全媒体、交互性、智能语音测评于一体的特色学汉语产品《熊猫汉语》。

（三）重新定义技术

需求和供给，哪一侧对于技术进步更加敏感？笔者认为是供给。人类的基本生存之外的需求，多数都是被技术创造出来的。在5G时代，技术进步给了媒体捕捉、满足、引领用户需求新动向的更多条件。

5G是这一轮媒体技术变革的先决条件和基础设施，4K、AI、VR、AR等都是基于5G的上层建筑。5G的普及，使4K高清视频产品有条件在移动端呈现，AI技术将更广泛地运用在新闻采集、生产、分发、接收、反馈全流程中，VR和AR技术的成熟将为用户带来更丰富的、接近游戏的资讯体验。

当前，中央广播电视总台正紧紧抓住5G时代历史机遇，聚焦关键技术，构建"5G+4K/8K+AI"全新战略格局。2019年底，总台联合三大运营商和华为公司，合作建设国家级5G新媒体平台，开展5G环境下的视频应用和产品创新。日前，总台又在2019年世界移动大会上，实现我国首次8K超高清内容5G远程传输。2020年全国"两会"报道，CGTN在全台率先使用5G现场电视直播报道"两会"，创新利用AI技术打造"两会"专属频道。2019 年 10 月1 日，总台聚力打造的新媒体平台“央视频”将4K 超高清信号接入全国70 家影院，实现直播电影《此时此刻——共庆新中国70 华诞》。未来，“央视频”将全面聚合新技术，呈现总台丰富视频资源“富矿”。

但是，我们的技术能力仍是弱项，需依赖其他技术资源，尚未形成自己的核心技术竞争力。我们还需乘势而上，真正变传统广播电视思维为用户思维，尽快补齐自身短板，把自己当作用户，创造可供用户广泛使用的工具，引导用户需求。

“技术知识的贫穷不能限制我们的想象”。5G 不是技术的终点，被 6G、7G 替代的速度可能远超我们预期，传媒行业将持续出现传播新渠道、新终端、新手段，我们必须以数字思维和创新思维引领各项工作，这样才能在国际传播中站稳脚跟、跟上潮流。

（四）重新定义用户

供需两侧都期待“爆款”，所谓“爆款”，一定是迎合了最广大范围用户的诉求点。用户是谁、在哪里、喜欢什么，全媒体时代，用户才是媒体服务的核心。

在前面提到的六种媒体应用中，UGC 是将媒体与用户连接最紧密的新闻生产形式。用户既是新闻内容的接收者，也是新闻内容的生产者，用户更懂用户。而媒体要做的是，为用户服务，让操作更简单便捷；黏合用户，打造核心用户群；建立审查机制，做好内容筛查。国际媒体已开始重视满足 UGC 用户需求，今日俄罗斯电视台（Russia Today，RT）于官网嵌入在线交流工具，设立 RT 超级粉丝群，建立归属关系。CNN 免费向用户提供学习工具包，帮助提升新闻制作专业度，还举办“CNN iReport Awards”颁奖活动积极肯定用户成就。

不论发展哪种媒体应用，一定是要能够给予用户更多选择权、定制权、参与权。BBC 在寻找比 800 字文章和两分钟视频更好的新闻报道方式时，选择的是报道模型用户测试法。至少给我们两点启示，一是以用户眼光审视报道很重要，二是给予用户更多控制权的新闻产品模型最受欢迎。充分考虑用户体验，赋予用户在不同阅读场景下选择新闻呈现形式的自主权，也是下一代新闻应有的样子。

CGTN 开播以来，逐步由“受众”思维向“用户”思维切换，针对用户需求生产适应电视、移动网、客户端、社交平台、视频通讯社等多渠道、多形态传播的新闻产品。下一步，将重点提升新媒体平台互动率，实现“流量”思维和“留量”行动并重，形成精准有效对外传播。

（五）重新定义机制

媒体融合发展在5G时代必将进入深水区。“中央厨房”等媒体融合机制作为统合新旧媒体、推动媒体融合发展的“标配”与“龙头工程”，不仅是融媒体时代新闻生产的大脑和神经中枢，还是节约采编成本、整合新闻资源、实现内容创新、提升传播效果的平台。

我们调研并汲取了国际主流媒体经验，结合自身实际和特点，设计建设了“CGTN 融媒中心”，于 2017 年 10 月 10 日正式投入使用。融媒中心是按照“多形式采集、同平台共享、个性化制作、多渠道多终端分发”的融合传播理念打造的核心业务平台。

CGTN 融媒中心是一个全方位的整体融合体系，既包括全新的空间平台、技术平台、管理平台，也包括以融合思维设计的组织架构和业务流程，实现了资源共享最大化、资源整合最大化、新闻数据抓取最大化。近两年来，融媒中心在统筹重大时政报道、协调各平台日常报道中发挥了不可替代的作用。

目前，欧洲区制中心已正式投入使用，北京、北美、非洲、欧洲环球四地制播体系业已形成。下一阶段改版工作中，将适时引入“中台”系统概念，打造 CGTN 环球智能中台系统。

“中台”概念早期由美军作战体系演化而来，是指系统中被共用的中间件集合。后期被阿里巴巴等电商平台借用，形成高效、灵活的商业系统。媒体行业的“中台”则意在统合互联网、人工智能、大数据、云计算等高科技元素，整合生产数据和多终端用户数据需求，实现更有效精准的定向传播。CGTN环球智能中台系统将强化多语种、多渠道、全球化协同工作能力，针对用户需求生产多样态优质内容，增强媒体传播针对性、差异性和有效性。

我们的工作机制是底层建设，其建立和调整的方向取决于顶端——用户需求。真正满足用户的需求是我们奋斗的目标。

（六）重新定义舆论场

5G时代的舆论场上，机遇与挑战并存。中国社会科学院新闻与传播研究所发布的“新媒体蓝皮书”显示，中国互联网舆论场中，国际话题和意识形态议题增多，国内外舆论场呈现融合态势。同时，传统舆论场向“掌上舆论场”演变，“舆论广场”传播主体大幅增加，舆论场真假信息混杂，舆论环境日益复杂。

当AI算法推送的信息形成“信息垄断”，我们该如何扩大用户视听、打破“信息茧房”？当用户上传内容打着现场、实时旗号，却片面拍摄、扭曲事实、歪曲解读，我们该如何还原真相？当视、音频处理技术可以随时随地以假乱真，我们又该如何以正视听？

我们要敢于发声。2019年5月30日，刘欣与翠西在美国主流媒体的黄金时段“跨洋对话直播”是CGTN拓展国际舆论阵地的成功尝试，是中国国际传播最成功的一次借船出海，打破贸易争端以来中国“有理传不出”局面，对CGTN、对国际传播都具有里程碑意义。

我们要主动发声。被动回应不如把握主动因势而动，我们要利用新技术、新渠道、新模式，先声夺人，把舆论场上的话语权、定义权牢牢抓在手中。中美元首大阪会晤后，CGTN率先发稿，迅速填补信息真空，被外媒广泛引用，从而引导了舆论。

我们要主导发声。主导发声的前提是打造优质的新闻评论产品。2019年以来，《央视快评》和《国际锐评》依靠活泼、幽默、鲜辣的新话风频上“热搜”。CGTN评论品牌T－HOUSE 2019年7月上线以来，在海外平台吸引粉丝约25万，粉丝全面覆盖发达国家和G7国家，且颇受高端行业人群青睐。我们要从视频、音频、连接、上传、社交、游戏等媒体应用入手，精心生产具备强大传播力的新闻产品，强化观点输出，客观全面地披露真相、有理有据正本清源，引导国际舆论。

三 准确有力地发出中国声音

“讲好中国故事、传播好中国声音”，是 CGTN 天生的使命。同时，“坚定文化自信，坚持新闻立台，全面贴近受众，实施融合传播”也是一个优秀的国际新闻频道坚持的信念。CGTN 在国际传播的从容应对和高级手段引起各界的关注，其开播标志着中国国际传播事业迈向了崭新的时代。CGTN 主播刘欣在 2019 年 5 月 30 日应约与 FOX 商业频道主播翠西就公平贸易、知识产权、华为、关税、中国发展中国家地位等话题进行了长达十几分钟的公开辩论，这是前所未有的对话，开启了中国向海外传播良好国际形象的先河，为国内其他媒体向海外传播迈出步伐提供了参考，具有里程碑式的意义。

传统媒体依靠电视资源传播讯息的方式，在如今已无法满足大众对信息的快速获取以及对内容多样性的更高需求。在此背景下，新媒体不容忽视用数据支撑内容选题、摆脱人工跟踪竞品提高分析效率，将优势发挥到最大化等问题。2019 年“两会”期间，CGTN 发布的“Who runs China?”引爆朋友圈，吸引了受众眼球。该文章以一个可视化的视角向观众直观地介绍了人大代表的信息，拉近了政府与百姓之间的距离，增强了人们对人大代表的信任度。文章借助自媒体传播渠道，在朋友圈转发扩散，获得了极佳的传播效果，为这次的“两会”报道灌注了新的能量。这也凸显了 CGTN 新媒体深耕适配社交媒体平台特性的内容建设，突出“新、短、快、活”四大特点，在全球最大视频网站 YouTube 平台运营的主账号全球点击量突破 3 亿次，视频观看总时长达 3.7 亿分钟，居国内主流媒体首位。

CGTN 做到了丢弃不合时宜的传播理念，丰富传播思路。例如，媒体常常提及的“战略”“崛起”“复兴”等话语，隐含着让国际社会不安的因素，会使中国在国际社会的形象遭到误解，容易被误会为现存秩序的挑战者。此外，国内媒体在国际传播中也存在失声失语等问题。CGTN 坚定传播制度自信和文化自信，积极作为，客观报道中国，主动报道世界，充分阐明中国立场，把开放与发展、和平与共存的国际关系主张变为自觉的国际传播理念，将官方话语转变为公共话语和民间话语，不打官腔，不冰冷生硬，寻找国际社会乐于接受的方式，展开讨论、对话和交流，积极探寻国与国之间的利益共同点和战略融合点。CGTN 作出传播理念的转变，更好地传播中国声音。

此外，CGTN 启用素质良好的外籍记者及主持人，广泛邀请外国政商学各界人士发声，通过国际视角，以“融通中外”，达到良好效果。加强国际化表达和国际传播。在党的十九大期间，俄语频道联合境外电视台每天推出《欧亚连线说十九大》特别报道，在全俄广电滨海边疆区分台和远东分台、白俄罗斯公共电视台等合作媒体植入播出。西语频道外籍记者为拉美 15 个国家的 17 个电视台提供中共十九大定制新闻。

中国站在新历史起点上，CGTN 也迎来发展新时代。但是我们仍需一起努力，在传播理念和传播方式上，我们仍需积极创新，满足受众需求。转变国际传播理念、创新传播方式，准确有力地发出中国声音。

毫无疑问，5G 通信技术的出现，为向海外传播良好中国形象提供了技术的支持、成长的土壤。5G 极高的速率、极大的容量、极低的时延为全球媒体融合与全媒体发展提供了载体与强有力的动力，推动了电视业态的整合重构。5G 可以说是站在巨人的肩膀上，依托 4G 良好的技术架构，构建新的技术。电视传播依托 5G 的高速率，弥补高频通信在传播上的限制，可以做到更好地对外传播。媒体平台，分秒必争，要广阔的视野也要深度的挖掘，在内容为王的时代，抓住机遇，站在 5G 的肩膀上，我国的国际传播发展定会走上更快、更好、更强的进阶之路，写下新的篇章。

5G 已来，布局未来才能赢得未来。谁能提前多想一步、多走一步，谁才能占据主动，成为未来的主人。“用户”是媒体的终极目标。只有打通供给侧和需求侧，真正把供给侧的“王”和需求侧的“求”糅合成一个整体，做大做强新时代的环“球”传播平台，才能解决供需矛盾，满足甚至创造新时代的信息需求。

参考文献

江和平：《新时代新战略新探索 CGTN 重新定义融合传播》，《电视研究》2018 年第 1 期。

汪萱：《人工智能时代传媒业的“人工”与“智能”》，《传媒》2019 年第 8 期。

《路透社成为 UGC 守望者：大媒体服务正当时》，https：//new. qq. com/rain/a/20190621A05PUJ。

曾祥敏、方雪悦：《新闻游戏：概念、意义、功能和交互叙事规律研究》，《现代传播》2018 年第 1 期。

《BBC 重塑新闻报道：资讯产品赛道越来越窄，进入精细化竞争时代》，https：//new. qq. com/omn/20190212/20190212A055S5. html。

吴克宇：《试论 CGTN 国际传播理念与传播方式的转变》，《电视研究》2017 年第 9 期。

B.3 突发公共卫生事件下全球传播生态的新变化

高 伟 马若菡*

摘 要： 2020年上半年新冠肺炎疫情的全球性暴发一定程度上深刻影响全球传播生态，本文试图从疫情舆论场、主流媒体和新媒体传播力、技术赋能以及公共新闻服务四个方面分析疫情下全球传播生态呈现的一些新特点，并提出提升媒体重大公共卫生事件传播力的对策建议。

关键词： 新冠肺炎疫情 全球传播生态 信息疫情 疫情舆论场 技术赋能公共服务型新闻

习近平主席2020年5月18日在第73届世界卫生大会视频会议开幕式上指出，新冠肺炎疫情是人类经历第二次世界大战结束以来最严重的全球突发公共卫生事件。病毒没有国界，疫病不分种族。①

世界卫生组织网站数据显示，截至北京时间2020年9月1日，全球新冠肺炎累计确诊病例突破2532万例，累计死亡病例超过84.8万例，新冠肺炎疫情的全球性暴发不仅给全球人民生命安全和身体健康带来巨大威胁，给

* 高伟，中国环球广播电视有限公司副总裁，央视国际视频通讯社总经理、总编辑；马若菡，央视国际视频通讯社策划编辑。

① 《习近平在第73届世界卫生大会视频会议开幕式上的致辞（全文）》，新华网，http://www.xinhuanet.com/politics/leaders/2020-05/18/c_1126001593.htm，2020年5月18日。

全球公共卫生安全带来巨大挑战,[1] 给世界经济金融、政治体系和全球治理带来深刻影响，也是对全球媒体传播的一次考验，一定程度上改变了全球新闻传播生态，使其呈现一些新的特点。

一　疫情舆论场价值凸显，助力全球抗疫信息传播，固有意识形态偏见破坏疫情信息有效传播

从全球媒体疫情传播情况看，随着新冠肺炎疫情在全球蔓延不断加剧，包括中国、美国、意大利、德国、法国等在内的多国媒体，特别是主流媒体都投入战“疫”报道中，形成了一个强大的疫情舆论场，为全球受众连续不间断提供最新的疫情资讯、辟谣信息、防护知识，以及医护工作者和普通人的抗疫故事，增强全球疫情防控的信心和勇气。

作为最早遭受新冠肺炎疫情袭击的国家，中国在与新冠肺炎疫情的斗争中付出了艰辛努力和巨大牺牲，以中国速度，中国力度和透明度，逐渐取得有效抗疫成果并在国际社会战“疫”过程中发挥愈来愈大的积极作用，赢得国际社会的肯定和高度关注。根据新加坡独立民调机构Blackbox Research 2020 年 5 月 6 日发布的报告，在对全球 23 个经济体的12592 位民众进行政治领导力、企业领导力、社区领导力与媒体影响力四个关键指标的国家抗疫措施满意度在线调查中，中国综合评分以 85 分位列榜首，而美国等西方各国的综合评分则普遍低于 45 分的全球平均水平。[2]

中国媒体在全球疫情舆论场也彰显媒体价值和引导力，有效疏解压力，增强全球合作抗疫信心。一方面，主动设置“全球合作抗击疫情”“疫情面

---

① 《习近平谈全球战“疫”——凝聚强大合力》，求是网，http://www.qstheory.cn/zhuanqu/2020-04/18/c_1125874037.htm，2020 年 4 月 18 日。

② “The World in Crisis: A Global Public Opinion Survey Across 23 Countries (Summary Report)”, https://blackbox.com.sg/everyone/2020/05/06/most-countries-covid-19-responses-rated-poorly-by-own-citizens-in-first-of-its-kind-global-survey/.

前无国界”等符合全球疫情发展趋势的报道议程，例如，中央广播电视总台在中国战“疫”报道中积极加强与全球主流媒体的合作，包括美国福克斯新闻台（FOX News），英国广播公司、英国第四频道（Channel 4）、意大利 TGCOM 24 电视台等全球多家主流媒体与总台记者“连线”合作，向全球受众“全方位、零时差、透明化”介绍中国在抗疫物资绿色通道设置、救治医院搭建、普通民众防护准备、复工复产等方面经验，[①] 传递全球团结合作共战疫情的声音。自全球疫情暴发以来，中国国际电视台（CGTN）成为全球受众及时了解中国抗疫经验的重要窗口，例如 CGTN 在 3 月通过特别节目“全球疫情会诊室”为武汉一线参与抗疫的医生与加拿大、英国等国际同行提供了探讨中医药抗疫作用等的交流合作平台，助力合作战“疫”，受到了广泛的国际关注。截至 3 月 27 日，这一档特别节目已经获得 5451 万的全球阅读量，视频观看量接近 2000 万，总互动达到 23 万余次。[②] 另外，作为全球媒体获取中国抗疫防疫报道的权威信息源之一，新华社发挥速度优势，高密度累计播发各种形式抗疫防疫稿件超过 3 万条，助力全球‘战’疫，通稿单篇最高被 3500 余家媒体采用，新媒体报道单组最高浏览量接近 25 亿次。[③]

另一方面，中国主流媒体坚持“事实胜于雄辩”，并充分利用先进融媒体传播技术，向全球受众真实还原中国战“疫”真相，有力反击全球疫情舆论场中“污名化、片面化、政治化”报道中国抗疫斗争。例如，CGTN 推出纪录片《武汉战疫纪》，完整还原由国家卫健委等权威机构、医学专家、一线医护人员、社区工作者、普通市民等共同参与的从疫情暴发到遏制的武汉保卫战，引发全球受众关注，给疫情中的受众分辨不实报道、了解武汉抗

① 《多家境外媒体连线总台记者　聚焦中国抗击疫情进展》，https：//www. sohu. com/a/370090440_ 115239，2020 年 2 月 2 日；《北美媒体与总台合作报道中国疫情防控》，https：//world. huanqiu. com/article/3xG8ju99xCC，2020 年 3 月 2 日。

② 《中西医结合抗击新冠肺炎总台 CGTN“全球疫情会诊室”助力合作战“疫”》，https：//news. dayoo. com/china/202003/28/139997_ 53234171. htm，2020 年 3 月 28 日。

③ 朱智宾、何慧媛、朱小燕：《吹响战胜疫情集结号　展现众志成城精气神——新华社全力做好抗击新冠肺炎疫情报道》，《新闻战线》2020 年第 4 期。

疫真相、鼓舞战“疫”信心提供了重要帮助，仅 CGTN 的 YouTube 账号上的视频观看量就超过 1727 万余次，包括“我看哭了”“中国和中国人民真的很棒”“我们应该向他们学习”等评论网友点赞不断。而美国广播公司（ABC）、英国 Channel4 电视台、法国 TV5 MONDE 电视台、意大利 TGCOM24 电视台、加拿大广播公司、日本朝日电视台等 20 多个国家和地区的主流媒体也及时转播这部纪录片，[①] 在全球疫情舆论场传播了中国声音。5 月以来，中央广播电视总台《新闻联播》连续播发《国际锐评》，痛批西方政客不实言论，引发包括 CNN、BBC、法新社等 100 多家全球主流媒体广泛转载。新华社针对美国官员“中国发生疫情有助于加速制造业回流美国”等言论，播发《乘人之危不会让美国伟大》等重磅英文评论，得到海外网友积极响应，及时澄清事实。[②]

随着全球疫情持续加剧，包括美国等西方媒体在全球疫情舆论场中加大了对自身和中国等疫情防控的关注度和报道力度。但是，以美国为代表的西方媒体在这次重大公共卫生事件报道中没能体现媒体中立客观的报道框架和舆论态度；相反，在疫情暴发初期以美国为代表的西方媒体坚持其固有意识形态，通过片面化的报道议程设置展现中国疫情防控情况，阻碍全球舆论场疫情信息对受众的有效传播，影响全球疫情防控努力。占据国际舆论话语权优势的西方主流媒体，在疫情蔓延情况下，让西方受众沉浸在看似客观、权威，实则充满偏见的报道中，剥夺了民众的知情权。[③]《纽约时报》1～6 月对中国疫情报道与中国全力驰援武汉、救治病患、严密防控疫情扩散的实际进展相去甚远，充斥偏见和误导，如“中国的旧习俗耽误抗疫”（China's Old Habits Delayed Fight）、“新冠病毒的打击”（Coronavirus Crackdown）、“无路可走”（No Way

---

① 《英语纪录片〈武汉战疫纪〉缘何赢得全球网友点》，http://www.xinhuanet.com/ent/2020-03/31/c_1125791592.htm，2020 年 3 月 31 日。

② 朱智宾、何慧媛、朱小燕：《吹响战胜疫情集结号　展现众志成城精气神——新华社全力做好抗击新冠肺炎疫情报道》，《新闻战线》2020 年第 4 期。

③ 吕洲翔：《新冠疫情下西方主流媒体的傲慢与偏见》，https://www.guancha.cn/LvZhouXiang/2020_03_26_543806.shtml，2020 年 3 月 26 日。

Out）等。

另外，西方主流媒体本身对新冠肺炎疫情防控的“过度乐观”和“淡化态度”[①] 也加剧了本国民众对防疫的轻视和误判。例如，芝加哥大学6月15日发布的《大流行病中的误报》（*Misinformation During a Pandemic*）的报告显示，美国FOX电视台谈话节目主持人汉尼提（Sean Hannity），在其节目中多次对新冠病毒不以为然，淡化美国疫情的严重程度。尽管1月采访了美国首席传染病专家福奇（Anthony Fauci），但在2月27日的节目中还强调美国没有一个人死于新冠肺炎疫情。3月中旬一项皮尤研究中心的调查也显示，有79%的FOX电视台观众认为媒体过度夸大了新冠病毒的可能影响。另外，CNN主持人库珀（Anderson Cooper）直到2月17日才第一次提到美国的新冠肺炎疫情，直到3月4日还在表示，“如果你对新冠病毒感到恐惧，或许你应该更担心流感”。[②] 而部分意大利媒体2月24日报道称，中国的卫生系统没有意大利先进，民众的生活习惯和社会经济条件也不同于欧洲国家，意大利民众无需担忧。[③]

二　回归大屏：传统主流新闻媒体发力，引领信息传播，网络新媒体平台遭遇“信息疫情”

（一）传统主流媒体价值回归

突发公共卫生事件中，信息的客观真实成为受众第一需求，[④] 包括美

① Leonardo Bursztyn, Aakaash Rao, Christopher Roth, David Yanagizawa-Drott, “Misinformation During a Pandemic”, https://bfi.uchicago.edu/working-paper/2020-44/.

② Shelby Talcott, “Flashback: CNN's Anderson Cooper Told Viewers To ‘Be More Concerned About The Flu’ Than Coronavirus”, https://dailycaller.com/2020/03/21/flashback-cnn-anderson-cooper-flu-coronavirus/.

③ 吕洲翔：《新冠疫情下西方主流媒体的傲慢与偏见》，https://www.guancha.cn/LvZhouXiang/2020_03_26_543806.shtml，2020年3月26日。

④ 史安斌、戴润韬：《新冠肺炎疫情下的全球新闻传播：挑战与探索》，《青年记者》2020年第13期。

国皮尤研究中心（Pew Research Center）[①]、英国传媒监管机构英国通信办公室（Ofcom）[②]、加拿大雷德研究所（Angus Reid Institute）[③]、路透研究院（Reuters Institute）[④]、中国广视索福瑞媒介研究（CSM）全国网数据[⑤]在内的多项民意问卷调查显示新冠肺炎疫情期间大屏价值回归，主流新闻媒体成为全球受众最有效和值得信赖的信息获取渠道之一。例如，路透研究院3月31日至4月7日期间有关美国、英国、德国、西班牙、阿根廷、韩国的6亿多名受访者疫情新闻获取问卷调查显示，有60%的受众认为主流新闻媒体是“比较或极大信任”的疫情信息源。英国传媒监管机构Ofcom在6月11日至15日对近2000名英国受众的网上问卷调查显示，有89%的受众认为主流新闻媒体是其获取疫情信息的最主要渠道；在中国，CSM全国网数据显示，疫情以来中央广播电视总台《新闻联播》收视率升至12%左右。[⑥]

1. 中国主流媒体坚持权威信息发布，加大融媒体报道力度，有力反驳不实言论

作为新冠肺炎疫情最早受害国，中国的防疫举措和进展备受关注，而以中央广播电视总台和《人民日报》、新华社等为代表的中国主流媒体则

① Pew Research，" Americans Views of the News Media During the COVID - 19 Outbreak"，https：//www. pressreleasepoint. com/americans - views - news - media - during - covid - 19 - outbreak.

② Ofcom，"Covid-19 News and Information：Consumption and Attitudes（Week Twelve）"，https：//www. ofcom. org. uk/research-and-data/tv-radio-and-on-demand/news-media/coronavirus-news-consumption-attitudes-behaviour#accordion_ _ target-197176.

③ Angusreid，" Coronavirus Reckoning：As outbreak Hits Home，Canadians Brace for Worse on Health，Economic Fronts"，http：//angusreid. org/covid-19-response/.

④ Rasmus Kleis Nielsen，Richard Fletcher，Nic Newman，et al，"Navigating the 'Infodemic'：How People in Six Countries Access and Rate News and Information about Coronavirus"，https：//g8fip1kplyr33r3krz5b97d1-wpengine. netdna-ssl. com/wp-content/uploads/2020/04/Navigating-the-Coronavirus-infodemic. pdf.

⑤《年轻观众收视率增幅近九成！疫情之下传统媒体迎高光时刻》，https：//k. sina. com. cn/article_ 5787163139_ 158f11a0302000vxzk. html? cre = tianyi&mod = pcpager_ fintoutiao&loc = 7&r = 9&rfunc = 59&tj = none&tr = 9，2020年3月6日。

⑥《疫情发生后，〈新闻联播〉收视率跃升至12%左右》，https：//www. sohu. com/a/378140311_ 260616，2020年3月6日。

成为事实传播的主要力量。例如，1月22日至6月30日中央广播电视总台相关疫情防控新闻内容经央视国际视频通讯社以多语种对外发稿，多层次、高密度发布疫情防控新闻内容，被84个国家和地区的1800多家电视媒体采用。其中，“中国人团结‘战疫情’”、“中国国家卫健委等部门权威信息发布”“国际疫情动态”“抗疫故事”“中国抗疫有力、信息公开透明、追溯病毒源等”“中国复工复产/复苏经济”“全球知名权威医学专家解读疫情”“全球合作抗疫”“疫苗研发进展”等相关内容得到包括FOX、CNN、NBC、BBC、德国电视一台、欧洲新闻台、全俄电视广播公司、阿拉伯半岛电视台、意大利广播电视公司、日本NHK、巴西环球电视台、韩联社新闻台等境外媒体关注。中国人团结“战疫情”、中国国家卫健委等部门权威信息发布、国际疫情动态、抗疫故事等新闻内容的采用率都达到65%以上（见图1）。

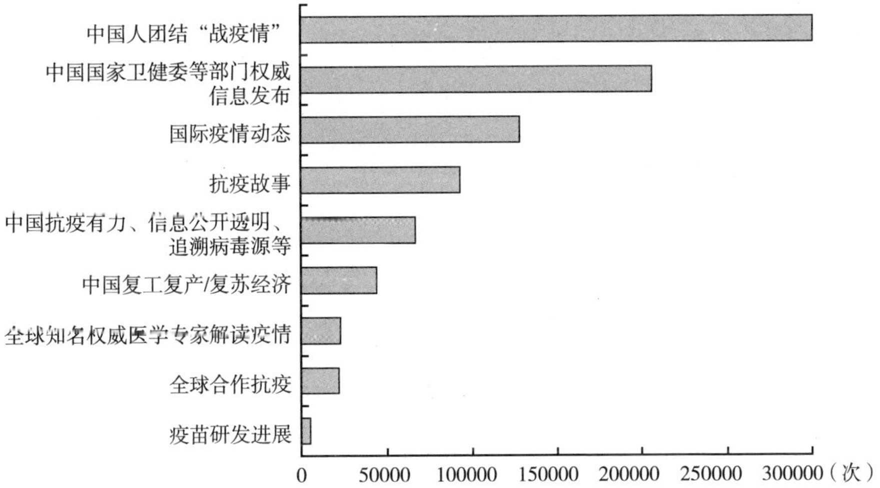

图1　2020年1～6月境外媒体引用中央广播电视总台“疫情防控”新闻内容情况

资料来源：央视国际视频通讯社。

疫情期间，中国主流媒体创新融合传播报道方式，以直播、短视频、Vlog 主导 PUGC 报道①等多种形式，在受众跨平台多样态的媒介传播中占据重要地位。② 依托抖音海外月活跃用户超过 8 亿③的超强受众聚合力，中央广播电视总台“共同战疫”在抖音上向全球受众不间断直播中国抗疫斗争，仅 2 月 1 日观看次数就超过 140 万人次，而同期的“黄冈大别山区域医疗中心”观看次数也超过 130 万人次。④ 另外，Vlog“我叙述”“我在场”“我看到”的超现实、日常风、现场感传播优势，⑤ 契合了疫情期间受众对真相、接地气故事的渴求，有效疏导受众情绪压力，例如，《人民日报》拍摄“‘疫’线 Vlog 系列”，以一手信息，紧跟抗疫进程、紧扣社会关切，“强信心、暖人心、聚民心”；新华社在海外社交媒体平台推出英文 Vlog“Wuhan Today”等“硬核”内容。新华社客户端还开设“社交媒体舆情观察”栏目，发布多种融合传播报道内容，鼓励海外网友社群化讨论，增强全球受众战胜疫情的信心。⑥

2. 中国主流媒体重点打造评论观点传播矩阵，及时有效反驳偏见与不实言论

通过打造评论观点传播矩阵，中国主流媒体向国际社会澄清事实、传递中国声音，保障全球受众了解中国抗击疫情真相、增强重大公共卫生事件报

① 《新冠肺炎疫情报道中的媒体表现：信息辟谣日常化，数据呈现可视化》，https：//www. lanjinger. com/d/131140。

② 《疫情期间主流媒体加速了融合进程：中青年收视几近翻番》，http：//www. csbtv. com. cn/Csbtv/20200319/1_ 1_ 15534. HTM。

③ 安福双：《超 8 亿！抖音国际版 TikTok 如何收割全球用户?》，https：//new. qq. com/rain/a/20200320A0SSRV00。

④ 巨量算数：《2020 抖音直播数据图谱》，https：//index. toutiao. com/pdfjs/view. html? file =//index. toutiao. com/report/download/35d45b1492f171a1c540e3933720348b. pdf，2020 年 4 月 20 日。

⑤ 《疫情 Vlog：“我在场　我叙述”——主流媒体的传播新语态》，https：//www. sohu. com/a/394332572_ 565998，2020 年 5 月 11 日。

⑥ 朱智宾、何慧媛、朱小燕：《吹响战胜疫情集结号　展现众志成城精气神——新华社全力做好抗击新冠肺炎疫情报道》，《新闻战线》2020 年第 4 期。

道的话题设置能力和国际影响力。[①] 例如，央视国际视频通讯社以多语种、可视化方式，对外转发中央广播电视总台“国际锐评”《提升执行力 打赢疫情防控战》《莫让谣言与偏见破坏疫情防控》《全球战“疫”，中国从未缺席》等内容，澄清事实，回应美国政客不实言论，呼吁全球团结合作抗疫共同打赢疫情阻击战，包括 CNN、FOX、BBC、法新社等 1000 多家媒体广泛转载，在国际舆论场受到关注。

3. 西方主流媒体加大疫情报道力度，但政治偏见与过度负面化报道无助于疫情防控

随着全球疫情蔓延，美欧等西方主流媒体也加大疫情报道力度，一定程度上重获受众信任。例如，BBC、欧洲广播联盟（EBU）开设多档节目向受众及时发布疫情最新动态、疫情防护知识、权威专家解读等信息，仅 BBC 夜间新闻 3 月收视率就上涨了约 30%。[②] NBC 也在晚间新闻增添 On the Front Lines 栏目，报道一线医护人员，增强受众信心。[③]

然而美国等西方媒体疫情报道中充斥政治偏见。以美国为例，美国媒体政治立场往往散布在或左或右的政治光谱之中。[④] 作为特朗普的拥趸，右派的福克斯新闻（FOX News）不出意外地对特朗普政府抗疫举措大加维护，即使特朗普政府在美国疫情严峻情况下仍高举复工大旗，怂恿各州解除封锁限制。例如，福克斯新闻主播塔克·卡尔森（Tucker Carlson）在 4 月 27 日节目中力挺特朗普，大力抨击隔离令，语出惊人地

① 杜国东：《突发公共卫生事件的对外报道——以主流对外传播媒体报道新冠肺炎疫情为例》，《对外传播》2020 年第 4 期。

② “Reuters Institute Digital News Report 2020”, Reuters Institute, http://www.digitalnewsreport.org/survey/2020/foreword-2020/.

③ 《晚间新闻收视率猛增，美国电视台都做了什么?》，https://mp.weixin.qq.com/s/dciriLfyMt2kew5NCzFeRg。

④ 《10 天内告了 3 家媒体！观特朗普的“媒体战”》，https://news.sina.com.cn/w/2020-03-11/doc-iimxxstf8020828.shtml，2020 年 3 月 11 日。

称"病毒并没有我们想象中那么致命"。[①] 而 CNN、《纽约时报》、《华盛顿邮报》等媒体则全力追责特朗普和其拥趸媒体抗击疫情不力，"特朗普应该让医学专家来占据主导地位"[②]、"当事实与他的冠状病毒说法相矛盾时，特朗普怒而为自己辩护"[③]、"通过把冠状病毒定性为隐秘威胁，特朗普娴熟地推脱了自己在疫情蔓延方面的责任"[④]、"福克斯新闻毫无根据地指责其他'可靠的新闻机构'夸大了这场危机"[⑤] 等内容遍布其左派媒体疫情报道中。

另外，过度采用负面化、问题型疫情报道方式也弱化了美国等西方媒体的情绪疏导能力。[⑥] 根据斯坦福大学网络政策中心（Cyber Policy Center）3 月 19 日有关美中两国主流媒体在 Facebook 上报道特点分析的报告显示，2019 年 12 月 31 日至 2020 年 3 月 16 日期间，美中两国主流媒体在其 Facebook 账号上发布了有关"新冠肺炎疫情"的帖子分别为 6870 条和 13522 条，其中美国主流媒体过多关注包括感染病例数和死亡趋势等报道，而中国主流媒体则更加聚焦康复病例数、成功治愈案例等积极抗疫报道。[⑦] 从图 2 可以看出，在 Facebook 平台上对"病人"的相关报道中，中国主流

---

① Justin Baragona, "Tucker Carlson: Coronavirus 'Isn't Nearly as Deadly as We Thought'", Daily Beast cited in Fox News, https: //www. FOXnews. com/entertainment/bill – maher – coronavirus.

② Jonathan Martin, "Trump Keeps Talking. Some Republicans don't Like What They're Hearing", https: //www. nytimes. com/2020/04/09/us/politics/trump – coronavirus – press – briefing. html/.

③ Stephen Collinson, "Trump Turns Angry and Defensive as Evidence Contradicts His Coronavirus Narrative", https: //edition. cnn. com/2020/04/06/politics/donald – trump – coronavirus – angry – defensive/index. html.

④ Jack Shafer, "Behind Trump's Strange 'Invisible Enemy' Rhetoric", https: //www. politico. com/news/magazine/2020/04/09/trump – coronavirus – invisible – enemy – 177894.

⑤ Oliver Darcy, "How FOX News Misled Viewers About the Coronavirus", https: //edition. cnn. com/2020/03/12/media/FOX – news – coronavirus/index. html.

⑥ A. D. P. Efferson, "How Media Coverage Has Made Americans Sad, Scared, and Crazy During COVID – 19 Outbreak", https: //thefederalist. com/2020/04/16/how – media – coverage – has – made – americans – sad – scared – and – crazy – during – covid – 19 – outbreak/.

⑦ Vanessa Molter, "Virality Project (China): Pandemics & Propaganda", https: //cyber. fsi. stanford. edu/news/chinese – state – media – shapes – coronavirus – convo.

媒体（左）更多使用“治疗”、“康复”和“治愈”等，而美国主流媒体（右）更多使用“感染”“患病”“死亡”等。

图2　中美两国主流媒体 Facebook 报道关键词对比

从表1列举的3月到4月美国各大主流媒体部分典型性疫情相关头条或主要新闻标题也可以看出，死亡人数上涨、失业率激增、疫情恐惧持续、美国经济下滑、冠状病毒不可控、年轻人易感、医院人员物资严重短缺等负面色彩浓厚的信息在报道中大量出现。而根据健康心理学最近一项研究显示，阅读大量负面性新闻报道有损身心健康，[①] 不利于恐慌情绪疏导。

表1　美国各大主流媒体部分疫情相关头条或主要新闻标题情况

媒体	发布时间	标题
《纽约时报》	2020年3月5日	办公场所遭遇冠状病毒：“没人有应对之策” Workplace vs. Coronavirus:“No One Has a Playbook for This”
Politico	2020年3月6日	检测失败是如何让冠状病毒席卷美国的 How Testing Failures Allowed Coronavirus to Sweep the U. S.

① Garfin, D. R., Silver, R. C., & Holman, E. A., “The Novel Coronavirus (COVID - 2019) Outbreak: Amplification of Public Health Consequences by Media Exposure”, *Health Psychology* 39, 2020, pp. 355 - 357.

续表

媒体	发布时间	标题
CBS News	2020 年 3 月 14 日	美国死亡人数升至 26 人,疫情恐惧搅动美国经济 Coronavirus Updates: Fear Batters the Economy as U. S. Death Toll Rises to 26
《卫报》	2020 年 3 月 16 日	新冠肺炎疫情抢购潮下美国枪支弹药销量激增 US Sales of Guns and Ammunition Soar Amid Coronavirus Panic Buying
Vox Media	2020 年 3 月 30 日	特朗普:美国因疫情死亡人数可能控制在 20 万意味着"做得很好"Trump Says 200,000 Americans Could Die From Coronavirus, Because He's Done "A Very Good Job"
《纽约时报》	2020 年 3 月 31 日	官员称即使采取了应对措施,新冠病毒仍可能杀死 10 万到 24 万美国人 Coronavirus May Kill 100000 to 240000 in U. S. Despite Actions, Officials Say
《纽约时报》	2020 年 4 月 2 日	疫情让殡葬所不堪重负,纽约市部署 45 辆移动太平间 New York City Deploys 45 Mobile Morgues as Virus Strains Funeral Homes
CNN	2020 年 4 月 6 日	北卡罗来纳州卫生官员警告说,今年 6 月前,该州可能会有 75 万人感染新冠病毒 750000 People in North Carolina Could be Infected by June, Warns State Health Official
CNN	2020 年 4 月 6 日	新冠病毒导致一些年轻人死亡之谜 The Mystery of Why the Coronavirus Kills Some Young People
《华盛顿邮报》	2020 年 4 月 6 日	美国新冠肺炎疫情死亡人数破万　医院人员和医疗物资严重短缺 As U. S. Coronavirus Deaths Surpass 10000, HHS Watchdog Says American Hospitals Face 'Severe' Shortages of Equipment, Staff and Tests"
《纽约时报》	2020 年 4 月 9 日	美国失业人数预计将激增数百万人 U. S. Jobless Tally is Expected to Surge by the Millions
《华盛顿邮报》	2020 年 4 月 9 日	数据显示:数以百计的美国年轻人感染新冠死亡 Hundreds of Young Americans have Now Been Killed by the Coronavirus, Data Shows
《华盛顿邮报》	2020 年 4 月 10 日	在疫情危机的当下,陷入现金荒的医院和医生组织让医务人员走人 Cash-starved Hospitals and Doctors Groups Cut Staff Amid Coronavirus Crisis
《赫芬顿邮报》	2020 年 4 月 10 日	纽约州新冠感染病例数超过全球其他国家 New York Now Leads Every Country in Coronavirus Cases

续表

媒体	发布时间	标题
CNN	2020 年 4 月 10 日	官员称,无亲属认领的新冠疫情病亡者可能被安葬在纽约 Hart 岛上 Unclaimed Coronavirus Victims May Be Buried on New York's Hart Island, as the State's Death Toll Climbs

资料来源：CNN，New York Times，The Washington Post，CBS News，Huffington Post，Vox Media，Politico，The Guardian 官网。

（二）网络新媒体平台遭遇“信息疫情”，应对“后真相”挑战力度仍有待提升

随着世界卫生组织确认新冠肺炎疫情在全球蔓延，“信息疫情”（infordemic）也席卷全球，[①] 而疫情下网络新媒体平台则成为“信息疫情”的重灾区，模糊、误导、错误信息，以及谣言[②]都让急需了解真相的受众望而却步。

Facebook、Twitter、YouTube、Instagram 等社交媒体平台都推出了相应举措抑制“信息疫情”蔓延。例如，Twitter 早在 2020 年 1 月就宣布了监看和移除疫情错误信息的举措。Facebook 在 3 月也启动新冠肺炎疫情信息中心（Coronavirus Information Center），提供权威卫生机构信息并将其置顶 News Feed，同时还在博客上发布限制虚假信息、禁止口罩等产品广告以及消除 Instagram 上有关新冠肺炎疫情虚假信息的措施。[③] Google 联合世界卫生组织推出 Google SOS alert，将世卫组织信息置顶为人们对新冠病毒相关搜索结果。抖音海外版 TikTok 也采取措施删除故意误导视频，并在一份声明中表

① WHO，Munich Security Conference，https：//www. who. int/dg/speeches/detail/munich – security – conference.

② 马立明：《新冠疫情中的谣言与信息公开》，https：//www. thepaper. cn/newsDetail_ forward_ 6168245。

③ Paul Briggs，“Canada's News Media Tries to Regain Trust During COVID – 19 Outbreak”，https：//www. emarketer. com/content/canada – news – media – tries – to – regain – trust – during – covid – 19 – outbreak.

示“不允许任何对我们社群或更大范围公众群造成危害的虚假信息”①。腾讯、微信、微博、阿里巴巴也通过其事实审核平台筛查网上谣言并与权威机构和主流媒体联手强化信息辟谣。微信、微博等中国社交媒体也成为世界各地记者更准确获取信息的主要渠道之一。②

然而多项研究显示，网络新媒体平台抗击“信息疫情”举措的力度仍需提高，“生产虚假信息背后的激励机制仍然存在”，③需要各方联合加大打击力度。图 3 是路透研究院（Reuters Institute）在 3 月底到 4 月初对来自美国、英国、西班牙、德国、阿根廷、韩国 6 个国家的 8522 名社交媒体用户遭遇“很多”或“大量”错误或误导信息比例情况的调研，结果显示西班牙和阿根廷用户占比最高，分别为 44% 和 43%，美国、英国用户占比达 38% 和 35%，德国用户为 28%。④ 可以说，应对重大公共突发事件，防控“信息疫情”也将对国际社会有效应对疫病大流行产生积极影响。

三　技术赋能：新技术助力媒体报道，提升疫情舆论场传播力

（一）依托“5G+4K+VR”技术，低时延、现场感强的疫情慢直播引发全球关注

“5G+4K+VR”技术助力此次疫情报道，技术特征衍生出的传播原动

① “Community Guidelines”, TikTok, https://www.tiktok.com/community-guidelines?lang=en.

② Karen Hao & Tanya Basu, “The Coronavirus is the First True Social-media ‘Infodemic’”, https://www.technologyreview.com/2020/02/12/844851/the-coronavirus-is-the-first-true-social-media-infodemic/.

③ Mark Scott, “One-third of People have Seen Misleading Info on COVID-19 on Social Media: Report”, https://www.politico.eu/article/one-third-of-people-have-seen-misleading-info-on-covid-19-on-social-media-report/.

④ Rasmus Kleis Nielsen, Richard Fletcher, Nic Newman, et al, “Navigating the ‘Infodemic’: How People in Six Countries Access and Rate News and Information about Coronavirus”, https://g8fip1kplyr33r3krz5b97d1-wpengine.netdna-ssl.com/wp-content/uploads/2020/04/Navigating-the-Coronavirus-infodemic.pdf.

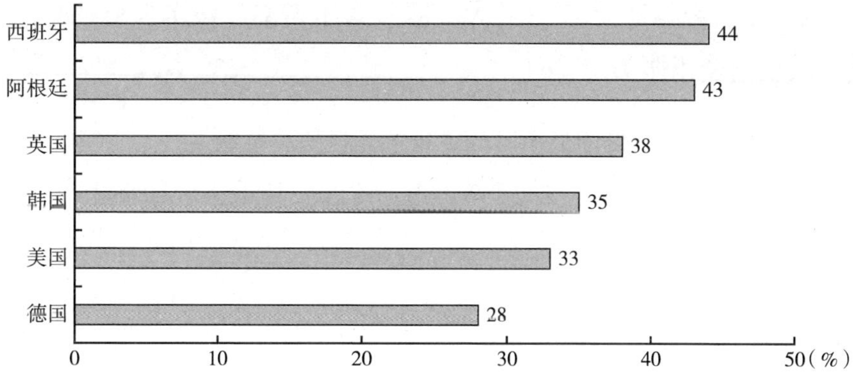

图3　美国、英国、德国、西班牙、阿根廷、韩国六国社交媒体用户遭遇“错误或误导疫情相关信息占比情况

资料来源：路透研究院。

力，使疫情报道全球影响力得到拓展和强化，① “在场感”、“代入感”和“陪伴感”的传播方式，增强了全球受众“团结合作共同抗疫”的亲身体验。例如，中央广播电视总台旗下央视频于1月27日开启无剪辑、无解说、无音乐的火神山和雷神山医院的“慢直播”，依托强大的5G网络覆盖，高清全景画面捕捉、VR超现实体验，向全球受众24小时不间断地全景式展现火神山和雷神山两家抗疫医院争分夺秒建设的情况。仅到2月2日就有超过1亿受众化身施工现场“云监工”，亲见亲证医院建设的每个环节，引发全球网友热评，而央视频客户端2月初在苹果应用市场总榜和娱乐榜排行中双双问鼎首位。② 同时慢直播内容也被BBC、FOX等众多国际主流媒体和社交媒体平台大量转播转载，在全球疫情舆论场产生较大影响。

---

① 卜晨光：《新技术　新格式　新信息——中央广播电视总台抗击新冠肺炎疫情报道的传播支点》，《中国广播电视学刊》2020年第3期。

② 《一场慢直播，造就过亿“云监工”》，k. sina. com. cn/article_ 1683484344_ 6457eeb802000mzvg. html？from = ent&subch = oent，2020年3月14日。

（二）“数据即信息”，“大数据＋人工智能”技术为疫情报道提供高效疫情资讯服务

从秒次更新的“疫情地图”到无口罩播报的“智能主持人”，从智能生产平台到智能辟谣系统，“大数据＋人工智能”技术从信息采集、内容生产、内容分发、内容风控、效果追踪、舆情监看等各个方面助力媒体疫情传播，使疫情报道更加高效化、精准化、智能化。例如，疫情期间人民网上线妙笔抗疫新闻机器人，通过实时数据分析、文本智能生成、机器推送等为受众定制疫情新闻。BBC 也在 Message 上推出“Corona Bot”疫情信息服务机器人，利用 AI 技术从 BBC 强大的新闻资讯库和英国 NHS 官网为受众匹配权威真实的定制疫情资讯。① 新华网也通过其“媒体大脑”的智能化内容采编能力高效生产疫情相关视频内容，助力抗疫传播。② 另外，中央广播电视总台、《人民日报》等主流媒体以及阿里巴巴、腾讯、谷歌、苹果等互联网平台利用大数据优势为用户提供实时疫情地图数据和地区化疫情预警、风险提示、重要通知、科普知识、政策措施解读等信息，满足不同地域人群的信息需求。③

四　新闻服务免费化：媒体服务商业化削弱，公共服务型新闻复兴

疫情期间，公共服务型新闻（Public Service Journalism，PSJ）复兴，商

① Charlotte Trueman, “BBC Launches ‘Corona Bot’ to Tackle COVID－19 Confusion”, https：//www. computerworld. com/article/3546312/bbc－launches－corona－bot－to－tackle－covid－19－confusion. html.

② 思想漪：《2020 年了，欢迎来到“智媒时代”》，https：//baijiahao. baidu. com/s? id＝1665276326760868922&wfr＝spider&for＝pc，2020 年 4 月 29 日。

③《科技创新助力抗疫：全新算法让集性疫情可精准溯源》，http：//scitech. people. com. cn/n1/2020/0416/c1007－31675579. html，2020 年 4 月 16 日；《遏制“信息疫情”的四个“信息疗法”》，https：//k. sina. com. cn/article_ 5541011958_ 14a4521f602000r4pb. html? from＝news&subch＝onews，2020 年 5 月 21 日。

业化削弱。PSJ 强调公共价值，为受众提供包括 PGC、UGC、新闻核查、辟谣、实时发布和推送权威信息等免费、可靠的新闻服务。① 从表 2 可以看出，包括欧洲广播联盟（EBU）、西班牙《每日新闻报》、加拿大广播公司（CBS），以及美国《华盛顿邮报》《纽约时报》等都开放了付费内容，为全球受众提供免费疫情资讯服务。例如，疫情期间 EBU 充分发挥超强新闻采编能力和 250 个实时传输新闻频道优势为受众提供疫情实时免费报道，其受众每日观看时长增长了 14%。② 加拿大广播公司也通过提供 24 小时免费的英语和法语疫情新闻服务，观看量迅速增长。③

表 2　部分欧美媒体机构开放付费墙提供免费疫情新闻服务情况

媒体机构	国家	收费情况	服务内容
欧洲广播联盟 EBU	欧洲	全部免费	提供实时疫情资讯、专线答疑、新闻内容审核等服务
《每日新闻报》 Eldiario	西班牙	全部免费	提供 PGC + UGC 疫情报道；实时疫情资讯、新闻内容审核、专线答疑等服务
加拿大广播公司 CBC	加拿大	全部免费	提供 24 小时英语和法语新闻资讯服务
《环球邮报》 The Globe and Mail	加拿大	全部免费	提供疫情新闻内容服务
彭博新闻社 Bloomberg News	国	全部免费	提供"无限"疫情报道服务
《大西洋月刊》 The Atlantic	美国	部分免费	提供疫情新闻内容服务
《卫报》 The Guardian	英国	全部免费	提供疫情新闻内容服务

① Patrick Ferrucci, "Exploring Public Service Journalism: Digitally Native News Nonprofits and Engagement", *Journalism & Mass Communication Quarterly* 94 (1), 2017, pp. 355 - 370.

② "EBU: Public Service Media are Trusted Source of Information on COVID - 19 Crisis", https://www.ebu.ch/news/2020/03/public - service - media - are - trusted - source - of - information - on - covid - 19 - crisis - 1.

③ Paul Briggs, "Canada's News Media Tries to Regain Trust During COVID - 19 Outbreak", https://www.emarketer.com/content/canada - news - media - tries - to - regain - trust - during - covid - 19 - outbreak.

续表

媒体机构	国家	收费情况	服务内容
《纽约时报》 New York Times	美国	全部免费	提供疫情新闻内容和简报服务
《华尔街日报》 The Wall Street Journal	美国	部分免费	提供疫情新闻资讯、现场直播、审核答疑和简报服务
《华盛顿邮报》 The Washington Post	美国	部分免费	提供疫情实时资讯、综合指南和简报服务
《洛杉矶时报》 Los Angeles Times	美国	全部免费	提供现场、疫情实时资讯和简报服务

五　启发和建议

（一）建立全球重大公共卫生事件媒体合作机制，确保全球疫情舆论场疫情真实信息对受众的有效传播

通过建立全球合作机制，推动全球媒体建立“全球团结合作抗疫”报道框架，确保客观、真实、公开、透明的报道标准，共同抵制政治化、污名化、偏见化传播和“信息瘟疫”。新冠病毒是人类共同的敌人，疫情面前各国人民命运相连，因此需要加强全球媒体合作报道，提升疫情信息共享能力，确保全球受众能够及时获取疫情进展、权威解读等，提升全球受众“全方位、零时差、在场感”疫情信息获取能力。

（二）加强技术赋能，区块链技术未来可转化为阻止“信息瘟疫”的核心驱动力

一方面，继续加强5G、VR、人工智能、大数据技术在重大公共卫生事件报道中的技术赋能，数据新闻、直播拆条、海报视频、字幕生成、智能剪辑等领域成为提升全球疫情报道能力的重要支点；另一方面，区块链技术或成为未来阻止“信息瘟疫”的核心驱动力。区块链技术本身具有可溯源强、

不可篡改、去中心化、公开透明等特性，借助区块链技术搭建资讯共享平台，可以提升媒体新闻信息管控能力和真实信息传播能力，有效阻止“信息瘟疫”在受众中蔓延。例如，《纽约时报》正在开展一项基于区块链技术的新闻信息源核验项目，解决媒体中的错误信息传播问题。该项目通过将起源标签与社交媒体、网站数字新闻、消息应用程序和其他电子渠道上传播的照片和视频建立联系，验证信息源真实性并限制信息修改及操纵，增强受众对新闻材料的信任度。①

（三）加强以科学事实为基础的全球重大公共卫生事件新媒体话语体系，构建“全媒体”舆论生态

新冠肺炎疫情暴发以来，以中央广播电视总台和新华网、《人民日报》为代表的中国主流媒体及时构建新媒体报道矩阵，发布真实信息、起到了引导舆论走向、疏导民众情绪、维护社会稳定的作用。然而西方媒体在新冠肺炎疫情新媒体平台传播中仍处于垄断地位，政治偏见、过度负面化报道都极大影响着全球新媒体平台的话语体系传播效果。因此，全球媒体需要建立一个基于科学事实与共识的新媒体话语体系，同时发挥 PUGC 报道优势，充分发挥公众在重大公共卫生事件中的“知情”和专业“表达”能力，构建“全媒体”舆论生态，实现新媒体多渠道矩阵有机结合、传播效果最优化，为国际社会积极应对重大公共卫生事件提供最大帮助。

重大突发公共卫生事件对人类来说不会是最后一次。面对新冠肺炎疫情这样的全球性重大突发公共卫生事件，国际媒体比以往任何时候都需要发挥负责任媒体应有的作用，中宣部副部长、中央广播电视总台台长兼总编辑慎海雄指出，国际媒体要深化合作，携手抗疫，“应该报道真相，而不是造谣

① Pooja Reddy, “Could Blockchain be a Solution to the Issue of Misinformation Online?”, https://open.nytimes.com/could-blockchain-be-a-solution-to-the-issue-of-misinformation-online-492ca63ae42.

生事；应该凝聚共识，而不是制造分歧；应该科学抗疫，而不是甩锅他国；应该传递信心，而不是恶意攻击”,[①] 助力国际社会应对疫情带来的多重挑战，维护全球公共卫生安全。

面对新冠肺炎疫情这样的全球性重大突发公共卫生事件，国际媒体也比以往任何时候都需要构建应对全球复杂传播生态、遵循全媒体传播规律的“四全媒体”传播体系，即以“内容为根本、技术为支撑”,[②] 实现“零时差、全方位”的全程媒体，“数据即信息”的全息媒体，多对多传播的全员媒体，以及突破生态尺度，集成了信息、内容、社交、服务等各种功能的全效媒体,[③] 真正实现全球媒体在重大突发公共卫生事件中强信心、暖人心、聚民心作用，为疫情防控提供强大舆论支撑，为全球恢复经济和社会生活秩序保驾护航。

① 《慎海雄：中拉媒体深化合作，携手抗疫共克时艰》，http：//news. cctv. com/2020/08/28/ARTI4Tz8AIITpmzuAJZjOkM3200828. shtml，2020 年 8 月 28 日 .

② 张涛甫：《建立全媒体传播体系》，http：//media. people. com. cn/n1/2020/0203/c40606 - 31567599. html，2020 年 2 月 3 日。

③ 李艳春，《打造" 四全媒体" 推进高质量融合》，http：//data. chinaxwcb. com/epaper2019/epaper/d7041/d4b/201907/99422. html，2019 年 7 月 24 日。

B.4

中央广播电视总台成立对中国传播生态的影响

李　宇*

摘　要： 2018年4月，中央电视台、中央人民广播电台和中国国际广播电台三家媒体合并组建中央广播电视总台。总台成立后持续推进机构合并和业务融合，朝着建设国际一流新型主流媒体的目标迈出了坚实步伐，成为中国广播电视行业高质量发展的旗舰。与此同时，中央广播电视总台全力推进内容建设、产业经营、技术创新和国际传播升级等方面的工作，为中国传播生态注入了新理念、新思维和新动能。当前，全球传媒领域正经历深刻变局，总台"5G+4K/8K+AI"的全新战略布局和产业发展等创新举措为中国在全球传媒竞争中赢得发展先机和占有一席之地发挥了积极作用。具体而言，总台对中国传播生态的影响集中体现在四个维度上，即在内容维度上通过内容发展新布局引领中国广播电视高质量发展，在产业维度上通过经营发展新理念为中国媒体坚持正确定位率先垂范，在技术维度上通过技术布局新思维助力中国广播电视行业技术变革，在国际合作维度上通过国际传播新布局提振中国广播电视行业"走出去"新动能。

关键词： 中央广播电视总台　传播生态　产业经营　技术变革　国际合作

---

* 李宇，中央广播电视总台国际传播规划局博士，主任编辑。

“传播生态”是借用生态学的概念来分析和研究媒介传播的生存业态，最早由美国学者戴维·阿什德提出，与北美“媒介生态学”存在内在密切联系。[①] 中国学者姜飞提出，传媒生态属于传播学与生态学的交叉领域，主要是从生态的角度来介入传播，在复杂的社会生态系统内透视人、媒介、社会各种力量的共息共生关系，为传播研究和整个媒介的管理提供某种联动、系统化、战略化的思路。[②] 具体到电视领域，有学者认为，电视传播生态是对电视传播环境、生存业态进行研究，是电视媒介与电视生态环境构成的一个相互依存与相互影响的动态平衡系统。在这个系统中，内容传播是核心，一些传播要素、环节都会与内容传播产生关联，从不同维度产生影响与变化。[③] 有鉴于此，本文主要从内容、产业、技术和国际合作四个维度分析中央广播电视总台成立对中国传播生态的影响。

一 引言

（一）总台成立

2018 年，中央电视台、中央人民广播电台和中国国际广播电台三家媒体合并组建中央广播电视总台（简称“总台”，英文简称 CMG），同年 4 月 19 日正式挂牌。总台成立之后，三家媒体原有业务、机构和人员开始进行深度整合，成为世界上最大的综合性传媒集团之一。总台组建后稳步推进机构合并和业务融合，朝着建设国际一流新型主流媒体的目标迈出了坚实步伐。组建成总台的三家媒体是中国广播电视媒体的核心主力，见证和推动了中国广播电视事业的发展。

---

① 李颖：《传播生态研究的历史发展与意义》，《传媒观察》2013 年第 11 期。

② 姜飞：《2017 年全球传播生态年度发展报告》，载高伟、姜飞主编《全球传播生态发展报告（2018）》，社会科学文献出版社，2018，第 3 页。

③ 孙宜君、王建磊：《论融媒时代电视传播生态的嬗变与建构》，《现代传播》2018 年第 3 期。

（二）总台业务总体生态构成

总台拥有庞大的融合传播矩阵，拥有电视、广播、新媒体等多种形态媒体。其中，开办有47个电视频道（包括40个国内频道和7个国际频道），另外还拥有17套国内广播频率。日播电视节目约900小时、广播及网络音频节目约4400小时。每晚黄金时间播出的著名新闻栏目《新闻联播》平均每天有1.2亿人观看。每年的《春节联欢晚会》更是中国观众的年度盛宴。在国内电视业务方面，总台旗下的中央电视台目前开办有36个国内电视频道，中央人民广播电台和中国国际广播电台分别播出2个数字电视频道。在国内广播业务方面，中央人民广播电台拥有17套广播频率面向国内听众，是中国唯一覆盖全国的广播电台，在国内拥有听众超过7亿人，是世界上拥有国内听众最多的广播电台。在国际广播业务方面，总台旗下的中国国际广播电台以44种语言面向全球传播。在媒体资源方面，总台拥有丰富、优质的内容资源，建有世界上最大的视音频数据库，媒资总量近300万小时。国际视频通讯社向全球500多家签约媒体机构提供新闻视频服务。在国际合作方面，总台与100多家海外媒体机构签订了综合性合作协议，在新闻交换、节目合拍、人员互访、技术交流等方面开展多形式、宽领域合作。

（三）总台组织生态架构

总台成立后，机构合并工作随即提上议事日程。总台一级的管理决策机构包括总台党组和编务会议。总台下设办公厅、总编室、新闻中心、内参舆情中心、财经节目中心、文艺节目中心、体育青少节目中心、社教节目中心、影视剧纪录片中心、民族语言节目中心、港澳台节目中心、英语环球节目中心、亚洲非洲地区语言节目中心、欧洲拉美地区语言节目中心、华语环球节目中心、军事节目中心、农业农村节目中心、新闻新媒体中心、视听新媒体中心、融合发展中心、创新发展研究中心、国际传播规划局、国际交流局、离退休干部局、人事局、财务局、技术局、总经理室、机关党委等，另外还有地方机构、海外机构，以及台属单位和台属公司（见图1）。

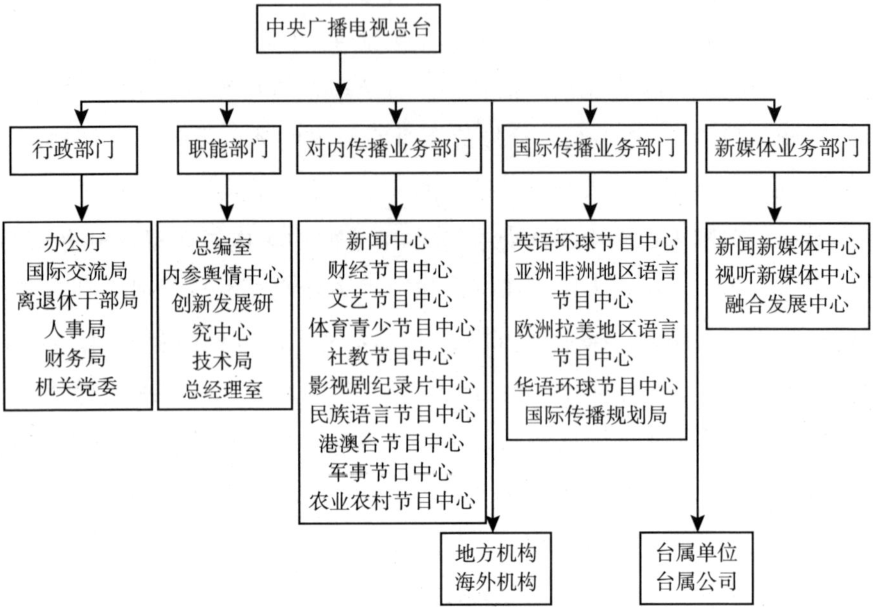

图1　中央广播电视总台架构

总台办公厅是2019年7月15日正式成立的，2019年6月21日总台总编室正式成立，其余中心、局等内设机构随后相继成立。

二　内容维度：总台内容发展新布局引领全国广播电视高质量发展

传播生态研究的目标是以媒体生态系统的发展观，分析媒体系统内的各组成部分的“共生”及其与外在环境的“竞争”，终极目标是让系统内的各部分都能进入良性循环的发展。① 一个国家传播生态的核心要素之一是内容，

① 孙宜君、王建磊：《论融媒时代电视传播生态的嬗变与建构》，《现代传播》2018年第3期。

内容生产和播出机构的内容供给规模、导向、品质对于生态质量有着直接影响，尤其是主要和关键媒体机构的内容释放具有引领性、示范性作用。作为国家媒体，总台在丰富内容供给、强化舆论引导、提升节目品质等方面责无旁贷，也不遗余力，客观上对于整个传播生态的高质量发展建设发挥了积极作用。

（一）内容供给

总台成立后，在频道序列方面增加了两个新频道，一个是农业农村频道，另一个是国防军事频道。中央电视台农业农村频道在2019年9月23日正式开播，中共中央总书记、国家主席、中央军委主席习近平通过中央电视台农业农村频道，向全国广大农民和工作在“三农”一线的同志们表示诚挚的问候，并热烈祝贺央视农业农村频道正式开播。中央电视台农业农村频道致力于深入宣传党中央关于“三农”工作的大政方针和工作部署，深入宣传农业农村农民在新时代的新气象新面貌，在全社会营造关注农业、关心农村、关爱农民的浓厚氛围，为打赢脱贫攻坚战、推进我国农业农村改革发展、实现乡村振兴发挥积极作用。同年，国防军事频道也正式开播。该频道立足于呈现我国国防和军队建设新成就，生动展示人民军队新风貌，把国防军事频道及军事广播节目办成深入宣传习近平强军思想的坚强阵地，办成展现人民军队在新时代不断开创强军事业新局面的重要平台。由此，总台的频道序列涵盖了综合、新闻、财经、国防军事、农业农村、电影、电视剧、纪录、综艺、音乐、戏曲、体育、科教、社会、法制、少儿等主题，构建了较为全面的频道体系，同时也有效促进了中国电视内容生态建设，让中国电视频道供给更为丰富和全面。

（二）舆论引导

总台成立后，新闻报道力量得到了进一步强化，国内外报道网络持续优化，电视、广播、新媒体新闻信息供给能力有效提升，特别是随着央视频、央视新闻客户端，以及《主播说联播》等一批融媒体产品的推出和5G + 4K/8K传输技术的突破，总台在新媒体舆论场的影响力大幅提升，“全程媒体、全息媒体、全员媒体、全效媒体”建设成效显著，这对于我国构建积极向上、凝心聚力的舆论氛围注入了更为强大的动力。

在解读政策方面，总台进一步扮演好国家大政方针报道者和解读者的角色。以2020年“两会”报道为例，总台《新闻联播》、新闻频道、中国之声、环球资讯广播累计首重播新闻3004条，专题节目113期，总时长14510分钟。采访代表委员逾1206人次，直播连线前方记者269次。组织大会发布会和记者会直播4场，“部长通道”、“代表通道”和“委员通道”直播7场，向中外媒体提供直播公共信号共861分钟，并首次实现全国“两会”重大时政场次4K直播。总台围绕政府工作报告、“两高”报告，连续多天推出解读性报道，注重用讲故事的方式，把报告亮点、代表委员心声和基层实践有机结合，同时从调高赤字率、中国的疫情防控等可能引发海外关注的焦点入手，展现中国政府的决心与担当。总台新闻频道推出3集电视专题片《决战脱贫在今朝》，记录全国40多个贫困村最后一年脱贫攻坚现状；围绕《民法典（草案）》，推出《打开民法典草案》《民法典来了》等系列节目；围绕涉港国安立法，关注国内外支持全国人大审议有关决定的声音，并在多平台推出专题片《另一个香港》，微博话题阅读量超2.4亿次。同时，推出直播融媒体节目《两会你我他》，大小屏、广播电视联动，持续7天打造可看、可听、可点击的全新融媒体“两会”新闻报道。《两会1+1》开设“云上会等你问”“提问岩松”等板块，用网友提问形式打通大小屏。《两会有观点》用“多方会议”模式，聚焦“5G”“就业”等热门话题。《听见两会现场》通过短小声音纪录片，传递“两会”声音。

在凝心聚力方面，总台通过新闻报道和舆论建设全面服务脱贫攻坚等国家重点工作。2020年是全面建成小康社会目标实现之年，是全面打赢脱贫攻坚战收官之年，为此总台推出了一系列有深度、有温度的报道。例如，总台在2020年5月推出系列报道《悬崖村扶贫纪事》，讲述四川省凉山彝族自治州阿土列尔村的扶贫故事。四川大凉山是全国14个集中连片贫困地区之一，而阿土列尔村交通不便，被当地称为“悬崖村”。系列报道关注这一扶贫难点地区，展示该州州、县、乡三级扶贫干部驻进“悬崖村”，发展农业和养殖业，给这个闭塞的山村带来的新气象。记者五上五下“悬崖村”，与当地老乡同吃同住，克服语言不通、拍摄难度大和风险高等困难，客观、真实报道当地扶贫干部敢想敢干、不畏艰难、因地制宜驻村扶贫的故事。在当前复杂的舆论生态中，总台作为国家媒体，有效提供方向正确、引导有力的新闻舆论，用党的理论、路线、方针、政策来凝聚人心、凝聚力量，推动事业发展。

（三）节目品质

节目品质是内容生态的重要构成，唯市场导向、唯收视率导向等问题困扰着世界各国媒体领域，规制不到位或防范不当则容易导致低俗、媚俗甚至违法违规内容的泛滥。总台作为中国最具实力和影响的广播电视媒体机构，在节目品质方面同样承担着引领作用和示范作用，为构建健康向上的全国内容生态发挥积极作用。

在主题宣传方面，总台按照“世界一流、历史最好”的要求，调动一切资源，集中优势力量，浓墨重彩地完成了70周年国庆庆典活动直播报道。据统计，国庆70周年庆典活动直播，电视端总收视规模达7.99亿人次；广播直播节目中，仅中国之声累计触达2100万城市核心人群，大湾区之声（粤语）直播新媒体端收听量最高时段为300万人次；总台自有新媒体平台和第三方合作平台总体阅读浏览量达45.98亿，主持的微博相关话题阅读量达355亿；截至2019年10月8日上午10点，国际视频通讯社对外发布的“庆祝中华人民共和国成立70周年大会”直播信号和新闻素材共计被87个国家和地区的1191家电视台/频道和网络平台采用1.01万次，其中美欧国家频道数占比超过80%；国内十大院线的70家影院同步播放总台4K直播电影，全部爆满。

在纪录片方面，2020年总台推出了一批有温度、有品质、有口碑的精品力作。《航拍中国》第三季《一同飞越》以独特的空中叙事与航拍美学为载体，全方位展示我国历史人文景观、自然地理风貌及建设发展成就，全景式俯瞰一个观众既熟悉又新鲜的美丽中国、生态中国、文明中国。该片从传统电视端产品逐步探索成为新型融媒体产品，在创意阶段便对融媒体传播进行布局，多线产品并行，形成多样态、多手段、多媒体的传播态势，在表达语态上更加年轻化、国际化、互联网化。播出当月，“航拍中国”微博话题阅读量达3.8亿，讨论量超过32.5万，4次登上微博热搜。央视网纪录片《人生第一次》以小切口呈现大主题，讲述真正的中国好故事，艺术化地传递正能量。12期节目全网播放总量超4亿，相关话题微博阅读量超10.3亿。纪录片《花开中国》是国内首部自然园艺类纪录片，讲述茶花、杜鹃、月季、菊花和牡丹这些中国传统名花的前世今生及其背后的人和故事，联结起东方与西方、科学与历史，演绎中国花卉的文化传奇。

在文化节目方面，2020年春节联欢晚会以“共圆小康梦、欢乐过大年”为主题，将习近平总书记在2020年新年贺词中“只争朝夕，不负韶华”的深情寄语完美融入节目创作，注重思想性、流畅性、吸纳性、可及性，突出艺术创新和科技创新，同时河南郑州分会场、粤港澳大湾区分会场与主会场隔空联动，共同营造“欢乐吉祥、喜气洋洋”的浓厚节日氛围。总台原创大型文化节目《故事里的中国》融合影视、戏剧、综艺等手法，重现经典作品精彩片段，讲述中国故事、传承时代精神，收到良好舆论反响。《国家宝藏》在成功播出两季的基础上，策划推出第三季。第三季的播出适逢紫禁城建成600年，从大的历史节点上寻找发力点和吸引点，以“坚持方向性、注重文化性、增强艺术性”作为节目创作根本遵循，并在节目中融入AI、AR、VR、云录制等新科技手段。

三　产业维度：总台经营发展新理念为全国媒体坚持正确定位率先垂范

产业维度对于中国传播生态中内生动力的培育具有重要作用，直接关系媒体发展和实力增长。另外，产业维度还关乎传播生态如何与外在环境“竞争”保持动态的平衡，换言之，关系到中国媒体如何有效应对全球化时代的国际传媒竞争。与西方国家相比，中国传媒领域在产业经营方面的起步相对较晚，对于资本经营等方面的重视程度较为不足。总台成立后，积极推进产业发展，强化资本运营，在盘活资源的同时激发了可持续发展的内生动力，有效提升了整体实力，这为全国广播电视产业升级提供了经验借鉴和牵引动力。与此同时，总台注重社会效益，积极履行社会责任，在经济效益与社会效益并重方面为全国媒体率先垂范。这对于中国传播生态应对境外环境“竞争”和构建境内环境“共生”关系都具有重要意义。

（一）资本运营与经济效益

总台成立后，整体资金实力大大增强，在资本运营和资源调配方面的空间大幅提升。2019 年 9 月 26 日，中央广播电视总台首个区域总部和地方总站——长三角总部暨上海总站启用。总台长三角总部、上海总站坐落在徐汇滨江国际传媒港，总建筑面积约 26.5 万平方米，包括 10 万平方米 5A 甲级写字楼、2.3 万平方米文化场馆、5 万平方米的商业空间共 8 幢楼宇。依托总台长三角总部，总台将大力推进版权运营、体育产业、影视剧译制、超高清产业、文创项目等业务。根据总台发展规划，长三角总部将建设成上海的新地标之一，打造成为国际一流的世界影视基地、文化创意高地、国际时尚之都、市民喜爱之地。2019 年 11 月 7 日，总台又正式启用设在深圳前海的粤港澳大湾区中心。该中心除了承担大湾区之声广播、电视新闻采集、新媒体平台、亚太中心站后方制作基地等功能，还将对接广东省相关影视产业、技术研发等业务合作。此前在 2019 年 3 月，总台已与广东省人民政府签署深化战略合作框架协议，探索建立影视制作合作机制，在 5G 新媒体技术、4K 超高清频道落地、4K/8K 节目技术研发与超高清产业转化等方面展开深入合作。这些经营管理上的新战略、新举措将有助于总台在事业产业协调发展上积累经验、提供示范，充分挖掘总台能够产业化运营、市场化运作的优质资源，有效运用上海及长三角地区、广东及大湾区的营商环境优良、文化市场活跃、文化资源丰富等优势，努力实现“两个效益”双丰收，对于全国广播电视媒体发展的提质升级起到了很好的示范性作用。

（二）媒体公益与社会效益

总台成立后，积极策划举办或参与媒体公益活动，凸显媒体社会责任。以2020年为例，总台推出了“抗疫情、稳就业”等多项重大公益举措。3月，总台开展“春暖花开 国聘行动”，邀请中粮集团、中咨集团等大型国企，以及快手、海天等头部民营企业加入“国聘行动”，并创作推出“央视频国聘行动”公益广告，以“春光”“梦想”等积极向上的表达形式，向青年群体传递希望。4月，总台通过“品牌强国工程”向湖北省捐赠价值5亿元的广告资源，无偿支援受疫情影响较大以及在恢复经济中起支撑作用的湖北企业，助力企业复工复产。捐赠广告资源营销湖北优质产品是总台深入学习贯彻习近平总书记重要指示精神，“搭把手、拉一把”，助力湖北经济社会发展的具体举措。总台还发起“搭把手、拉一把”、“谢谢你为湖北拼单”以及“云招聘”湖北专场等活动。6月，总台与北京市共同启动“新消费·爱生活——北京消费季”，深入贯彻习近平总书记关于“有序推动各类商场、市场复工复市，生活服务业正常经营”等重要指示精神。总台投入旗下电视、广播和新媒体终端对北京消费季进行整合宣传，还广泛动员“品牌强国工程”入选企业，积极参与本次活动，以实际行动彰显实业兴国、品牌强国责任。

四 技术维度：总台技术布局新思维助力全国广播电视行业技术变革

传播生态是由一切直接或间接影响电视媒介生存和发展的因素所构成的动态平衡系统，随着时代变革与媒介环境变化而变化。[①] 当前，广播电视所处的技术环境正面临前所未有的变革，5G、人工智能、4K和8K超高清、虚拟现实和增强现实技术等都在重塑整个媒介发展形态，直接影响着内

① 孙宜君、王建磊：《论融媒时代电视传播生态的嬗变与建构》，《现代传播》2018年第3期。

容采制、播出、分发等业务流程。总台成立后制定并实施“台网并重、先网后台、移动优先”战略，并着力打造“5G＋4K/8K＋AI”全新战略布局，着力强化技术研发和应用，为提升全国广播电视技术整体水平和前沿技术应用发挥了积极作用，在客观上推动了中国传播生态中技术要素的升级。

（一）技术研发

2019年12月，总台超高清视音频制播呈现国家重点实验室建设在上海国际传媒港启动，这是我国首个超高清视音频国家重点实验室，这是中央广播电视总台深入贯彻落实习近平总书记关于媒体融合发展重要指示精神，推进“5G＋4K/8K＋AI”发展战略，着力打造具有强大引领力、传播力、影响力的国际一流新型主流媒体的重要途径。总台依托国家重点实验室，进一步聚焦宽带互联网环境下，端到端的先进视音频技术，在超高清视音频制播系统关键技术、视音频媒体传播技术和视音频服务安全关键技术等三大领域开展基础研究、应用示范和应用实践，引领我国超高清行业的快速发展。2020年6月，总台“5G媒体应用实验室”等9个项目通过由中国电影电视技术学会组织的技术鉴定。鉴定委员会认为，总台4K超高清转播车、总控系统、节目制作系统等项目，采用多项自主研发技术，提升了4K超高清全流程生产效率，圆满完成国庆70周年庆祝活动等重大转播任务，推动4K超高清技术产、学、研、用的快速发展；总台建设的国内首个5G媒体应用研究平台，探索形成5G网络环境下超高清电视制播创新生产工艺流程，积累了丰富科研和实践经验，取得良好传播效果。9个项目在技术上具有创新性和示范作用，达到国内或国际领先水平。

（二）技术应用

2019年11月20日，我国首个国家级5G新媒体平台——中央广播电视总台“央视频”5G新媒体平台正式上线，标志着总台媒体融合迈出了关键性步伐。在技术架构上，“央视频”采用先进的“大中台＋小前台”设计，总台借此成为国内第一家建设5G智能化媒体中台的主流媒体。就此，总台与腾讯公司开展深度合作，在确保内容安全和导向正确的前提下，共同推进移动端用户分众化碎片化传播、新媒体基金建立、小屏运营技术推广、信息化平台建设等。总台2020年春节联欢晚会着力提升了5G+8K/4K/VR创新应用力度，包括采用5G+8K技术实现多机位拍摄，并制作8K版春晚；基于5G网络的移动拍摄和景观等机位的4K信号接入春晚制作系统，为春晚全4K智能直播提供强大的支撑；首创的虚拟网络交互制作模式（VNIS）在春晚首次应用，用户可以通过央视频客户端进行VR春晚直播观看。在2020年全国“两会”期间，总台英语环球节目中心的网红工作室利用总台5G媒体应用实验室，推出总台首个“5G+竖屏”融媒体评论系列视频《冠察天下》，其中《冠察天下：中国经济如何逆势崛起?》全球阅读量422万。另外，该中心还推出融媒交互页面《小康2020·两会特别报道Moving Forward》，重点打造融媒大数据双语交互报道《“规划”里的中国》，全球阅读量1266万，299家主流外媒转发，全球累计触达受众超1.67亿人次。2020年6月，总台完成“2020中国赛艇队陆上赛艇极限挑战赛暨奥运选拔赛”4K公用信号制作和直播，这是2020年以来首场4K制作、传输的体育赛事。按照4K制作传输要求，合理规划比赛转播流程，架设包含微型机位、超高速摄像机、摇臂等特殊机位在内的11个机位，丰富赛事呈现方式。

五　国际合作维度：总台国际传播新布局提振全国广播电视行业“走出去”新动能

传播生态在维持内在平衡和良性发展的同时，还需要有效应对外部环境发展变化，这也是中国传媒从20世纪70年代末积极推进国际合拍的目的所在，也是从2001年大力推进广播影视“走出去”以及此后开展国际传播能力建设的初衷。总台成立前，原中央电视台和中国国际广播电台在中国电视、广播的国际交流合作中一直发挥旗舰作用。在总台成立后的全新业务架构下，原中央三台分散的国际传播资源整合到一起，有效强化了国际交流合作的资源集聚程度，也为中国广播电视“走出去”注入了新动能，也会在促进中国传播生态适应国际媒体市场甚至参与国际传播生态建设中发挥积极作用。

（一）国际合作综合实力提升

总台成立后，国际传播业务相关机构从 2019 年 7 月开始相继组建，其中国际交流局在 7 月 2 日成立，华语环球节目中心 7 月 12 日成立，欧洲拉美地区语言节目中心 7 月 24 日成立，亚洲非洲地区语言节目中心 7 月 25 日成立，国际传播规划局 7 月 31 日成立，英语环球节目中心 8 月 16 日正式成立，影视翻译制作中心 8 月 7 日成立。随着总台下设机构相继到位，内容建设资源得到有效整合，参与国际合作的综合实力显著提升。以语言种类为例，总台的国际传播语言种类达到了 44 种。基于机构、资源和人才整合，总台国际传播的整体语言实力大大提升。

（二）国际合作与传播生态动态调适

中国在 20 世纪 80 年代开始国际合拍，中央电视台即为先锋，与日本媒体合拍了《丝绸之路》《话说长江》《望长城》《话说运河》等纪录片。总台成立后，国际合拍再上新台阶。以 2020 年为例，总台就播出或启动了多部重量级国际合拍纪录片。2020 年 1 月 10 日，纪录片《中国的宝藏》在总台纪录频道播出，其英文版已于 2019 年 10 月在英国广播公司世界新闻频道面向全球首播。该片由总台以国际合拍、合作的方式与英国广播公司世界新闻频道、英国野马制作公司制作。2020 年 6 月 13 日，总台推出的中法合拍纪录电影《北京人：人类最后的秘密》正式启动，该片由法国著名导演雅克・马拉特执导，计划于 2021 年底在全球院线、电视及新媒体平台同步推出，以此纪念周口店北京人遗址发掘 100 周年，同时献礼中法文化旅游年。在新闻报道等方面，总台成立后也积极创新国际合作模式、拓展国际合作渠道，以此促进国内外传播生态的信息场域实现交融与转换。以 2020 年全国

“两会”报道为例，总台旗下的国际视频通讯社为全球媒体机构提供新闻素材和直播信号，在满足境外媒体报道需求、深化中外媒体合作的同时，也有效实现了总台的传播意图。2020 年 5 月 20～28 日，该通讯社对外发布相关直播信号 16 场，总时长 14 小时 21 分，路透社、美联社、法新社、欧广联等转发，71 个国家和地区的 814 家电视台/频道累计播出 1.33 万次，总时长超过 181 小时，播出总时长是信号总时长的 12 倍多；截至6 月1 日，编发新闻素材 553 条，被 95 个国家和地区的 1153 家电视台/频道和新媒体平台采用，累计播出 1.6 万次，总时长超过 58 小时。总台是中国媒体旗舰，国际合作是其实现国际化的重要方式之一，也在客观上为中国传播生态引入了更多国际因素，从而在信息供给、新闻话语、内容制作、市场运营、产业发展等方面逐渐实现内外平衡。

六　结语与展望

传播生态是媒体与媒介生态环境构成的一个相互依存与相互影响的动态平衡系统。当前，全球媒体领域正在经历历史性变局，高新技术化、规模经济化特征日趋显著，传媒业态、发展模式和经营方式都面临全方位挑战，中国传播生态正在内外因素共同作用下悄然发生深层变革。总台在这种大变局的背景下应运而生，朝着建设国际一流新型主流媒体的目标迈出了坚实步伐，成为中国广播电视行业高质量发展的旗舰。当前，中国传播生态在内外各种因素综合作用下，正在经历新一轮深度变革。总台在内容、产业、技术和国际合作等方面对中国传播生态建设产生了积极影响，在一些方面发挥着探路者和引路人的角色，在另一些方面起到了提振器和助推器的作用，为中国传播生态注入了新理念、新思维和新动能，也为中国在全球传媒领域的深刻变局之中赢得发展先机和占有一席之地创造了条件。

B.5
地方国际传播战略发展报告

于运全　王眉　谭震　吴奇志　荆江　朱静*

摘　要： 本文结合近年来地方国际传播实践的最新动态和经典案例，分析全球化视域下地方国际传播的新动能，以及新形势下地方国际传播面临的新挑战和新生态，探索性地提出提升地方国际传播能力的对策建议。

关键词： 全球化　地方　国际传播

当前，世界百年未有之大变局进入加速演变期，中华民族伟大复兴也进入了关键时期。新的时代大势造就新的传播环境，我国国际传播工作面临前所未有的发展机遇和最大压力，急需各级各方传播主体同频共振、共同发力，讲好中国故事，传播好中国声音，展示好中国形象。

习近平总书记所倡导的“构建人类命运共同体”理念为后疫情时代的国际交流合作指明了方向，也为全国各地、各主体参与国际传播、构建国家形象提供了政策支持和发展动力。本文结合近年来地方国际传播实践的最新动态和经典案例，分析全球化视域下地方国际传播的新动能，以及新形势下地方国际传播面临的新挑战和新生态，探索性地提出提升地方国际传播能力的对策建议。

---

* 于运全，《对外传播》主编、研究员，研究方向为国际传播；王眉，《对外传播》执行主编、研究员；谭震，《对外传播》编辑部副主任、主任编辑；吴奇志，《对外传播》编辑部主任编辑；荆江、朱静，《对外传播》编辑部编辑。

一　地方在新形势下为国际传播提供新动能

随着全球一体化的深入发展，国际传播涉及领域越来越广泛而多样，传播主体不再局限于一国政府部门及其主要媒体。地方在对外交往和国际贸易等现实需求推动下，凭借广泛的文旅资源、坚实的产业基础、便利的交通条件和频繁的民间交往，不断为国际传播注入新内容、创造国际传播新形态、开辟国际传播新渠道、引入国际传播新主体，成为有效推动国际传播发展的新势力、新动能，逐步推动形成中央与地方互相协同、全球化与地方化相互交织的国际传播新图景。

（一）国际传播地方化与地方传播国际化相向发展新趋势

1. 合作传播、精准传播需求推动国际传播地方化

全球化与本土化相伴相随，深刻改变了以大众传播媒介为载体、专业机构为单一主体、信息跨越国境为主要诉求的传统国际传播模式。面对不同国家、特点各异的民众以及他们具体而多样的兴趣与需求，国际传播本土化、精准化的发展趋势越发明显。这使国际传播从运作机制到具体内容都不断细化，关注点与落脚点不断下沉。

为了让面向对象国民众的传播内容能够入眼入耳，进而入脑入心，各国传播机构普遍采用合作传播的模式，与对象国各地媒体、机构、社会团体建立合作关系，采用稿件互换、开辟专栏专版、共同举办活动等方式推动传播内容落地。在此过程中，无论是传播主体，还是内容、效果都显现出地方化发展趋势。特别是在2020年新冠肺炎疫情全球流行期间，我国媒体记者、外交人员、企业代表在各国积极参与当地举办的会议活动、接受当地媒体访谈，围绕抗疫与当地民众密切交流，在合作、交往中凸显了国际传播地方化的独特优势。

全球化时代，精准到达、个性化服务成为衡量国际传播效果的新标准。为此，有学者对国际传播提出“一国一策”，甚至“一群一策”的新要求。

从事国际传播的机构要准确了解各国、各类人群的媒介使用习惯和需求，不断将触角与渠道向社区、个人层面延伸，强化内容之外的服务功能，地方化发展突破了传统国际传播的范畴。

2. “大外宣”“一盘棋”助力地方传播国际化

自20世纪90年代以来，卫星传输、国际互联网络等信息传播技术的快速发展改变了人们对国际传播的理解，拓展了国际传播主体范围。借助网络，以往限于本土传播的地方媒体及各类机构都具备了国际传播潜力、进行了多种多样的国际传播实践。例如，各国主要旅游城市和重点企业、机构都通过建立专门网站、开设社交媒体平台账号等方式直接面向各国民众进行传播。又如，各国地方媒体新闻报道越来越多地成为其他国家媒体引述的消息源。新技术条件推动各地各级宣传部门更新外宣传播理念，在以国家战略意识服务于国家整体战略的同时，研究网络传播特点、原则和规律，结合自身特点和优势，积极在国际传播领域探索、发展。

“面对全球一张网，需要全国一盘棋”。① 党的十八大以来，大外宣工作意识不断强化，为地方外宣发挥主观能动性提供了政策支持和发展动力。2018年召开的全国宣传思想工作会议强调，“要完善国际传播工作格局，创新宣传理念、创新运行机制，汇聚更多资源力量”。② 2019年1月25日，中共中央政治局就全媒体时代和媒体融合发展举行第十二次集体学习。习近平总书记发表重要讲话，特别指出，“要统筹处理好传统媒体和新兴媒体、中央媒体和地方媒体、主流媒体和商业平台、大众化媒体和专业性媒体的关系，形成资源集约、结构合理、差异发展、协同高效的全媒体传播体系”。③ 2020年6月，中央深改委第十四次会议明确提出，“加快构建网上网下议题、内宣外宣联动的主流舆论格局”，④ 从战略层面提升了地方外宣的角色

① 习近平：《加快推动媒体融合发展 构建全媒体传播格局》，《求是》2019年第6期。

② 《习近平：举旗帜聚民心育新人兴文化展形象 更好完成新形势下宣传思想工作使命任务》，人民网，2018年8月22日。

③ 习近平：《加快推动媒体融合发展 构建全媒体传播格局》，《求是》2019年第6期。

④ 《习近平主持召开中央全面深化改革委员会第十四次会议》，新华网，2020年6月30日。

地位，明确了地方传播国际化的发展方向。

当今中国越来越走近世界舞台中央，与外国交往越发频繁，接触面更加广阔，海外民众了解中国的需求迫切而强烈。在此背景下，地方外宣工作为促进跨国和跨文化交流与沟通深入发展、扩大海外各界人士了解中国的接触面发挥重要作用，也更有可能成为新时代大外宣格局中的亮点。

（二）区域创新传播、城市品牌塑造成就地方国际传播新优势

中国内地31个省份、600多个城市，每个行政区划都是中国对外展示的百科全书中精彩的一册和面向海外的“中国读本”中独特的一页，都是国际传播工作取之不尽的素材与力量来源。丰富的资源、生动的形象、务实的需求使地方外宣成为我国国际传播理念、话语、渠道、机制创新的主要领域，以及国家形象传播战略的重要构成。

1. 区域特色推动国际传播创新发展

各地在历史文化、地域自然特征、人文景观、经济发展状况等方面的差异性赋予其开展外宣工作的独特优势，也是各地外宣创新发展的重要基础。深厚而各具特色的文化成为地方开展外宣工作、直接吸引和影响海外民众的有效载体，举办文化周、图片展早已成为各地外宣的重要形式；我国共有9个省区与14个国家有陆地接壤，还有12个沿海省级单位、53个沿海城市、242个沿海区县，[①] 这些地方结合各自区位优势形成了鲜明的外宣工作特色；改革开放40多年的经验促使各地逐步将吸引外资外商、推动本地企业面向海外发展纳入地方外宣的服务范畴。在此基础上，各地积极通过对外商业与贸易联系等探索国际传播新路径，形成务实的作风和有效的做法。例如，我国多地地方政府联合企业、媒体，在承接大型展会、体育赛事等国际活动方面积累了许多宝贵经验；又如，部分地方设立国际传播中心，在进行日常对外传播内容生产的同时，帮助政府、企业、团体设立并运营海外社交媒体账号，创新拓展对外传播渠道。

① 房建孟、鲜祖德：《中国海洋统计年鉴2015》，海洋出版社，2016。

2. 城市品牌传播带动国家形象推广

一国的文化既是历史文化的沉淀，也是各地文化的汇集。海外人士通常是通过一个或多个地方来了解和认识中国，把对一个或多个地方的感受汇聚成对整个中国的印象。因此，城市形象是国家形象的缩影。城市品牌作为传递城市形象的核心内容之一，是城市内在文化底蕴与外在城市形象的综合体现，是国家形象传播战略的重要构成部分。近年来，作为城市品牌的顶层设计者，各地外宣部门重视全方位展现城市历史文化和时代风貌，协调各相关职能部门，引导多方国际传播主体，打造独具特色的城市品牌，对内塑造民众认同感，对外增强城市吸引力和影响力，以生动、具体、多样的地方形象构建起真实、立体、全面的国家形象，以城市品牌塑造带动国家形象提升。例如，多个地方外宣部门广泛征集城市品牌宣传语、标识，制作城市宣传片，打造城市品牌，形成“美丽苏州”“多彩贵州”等契合地域特色、便于传播和记忆的宣传口号。

（三）“百年未有之大变局”呼唤地方国际传播新作为

1. 全球视野与国家站位相统一的新要求

随着经济全球化的深入发展、信息技术的日新月异、中国综合实力持续快速提升，世界越发需要全方位了解中国，全球看待中国的视角不满足于宽泛的国家层面，也不再限于对北京、上海等大型城市的感知。全球观察中国的视角不断下沉，海外人士需要从更加基层、广泛的角度了解中国。与此同时，中国地方政府也需要向外部进行更多展示。因此，加强地方外宣在国际传播中的参与，既是全媒体与全球传播发展趋势，也利于地方外宣发挥独特优势，更符合新形势下加强国际传播的需要。这就要求各地各级外宣主体秉持国家站位，结合国家外宣大局，根据自身优势资源和准确定位，积极作为，在推进我国国际传播能力建设、完善国际传播格局、用地方故事讲好中国故事、用地方形象助推中国形象方面发挥更加重要的作用。但在实践中，地方外宣主体在全球视野和国家站位方面还有待提升。要面向世界展示怎样的形象？如何与国家战略相结合面向世界进行讲述？可以汇聚哪些力量对外讲述？如何调配资源和应用多媒体手段进行对外讲述？上述问题有待地方外宣主体在实践中不断探索与破解。

2.“最好时期”与“最大压力”相结合的严要求

当前，国际格局和国际体系正在发生深刻调整，国际力量对比正在发生近代以来最具革命性的变化。我国所面对的，对外是百年未有之大变局，世界经济重心正在加快“自西向东”位移，新一轮科技革命和产业变革正在重塑世界，发展中国家国际影响力不断增强，全球治理的话语权越发向发展中国家倾斜，世界各国开放包容、多元互鉴成为主基调；对内是中华民族伟大复兴，我国经济实力显著增强，人民生活极大改善，国际地位和国际影响力显著提升。两者同步交织、相互激荡。这深刻地影响了国际传播的格局与环境。一方面，我国外宣工作处于历史上最好时期，“国际上理性客观看待中国的人越来越多，为中国点赞的人也越来越多。”① “我们国家发展成就那么大、发展势头那么好，我们国家在世界上做了那么多好事，这是做好国际舆论引导工作的最大本钱。”② 另一方面，我国外宣工作也面临最大压力，“西方仍然在‘唱衰’中国。国际舆论格局是西强我弱，西方主要媒体左右着世界舆论，我们往往有理说不出，或者说了传不开。”③ 国际上，霸权主义和强权政治犹存，全球不平等加剧，大国关系进入未知领域。在新冠肺炎疫情全球大流行中，“最好时期”与“最大压力”被放大、集中展现，并显现出快速向我国基层转移的趋势。一地、一人、一会都有可能成为国际关注焦点。地方外宣成为直接面对国际展示优势、化解压力的重要力量。习惯于正面进行新闻宣传、形象展示的地方外宣主体，如今也被推到了国际舆论斗争的风口浪尖，承担起引导国际舆论、阐明自身观点的重要使命，外宣意识与传播能力都承受着巨大压力和严峻挑战。

---

① 习近平：《加快推动媒体融合发展 构建全媒体传播格局》，《求是》2019年第6期。

② 习近平：《当前工作中需要注意的几个问题》，载中共中央文献研究室编《习近平关于社会主义文化建设论述摘编》，中央文献出版社，2017。

③ 习近平：《在全国宣传思想工作会议上的讲话》，载中共中央文献研究室编《习近平关于社会主义文化建设论述摘编》，中央文献出版社，2017。

二 地方国际传播实践的有益探索

新时代地方国际传播实践仍以传播地方文化、提升地方媒体国际传播力，以及如何向世界讲好地方故事为基线向前推进。随着一些大型城市国际化步伐的加快，地方国际传播越来越反映出打造国际化城市品牌的努力。各省区市在讲好中国故事的使命下，发挥本区域特色优势，各显其能，不断探索创新，为全球地方国际传播新动能赋予了中国力量。

（一）创新讲好中国故事

讲故事是国际传播的最佳方式。党的十九大以来，习近平总书记在全国宣传思想工作会议等场合多次对讲好中国故事、传播好中国声音提出要求，强调讲好中国故事是外宣工作的基本方法，要主动讲好中国共产党治国理政的故事、中国人民奋斗圆梦的故事、中国坚持和平发展合作共赢的故事，让世界更好地读懂中国。

新时代中国特色社会主义道路、理论、制度、文化的不断发展，以及中国大地上中国共产党领导人民进行的伟大实践都蕴含着丰富的故事素材。在新时代背景下，中国国际传播事业正处在迭代升级的窗口期，传播资源进一步深入地方。全国各地方以主动的姿态，将地方故事和中国故事深度融合，在不同层面和梯度上，积极创新讲好中国故事。

2019 年 6 月 27 ~ 29 日，中共中央对外联络部与中共河南省委在河南省兰考县共同举办了“中国共产党的故事：习近平新时代中国特色社会主义思想在河南的实践”专题宣介会，这是用地方鲜活的实例向世界讲好中国共产党故事的积极探索。这次专题宣介通过分享河南的具体实践，让国外政党、政治组织的领导人和代表具体、实在、生动地看到了习近平新时代中国特色社会主义思想是怎样变成中国人民具体实践的，从而感受到中国共产党的执政理念，感受到中国共产党的党员和干部是什么样子，加深了对中国共产党为什么能、中国特色社会主义为什么好的理解。

此次宣传推介活动是河南省近年来举办的外宾参会数量最多、来源范围最广的一次“请进来”活动，共有35个国家的近300名政党、政治组织领导人和代表与会，不少人第一次来到中国。贴近受众需求的故事更容易被理解和接受，与会发展中国家的嘉宾普遍反映，他们了解和学习了中国经验，找到了破解本国农业、农村和农民问题的“金钥匙”。可以说，讲好故事，效果事半功倍。

讲故事就是要讲事实、讲形象、讲情感、讲道理，讲事实才能说服人，讲形象才能打动人，讲情感才能感染人，讲道理才能影响人。在中俄建交70周年之际，黑龙江广播电视台制作的纪录片《我们的男孩》就是用“情”构筑了国际传播的感性表达，在俄罗斯播出后取得较好反响。该片讲述了一个跨越了60多年的感恩故事，展现了中俄两国人民之间的一份血肉情谊。这是黑龙江依托与俄罗斯接壤的地缘优势，围绕中俄关键年的核心意蕴，从不同的价值理念中寻找共同的话题所讲好的一个中国故事。

上海作为我国对外开放的门户城市，历来受到国际资本和跨国企业的青睐，其跨国企业地区总部数量连续多年蝉联我国大陆城市之首。如何发挥驻沪跨国企业在上海国际传播工作中的独特作用，上海做出了一系列创新探索，成立了“跨国企业传播俱乐部”，覆盖了多个领域的全球500强企业，打造了一支精彩的上海“特殊故事员”队伍，对其丰富国际传播主体、拓宽国际传播渠道、提升国际传播能级发挥了独特作用。

（二）重大活动配合国家战略

国家站位，借梯登高，充分利用重大活动节点，配合国家战略，发挥地方外宣主场优势是地方国际传播实践逐渐走出的一条新路。各地在国家战略下，纷纷利用各自优势，在国际传播中积极作为。

2019年大连夏季达沃斯论坛是国家在辽宁举办的重要主场外交活动。辽宁充分利用中外政界、商界和媒体记者云集之机，立足高平台，深耕主场外宣，综合运用“看得见”和“看不见”两种宣传方式，向国际社会展示了一个开放合作的辽宁。

借力大型活动，天津也打出了“世界智能大会”新名片。2019 年 5 月，第三届世界智能大会在天津举办，这也是世界智能大会在天津的“梅开三度”。该智能大会通过全方位运用融媒体传播方式，让世界了解了天津正在从制造之城转向“智”造之城。

站在改革开放潮头的广东省积极推进粤港澳大湾区建设，在 2019 年《粤港澳大湾区发展规划纲要》正式公布后成功举办了“首届粤港澳大湾区媒体峰会”，这是首场大湾区媒体盛会。峰会发布了《首届粤港澳大湾区媒体峰会倡议书》，明确了媒体推动世界一流湾区建设的使命与责任，提出了粤港澳大湾区媒体合作发展三年行动计划，得到了粤港澳三地媒体的广泛认同。广东省政府新闻办还精心组织了“粤港澳媒体湾区行”采访活动，聚焦峰会成果和大湾区建设进展，受到国际主流媒体的广泛关注。

武汉借“军运会”向世界讲好中国故事国际传播案例，可圈可点。2019 年 10 月 18 ~27 日，第七届世界军人运动会在中国武汉成功举行。这是我国首次承办综合性国际军事体育赛事，也是继北京奥运会后我国举办的规模最大的国际体育盛会。

军运会期间，来自 109 个国家的 9308 名军人、171 家媒体的 4332 位中外记者来汉，赛会规模为历届最大，竞赛项目为历届最多。军运会共打破 7 项世界纪录、85 项国际军体世界纪录，竞技水平为历届最高，被国际军体主席皮奇里诺称为“史上空前的成功赛事”。武汉借力借势，以军运会为契机，推动城市“现代化、国际化、生态化”建设，全面展示“武汉，每天不一样”的进取精神和热情友好的城市品质，让世界透过武汉看到了中国，在世界军运史上留下了鲜明的中国印记。

美食无国界。为配合推动文明交流互鉴，在亚洲文明对话大会期间，北京、杭州、成都、广州分别举办了亚洲美食节活动。虽然不同国家在饮食文化上各有差异，但对食物的关注是人类与生俱来的能力。“美食是国际传播的最好载体”，可以绕开语言障碍，实现“食文化”的跨国界传播。四地美食节活动通过多种形式和平台，向世界展示了中国美食之美，同时也让中国民众了解了世界美味。通过美食之桥，在亚洲朋友圈中圈粉无数，可以说，这些活动取得了经济效益和社会效益的双丰收。

（三）着力推动中华文化“走出去”

在新时代国际传播工作中，文化传播是更基本、更深入、更具持久力的传播，是提升一个国家影响力、感召力的基本所在，也是国与国、城与城、人与人交流最广泛的语言。在人类历史上，很少有哪个民族像中华民族一样，文化传承如此长远、如此深厚，根深叶茂、愈发繁盛。中国地域文化的独特性，是中国城市走向世界的特殊名片。

为推动构建人类命运共同体倡议落地落实，陕西省选择在各国政要云集、世界媒体蜂拥而至的 G20 峰会期间，2019 年 6 月在日本大阪举办了“朱鹮文化展”。这是中宣部列入“配合习近平主席访问日本出席 20 国集团领导人峰会外宣项目”中唯一由地方承办的外宣活动，为陕西对外人文交流开拓了全新平台和广阔前景，在 G20 的国际舞台上展现了“中华根脉、文化陕西”的品牌，通过“朱鹮”这一东北亚吉祥之鸟，引起国际热烈反响，取得了良好的推介传播效应。

文化“走出去”，如何创新融入对方话语体系非常值得探索，用对象国喜闻乐见的形式传递的文化内核无疑更易于为国外受众所接受。2019 年 7 月，江苏原创歌剧《拉贝日记》在德国、奥地利巡演成功，这是地方在文化“走出去”方面创新形式的典型案例。歌剧是世界性艺术形式，尤其对于欧洲观众更是耳熟能详，江苏用歌剧讲述南京大屠杀历史中德国人拉贝拯救 20 多万中国人的故事，向欧洲观众展现出中国人民善于感恩、热爱和平的民族品质，也为世界文化大花园做出了新的贡献。作为巡演配套活动，歌剧剧组还拜谒了拉贝墓，江苏省委宣传部也组织了史料图片展。可以说，这是“一次对国际友人的感恩之旅”，同时，巡演采取商业化运作方式，严格执行“售票不赠票”原则，在拓展营销渠道上下足功夫，三地五场演出场场爆满，总计 8400 多人观看，上座率达 95%，成功融入国际化的演出市场，实现了票房口碑双丰收。

习近平主席在2019年5月15日亚洲文明对话大会开幕式上的主旨演讲中提出，中国愿同有关国家一道，实施亚洲经典著作互译计划和亚洲影视交流合作计划，帮助人们加深对彼此文化的理解和欣赏，为展示和传播文明之美打造交流互鉴平台。广西广播电视台一直以来发挥着与东盟国家主流媒体交往密切、东南亚小语种翻译人才丰富的条件和优势。为落实习近平主席在亚洲文明对话大会上的讲话精神，推动中华优秀文化“走出去”，在广西党委宣传部精心组织下，2019年8月12日，由广西广播电视台与缅甸国家广播电视台联合译制的电视剧《红楼梦》（1987年版）缅甸语版在缅甸开播，这既是用经典传播文明之美，也是对中缅两国文化合作成果的有力展示。

推动中华文化“走出去”，一定要有明确的对象国，不能“村村点火”“户户冒烟”。云南德宏州三面与缅甸接壤，且具有丰富的民族文化资源，其充分利用独特的区位优势和对缅交流合作得天独厚的条件，坚持突出缅甸这个重点，借自创品牌——中缅瑞丽—木姐跨国马拉松赛传递中国声音、传播中国文化。2019年12月，该马拉松赛成功举办了第三届，被誉为“一马跑两国”，在缅甸的赛事影响很大，可以说，云南德宏州在对外文化交往上走出了自己的路。

（四）挖掘地方资源，塑造城市形象

在全球化经济高度发展的今天，塑造独特的城市形象已成为城市发展和传播战略中的重要组成部分。地方化的国际传播中很大程度上是为了提升城市的国际曝光度和美誉度，良好的城市国际形象与一个地区的经济发展和人口素质提升之间的关系是正相关的。

城市形象的塑造与自然地理环境、传统文化和地区民族特色之间有着非常重要的关系。如何挖掘城市自身的文化资源和独特优势，创新传播内容，突出地方特色，使城市在国际上吸引更多“流量”，中国各地方为此使出“浑身解数”来打造城市品牌，塑造城市形象。

“音乐无国界”。成都为提高国际影响力、知名度和美誉度，推动其自身世界文化名城建设，除了主打“熊猫牌”之外，又在音乐方面打出了一

张亮丽的城市名片——“熊猫之声”成都（国际）童声音乐合唱周活动。活动用童真牵手，以音乐对话，通过国际儿童音乐文化交流，向世界推销成都，已成为成都在国际城市营销宣传中的一股新生力量。

秦皇岛向来以休闲度假盛名，在提升城市国际美誉度方面另辟蹊径，用一颗小球带来了国际流量。多年来，秦皇岛致力于打造中式台球的中心舞台，目标是成为中国的“克鲁斯堡”。在这“中式台球，球通世界”的进程中，秦皇岛的知名度和美誉度也在快速提升。2019 年 1 月，第七届中式台球国际大师赛总决赛在秦皇岛举行，世界顶级球手齐打中式台球、中西高手顶尖碰撞等诸多亮点牢牢抓住了观众和媒体的眼球，国际传播效果可谓“四两拨千斤”。

中国的城镇化进程还有较大的增长空间，城市的新发展，必将带来传播城市文化、打造城市品牌的需求更快速、集中地释放。但不同梯度存在不同需求，不同地方的国际传播也处于不同的发展阶段。北上广深等一线城市的自身媒体资源丰富，不乏国外媒体聚焦，国际传播体系也比较趋于成熟，成都、杭州、重庆、南京、武汉等“新一线”城市也正在向国际化都市迈进。而很多其他城市，甚至于一些特色小镇虽然囿于区位、经济总量、文化底蕴等多方面限制，城市形象的国际传播存在一定现实困难，但不拘一格挖掘自身特色优势，也打造出了有声有色的城市形象。

江西上饶市婺源就是一个典型案例。婺源始终坚持“一个品牌”打响到底，让“中国最美乡村”形象享誉海内外。1987 年春，香港著名摄影家陈复礼来到婺源，拍摄了很多油菜花题材的作品，命名《天上人间》，荣获国际摄影大赛金奖。陈复礼先生的一幅照片、一句“中国最美的乡村”赞词，让婺源声名鹊起，经久不衰。20 多年来，婺源坚持“一个品牌打天下”，一个声音喊到底，围绕“中国最美乡村”这块金字招牌，所有外宣作品全部围绕“中国最美乡村”来宣传，所有节庆活动全部围绕“中国最美乡村”来开展，所有旅游营销和项目招商都围绕“中国最美乡村”来推介等，有效增强了品牌影响力，推动了“中国最美乡村”品牌走出国门，吸引了无数海内外游客，产生了巨大的经济和社会效益。

（五）合作传播之路越走越宽

合作传播是国际传播的一种有效方法，各地方积极探索合作传播路径，借筒传声、借台唱戏、借船出海，在平台共建、联合制作、渠道推广等方面不断开拓实践，进一步推动了国际传播力的提升。

一是主动与海外主流媒体开展合作。2019 年时值中俄建交 70 周年，习近平主席和普京总统共同签署并发表联合声明，宣布发展中俄新时代全面战略协作伙伴关系，实现两国关系提质升级，共同开启中俄关系更高水平、更大发展的新时代。2018～2019 年还是“中俄地方合作交流年”。海南作为俄罗斯民众最喜欢的热门旅游地之一，在促进两国人民友好交流上有更多优势。2019 年 1 月 27 日，海南省与塔斯社正式签署了《海南省人民政府 俄罗斯国家通讯社——塔斯社宣传文化合作协议》。这是海南省第一次在省级政府层面与境外主流媒体签订宣传文化合作协议，并在境外主流媒体官网开设宣传专区，也是海南省外宣工作常态化进入国外主流媒体的成功尝试。

塔斯社作为俄罗斯正部级中央新闻机构，在俄罗斯政界、商界、学术界都拥有广泛的人脉资源。海南省通过与塔斯社合作，积累与境外主流媒体打交道的经验，较好地改善了其外宣渠道缺乏、外宣力量较弱的问题，也为接下来与更多其他国家主流媒体合作提供了有益借鉴。

二是中外合作拍摄并联合播出宣传片、纪录片等。2019 年 9 月 21 日，由中国驻欧盟使团和安徽省委宣传部共同支持、法国电视全球五台（TV5MONDE）与安徽广播电视台合作拍摄的《启程：中国安徽》登陆法国电视全球五台黄金时段，同步面向全球 43 个国家播出。该片用欧洲人熟悉的叙事方式，通过在皖生活的法国友人视角，在新中国成立 70 周年前夕向全球观众展现了安徽深厚的历史文化底蕴和现代化高质量发展成就，讲述了新时代中国的精彩故事。

《启程：中国安徽》片长只有 13 分钟，但组织策划历时半年，经反复协商，最终确定与法国电视全球五台合作。作为全球第四大电视媒体网络，法国电视全球五台的节目在 198 个国家和地区播出，在全球拥有近 4 亿观众。

该片外方拍摄导演表示，这次到中国安徽实地拍摄，让他近距离感受到中国的巨大发展变化，从讲述安徽故事中发现当代中国城乡和谐发展之美，也激发了他希望更多了解中国、拍摄更多中国故事的想法。此次成功合作，为其他省区市携手国际主流电视台开展外宣工作提供了可复制的项目范例。目前，法国全球电视五台已向欧盟使团提出了系列专题拍摄计划，希望前往中国其他省区市继续拍摄制作该系列纪录片，形成品牌节目，使国外观众能够了解更多的中国故事。

三是与海外机构开展公共外交活动。国际友城交往是国家交往的重要组成部分，其根在人民，其源在交心。各地方充分挖掘友城资源优势，搭建合作载体，不断拓宽国际合作道路。

2019 年 10 月，浙江省人民政府新闻办公室与浙江省外事办公室共同举办了“首届浙江省国际友城媒体合作传播论坛”，山东省人民政府和中国人民对外友好协会共同主办了“山东国际友城合作发展大会”。

首届浙江省国际友城媒体合作传播论坛上，有来自 67 个国家的 120 位国际友城新闻官员、主流媒体高层、资深媒体人和智库高层参会并进行了“美丽浙江”采风活动。该论坛打通了友城资源和媒体资源，签订了一批媒体国际合作传播协议，搭建了新平台，拓展了以我为主开展国际合作传播的空间。

山东国际友城合作发展大会是近年来山东省规模最大的主场外事活动，有来自 33 个国家 113 个团组的 886 名外宾参加，签署友城和友好城市合作关系协议 28 项，新增省级友城 6 个、市级友城 22 个，进一步扩大了山东省在世界的“朋友圈”。

可以说，随着全球传播时代的到来，地方化的国际传播在中国已有遍地开花的态势，大都市的城市国际化和中小城市为城市形象增加国际“流量”实践交织在一起，呈现一派蓬勃生机。

三　地方国际传播存在的突出问题

当前，全球舆论场杂音不断，我国国际传播生态较为复杂。我国地方国际传播既处于历史最好时期，也面临最大压力。虽然地方国际传播立足自身优势，成为向世界讲述中国故事、传播中国声音、推动中华文化“走出去”的重要践行者，但应该看到，对标国际社会的认知需求、国家对外宣工作的要求、地方省份发展态势及基层的希望诉求，在当前复杂传播生态下明显力量不足，存在不少突出问题，具体表现如下。

（一）原有外宣理念待更新，国家站位和国际视野需提高

1. 内外宣观念区分不够

在全媒体时代，内宣和外宣边界日益模糊。在网络新媒体传播环境下，对外传播可以外溢，也可以倒灌，在一定意义上，“内外”是无别的。“内外”可以“无别”，但“外内”必须“有别”。[①] 在地方宣传工作中，有时内宣缺乏外宣意识，局限于“哪些可报哪些不可报”的简单化处理，没有进一步在深度解读和解释性报道上进行细致研究，也没有在系统阐释、深度引导上下功夫，导致由内宣“外宣”化问题引发的负面舆情偶有发生。

2. 大外宣意识不强

国家形象如果是一本相册，那么各地区的形象就是相册的各页，对于读者来说，阅读的单页越多，对国家形象的认识就越完整。[②] 但当前，地方外宣在策划相关活动、展示国家形象时，往往立足于挖掘当地文化元素和城市故事，在契合国家外宣的重大主题和重要方向方面平台有限、渠道狭窄、办法不多，大外宣意识还不够强，有时无法把讲好地方故事和讲好中国故事巧妙结合，地方形象建设和国家形象建设在一定程度上存在割裂的现象。

（二）原有专业化水平待更新，专业团队建设需加强

1. 工作体制机制尚未完全理顺，专业化水平不高

首先，当前有的地方外宣办是党委内设机构，有的则是独立机构，还有

① 周树春：《自觉把握新时代国际传播的特征规律》，《对外传播》2019 年第 12 期。

② 赵启正：《公共外交与跨文化交流》，中国人民大学出版社，2011，第 63 页。

的无机构设置，组织架构设置和工作职责分工尚须进一步明晰。其次，与国新办、地方其他涉外部门关系不明确，缺乏统一协调。组织机构管理较为分散，存在各自为政、交叉重叠、事权匹配度不高的问题。整体和长远规划不足，有些工作存在政策制约。最后，管理制度需进一步健全，工作责任制、激励机制不健全，培训工作较为滞后，影响工作热情和干劲。

2. 国际传播渠道单一，缺乏持续、有效的效果评估

近年来，地方外宣受平台和渠道的限制，多通过旅游节、洽谈会、博览会、峰会等类型的活动，展示外宣内容，实现外宣使命。这些传播手段较为传统，形式单一，民间和社会力量没有得到充分调动，传播效果值得考证和提升。各地普遍存在国际形象与其地位不相匹配的现象。同时，许多地方尚未建立科学、有效、可持续的工作效果评估机制，获取国外民众对我国认知度及外宣影响力相关数据的手段较为单一，缺乏对项目实施效果的直接调查和评估，无法及时、客观地收集国外受众的真实评价和反馈。同时，在推动对外文化交流等外宣工作中，缺乏切实有效的考评手段，导致工作积极性不高，工作难以落到实处。

3. 外宣人力不足，队伍建设尚须进一步加强

加强地方国际传播，使地方外宣在国际社会上传得开、说得响，让外国人愿意听、听得懂，至关重要的因素在于外宣人员。然而，目前地方国际传播的专业人才较为稀缺。[①] 不少地方外宣部门人员配备不齐、工作力量不足的问题日益凸显。有的地方外宣部门受编制限制，工作人员数量不足，存在身兼数职的现象，“小马拉大车”问题较为突出。同时，外宣专业化人才存在较大缺口，导致工作质量受到一定影响。这就迫切需要地方政府和地方各类高校共同努力，尽快培养、组建起一支政治立场坚定，拥有国际视野、语言能力、传播能力、跨文化沟通能力、数据处理能力、思维能力且深刻了解地方工作实际的专业化国际传播队伍。[②]

---

① 史宝银：《新时代加强地方国际传播能力建设的思考》，《对外传播》2018 年第 11 期。

② 史宝银：《新时代加强地方国际传播能力建设的思考》，《对外传播》2018 年第 11 期。

（三）地方整体外宣力量待更新，国际上叫得响的品牌不多

1. 资源分散，存在重复建设与同质化竞争现象

当前，地方外宣部门统筹协调的职能发挥不够，办法不多，存在合力不足、各自为政的现象，整体集聚效应仍需提升。同时，通过横向对比可以发现，各地方聚焦重大主题进行的外宣工作形式具有一定的同质性。在国家重大主题外宣中，角度和切入点存在雷同，活动形式较为同质且单一，活动内涵不够深入，主题活动的目标设定与实际效果存在一定差距。

2. 经费有限，传统资源利用与现代资源归纳欠缺

地方外宣工作受经费紧张掣肘明显，部分地方经费投入十分有限，除少数项目有固定经费支持和保障外，大多数项目和活动没有固定经费支持。这在一定程度上影响地方外宣的快速发展，不利于外宣品牌的可持续性培育。同时，各地对自身的资源优势利用不足，与国际需求精准对接不够，传统资源与现代资源融合不充分，地方文化特色与国际接轨仍待加强。缺乏现代化的传播手段，“有故事，缺手段”，没有将文化资源优势完全转换为文化“走出去”优势。

3. 精品缺乏，品牌培育与建设能力有欠缺

具有鲜明特色的地方外宣品牌有利于彰显中国城市特点，在国际上更容易叫得响、形成影响力。但是，一些地方故事与国外受众鲜有交集，传播信息容易被视为娱乐而泛泛略过；同时，故事传播的形式也主要是通过纪录片或社交网络、直播网站等新媒体平台，存在受众有限和信息碎片化的缺点，较难切实形成较为深刻的地方品牌形象，传播效率也有待提高。许多地方虽有一些有创意和特点的外宣项目，在境外媒体和中央媒体上形成了一定影响，但进行活动策划时，往往搭载内容过多，致使项目亮点无法放大、突出，往往被大量附带内容所掩盖；同时，缺乏品牌培育意识，容易见异思迁，项目推进缺乏持久性和延续性，成果转化不足，导致具有持久知名度、具备重大影响力的城市品牌项目和文化品牌项目数量比较有限，品牌培育与建设能力均需要进一步提升。

四　提升地方国际传播能力的对策建议

（一）创新传播理念，树立全球视野，坚持国际站位

各地方需进一步创新传播理念，不能再像以往那样以内宣的方式看待和处理地方性事件的传播，而必须以“全球化”的眼光审视之，深刻认识到地方性事件具有“全球性后果”。各地要树立全球视野、国际站位，从战略高度认识国际传播的重要意义，把国际传播工作纳入重要议事日程，树立新的国际传播工作理念，增强主动对接国家的意识，主动契合国家战略，把握国内、国外两个大局，强化围绕中心服务大局的意识和能力，加强顶层设计和对国际传播能力建设规划实施的统筹指导，以开阔的世界眼光开展地方国际传播，以国际视野分析解决地方国际传播中出现的问题，提高地方形象的国际认知度和影响力，用地方生动的国际传播实践，为多元化、立体化国家形象塑造贡献力量。

（二）创新工作机制，加强统筹协调，配备资源力量

围绕总体目标，创新工作机制，建立健全各地国际传播领导机制，完善外宣、文化、旅游、教育、环保、体育等多个部门联席工作机制，加强各部门的统筹协调，避免“多头领导”“跨界派活儿”的局面。除了内部协调机制，还可充分利用当地各项丰富的资源，建立外部协调机制，成立专家顾问委员会和智库联合体，统筹用好当地的中央媒体、国际媒体、社交媒体、智库、高校、驻外使领馆、旅游部门、文化单位、跨国企业、“走出去”企业等各方面的资源力量。可在当地政府部门的领导下，由主管国际传播的部门牵头，定期召开专家顾问委员会会议，针对长期和近期国际传播重点，加强议程设置和危机管理，主动引导国际舆论和树立国际形象。建立协调机制，定期召开工作会议，及时研究解决在国际传播工作中遇到的问题。要明确各方责任，督促有关部门结合自身职能，抓紧细化实化工作任务和实施步骤，

增强可操作性。

出台相关政策措施，提高相关部门、社会机构的国际传播意识，切实动员全社会的力量探索丰富且深入的国际传播方式，在国际传播的招标、研究和公关活动等多个环节引入市场和社会力量，让市场在资源配置中起到决定作用，将政府外交、国际会议、跨国旅游、合作项目、教育交流、学术研究等一切涉及国际文化信息传播的行为都纳入国际传播的框架，让各类市场主体和社会组织成为国际传播大格局中的新力量，鼓励它们积极参与国际传播工作，形成国际传播利益共同体，使民间力量与官方力量互相配合，实现国际传播工作的群策群力。

（三）加强人才队伍建设，组建相关智库团队，打造国际知名品牌

健全各级对外传播部门机构，优化人员配置，加强人才队伍建设，大力选拔勇于担当、敢于负责的优秀干部，开展国际传播业务能力培训，培养一批讲政治、懂传播、通外语的国际传播干部队伍。实施国际传播人才工程，培养一批熟悉国际传播规律、有国际视野的新闻报道人才、文化传播专家、国际公关专家等高端人才，从国外引进一批国际报道、媒体经营、外语编译和传播研究紧缺型人才。

遴选专业团队，加强与专业智库的合作，建立服务地方的国际传播智库团队，为地方国际传播发展战略、重要决策、重大项目规划设计等提供专业指导，提升地方国际传播队伍的专业化能力，集中优势力量，重点打造一批在国际上叫得响、拿得出的知名城市品牌和文化品牌。开展高水平的国际合作项目，通过邀请国际顶级资源，与本地学者、企业合作，提供更多既承载当地历史又面向世界、面向未来的精品和项目。与中央外宣媒体、境外主流媒体、社交媒体等加强战略合作，实施国际合作传播能力工程，拓展海外传播渠道和传播阵地，加强供稿、供片、联合采访等合作传播机制，拓展国际传播渠道，提高借筒传声能力。针对重点国家和地区，以媒体站点、本土化媒体栏目、文化中心以及旅游、科技、人文等合作项目为抓手，不断拓展海

外传播阵地。抓住高访、重大外事活动、春节、圣诞节等重要契机和时间节点，有计划地在重点国家持续举办大型活动，提升城市品牌和文化品牌的国际影响力和认可度。

建立科学、专业、有效的评估机制，对国际传播活动实施情况、传播影响力、实施效果进行综合评估和比较。科学的评估机制需要对数据来源、收集方式以及指标权重进行科学设置，在长期经验累积之上不断调试得出，这也需要各方共同努力，建立科学、稳定的数据收集体系，制定合理的计算模式，及时调整实施策略，优化实施办法。

党的十九大以来，习近平总书记多次指出，当今世界正经历百年未有之大变局。而当前，新冠肺炎疫情全球大流行使这个大变局加速变化，世界进入动荡变革期。[①] 新时代中国已进入与世界深度互动阶段，中国各地方城市定位、文化特色各不相同，在国际传播中往往带有深刻的地域色彩和印记。在全球化视角下，地方外宣要坚持国家站位，树立国际视野，统筹整合资源，树立品牌意识，创新工作机制，加强队伍建设，多从中国和世界的联系互动中探讨人类面临的共同课题，这样才能更好地以地方之笔，画时代之像、绘中国精彩，为构建人类命运共同体贡献更多中国智慧、中国方案。

---

① 习近平：《在经济社会领域专家座谈会上的讲话》，新华网，http：//www. xinhuanet. com/politics/2020 -08/24/c_ 1126407772. htm，2020 年 8 月 24 日。

技术—热点篇

Reports on Technology and Hotspots

B.6

5G等新一代信息技术推动全球传播生态变革发展报告

卢 迪 邱子欣*

摘 要： 随着5G商用的不断推进以及新一代信息技术的融合应用与发展，信息传播的全流程实现了智能化、数字化的创新，为全球传播带来了崭新的网络传播环境、传播参与主体、信息采集方式以及内容呈现方式等。5G时代的全球传播应结合新兴技术的发展特征与应用特点，调整其传播思路和视角，积极把握技术进步所带来的发展机遇，打造5G时代全球传播新生态。

* 卢迪，中国传媒大学新媒体研究院副教授、硕士生导师，主要研究方向为5G、移动互联网、新兴媒体融合；邱子欣，中国传媒大学新媒体研究院硕士研究生。

关键词： 5G　新一代信息技术　全球传播　生态变革

5G 作为最新一代的移动通信技术，其网络性能和技术能力与 4G 相比有了很大提升。不仅如此，作为重要的信息基础设施，5G 更为云计算、大数据、物联网、人工智能等技术的进一步应用普及、融合发展以及跨界创新营造了良好的发展环境。2019 年 6 月 6 日，工信部正式向中国移动、中国联通、中国电信、中国广电发放 5G 商用牌照，标志着我国 5G 商用元年开启。当前，我国 5G 产业生态愈发成熟，中国移动、中国联通、中国电信在 2019 年 10 月 31 日正式公布了 5G 商用套餐；制造商和技术提供商积极开展芯片和终端设备的研发工作；各行各业都在积极尝试和探索 5G 应用场景，整个产业生态不断完善、成熟，为 5G 商用助力。

2020 年 3 月 4 日，中共中央政治局常务委员会会议强调，加快 5G 网络、数据中心等新型基础设施建设进度。一时间“新基建”成为热词，加快推进新型基础设施建设正当其时。工业和信息化部副部长陈肇雄表示，5G 是支撑经济社会数字化、网络化、智能化转型的“关键”新型基础设施，它不仅在助力疫情防控、复工复产等方面作用突出，同时在稳投资、促消费、助升级、培植经济发展新动能等方面潜力巨大。① 在 2020 年“两会”上，以 5G 为代表的通信网络基建也被放在关键位置，工信部部长苗圩表示，目前中国每一周要增加 10000 多个 5G 的基站；国务院总理李克强也在代表国务院向十三届全国人大三次会议做的政府工作报告中指出，加强新型基础设施建设，发展新一代信息网络，拓展 5G 应用。②

当前是 5G 产业生态构建的黄金时机，尽早融入生态发展，才能在产业生态中找准定位，拥有独特价值与核心创新力。全球范围内的传播机构应充

---

① 《中国加快“新基建”进度》，http：//www.cac.gov.cn/2020 - 03/11/c_ 1585471338842579.htm，2020 年 3 月 11 日。

② 新华视点：《政府工作报告：加强新型基础设施建设 拓展 5G 应用》，https：//tech.sina.com.cn/5g/i/2020 - 05 - 22/doc - iirczymk2931610.shtml，2020 年 5 月 22 日。

分重视5G带来的信息化发展重要历史机遇，把握继4G之后的又一次创新机会，积极融入5G发展，探索新技术、新应用，建构新逻辑、重塑发展思路，不断提升自身的数据化、无线化、开放化、智能化程度，在新的技术和网络环境下获得更大发展。

一 5G赋能：技术能力演进，应用场景创新

（一）5G关键能力大幅提升信息传输效率

5G网络具备比4G更高的性能，5G可以支持0.1～1Gbps的用户体验速率、每平方公里100万的连接数密度、毫秒级的端到端时延、每平方公里数十Tbps的流量密度、每小时500km以上的移动性和数十Gbps的峰值速率。同时，5G将会大幅提高网络部署和运营的效率，相比4G，频谱效率提升5～15倍，能效和成本效率提升百倍以上。[①] 性能和效率共同定义了5G的关键能力，正是5G满足未来多样化业务与场景需求的“赋能”体现。

其中，5G关键技术“网络切片”为5G网络的应用与发展带来了更大的可行性和技术保障，5G端到端网络切片将是推动超高清视频广泛应用的重要技术。切片技术可以将网络资源灵活分配、网络能力按需组合，从而满足不同行业、业务场景对网络的差异化需求，并提高网络的可靠性和安全性。边缘计算技术具有实时或更快速的数据处理和分析、节省网络流量、可离线运行并支持断点续传、本地数据更高安全保护的特点，[②] 大大减少了网络操作和服务交付的时延，在车联网、视频监控等场景下具有广阔的应用前景。

（二）5G应用场景广泛，打开B端信息服务市场

国际电信联盟ITU在2015年定义了eMBB（增强移动宽带）、uRLLC

① 中国信息通信研究院：《5G愿景与需求》，http://www.caict.ac.cn，2014年5月。

② 云计算开源产业联盟：《云计算与边缘计算协同九大应用场景（2019）》，中国信息通信研究院，http://www.caict.ac.cn，2019年7月。

（高可靠低时延连接）和 mMTC（海量物联）三个5G 的主要应用场景，其中，eMBB 指随时随地为移动互联网业务提供无缝的高速业务；uRLLC 是指提供毫秒级的端到端时延和接近100%的业务可靠性保证；mMTC 具有小数据包、低功耗、海量连接特点。

未来5G 具有很广阔的应用前景，但与4G 不同的是，5G 带来真正的革命性改变还是在行业应用上，5G 最大的价值将体现在 B 端和垂直领域。《5G 应用创新发展白皮书》指出，5G 融合应用体系包括三大应用方向、四大通用应用和 X 类行业应用。随着商用进程全面开启和网络建设加速推进，5G 与垂直行业的融合应用成为未来发展的关键所在。从应用方向上看，5G 应用包括产业数字化、智慧化生活、数字化治理三大方向；5G 通用应用（即未来可能应用于各行业各种5G 场景的应用）包括4K/8K 超高清视频、VR/AR、无人机/车/船、机器人四大类；5G 应用到工业、医疗、教育、安防等领域，还将产生 X 类创新型行业应用。同时，白皮书还表示，我国电信运营企业在重点城市、典型领域开展应用示范。中国移动成立了5G 联合创新中心，汇聚400 余家成员单位，其“5G +”计划提出面向工业、农业等14 个重点行业进行5G 应用开发，面向大众重点开发5G 超高清视频、5G 快游戏等应用。中国联通网络研究院设立了5G 创新中心，下设新媒体、智能制造、智能网联、智慧医疗、智慧教育、智慧城市等10 个行业中心，并编制六大行业5G 工作指引。中国电信积极开展5G + 云创新业务、5G + 行业应用和5G + 工业互联网三方面5G 示范应用，包括智慧警务、智慧交通、智慧生态、智慧党建、媒体直播、智慧医疗等共十大行业。[①] 在2019 年9 月20 日中国移动5G + 创新合作大会上，中国移动集团公司市场经营部副总经理许锡明表示，中国移动将通过推进5G +4G 协同发展、5G + AICDE 融合创新、5G + Ecology 生态共建，实现5G + X 应用延展，使5G 真正成为社会信息流动的主动脉、产业转型升级的加速器、数字

① 中国信通院、IMT－2020（5G）推进组：《5G 应用创新发展白皮书》，https：//www. yealink. com. cn/upfiles/files/20191120747715. pdf，2019 年10 月。

社会建设的新基石。①

当前，北京5G部署与应用全国领先，关键就在于应用场景多且重要。北京城市副中心、北京新机场、2019年北京世园会、2022年北京冬奥会、长安街沿线升级改造等重大工程和重大活动都将成为5G典型场景示范应用窗口。北京市也已经在“两会”报道、国庆阅兵、大兴新机场、大型体育比赛、冬奥场馆等近百个行业应用场景与5G结合或通过5G进行传播，让我们看到了5G强大的网络传输能力和创新潜力。

（三）新媒体传播是5G赋能的先导领域

5G是数字化战略的先导领域，更是经济社会数字化转型的关键环节。5G的发展将会带动各种新兴信息技术广泛应用于各行各业的数字化转型中，使应用场景由移动互联网向移动物联网扩展。5G时代将以快于4G网络数百倍的传输速率、毫秒级的端到端时延以及泛在网，推动物联网、人工智能、边缘计算等新媒体技术的发展，为各行各业和社会各领域带来翻天覆地的变化。

中国信息通信研究院的数据显示，预计2020～2025年，中国5G商用直接带动的经济总产出达10.6万亿元，间接拉动经济总产出约24.8万亿元，将直接创造超过300万个就业岗位，②开启一个充满机会的新时代。当前，5G带来的最大机遇就存在于新媒体传播和“媒体融合”领域，技术标准的成熟度和应用场景的契合度决定了传媒和传播成为5G最先带动的垂直领域。在5G的增强移动宽带eMBB场景下，可以实现0.1～1Gbps的用户体验速率和每平方公里数十Tbps的流量密度，这将为移动互联型业务随时随地提供无缝的高速连接，为超高清视频、3D、虚拟现实内容的传输提供强有

① 《中国移动举办5G+创新合作大会，推进5G创新应用加速落地》，http://www.cww.net.cn/article? id=458118，2019年9月20日。

② 《预计2020～2025年 中国5G商用带动经济总产出10.6万亿元 创造300万个就业岗位》，https://finance.sina.com.cn/stock/relnews/cn/2019-11-01/doc-iicezzrr6493995.shtml，2019年11月1日。

力的保障和发展土壤。可以预见，继4G带来了移动互联网之后，5G又将继续孵化和创造一个全新的媒体生态，揭开“万物皆媒、人机共生”新媒体时代的序幕。

二 技术逻辑：5G与新一代信息技术融合发展

5G对经济社会的重大影响不在于5G本身，而是5G与云计算、大数据、物联网、人工智能等新一代信息技术的融合发展。5G时代将会为新媒体技术提供无处不在的“超级网络”，加速云计算、大数据、物联网等技术的应用与发展；同时，各新媒体技术也将会为5G的应用带来便利及技术支撑，为各领域的智能化发展提供保障。5G将与新一代信息技术相互促进，共同发展，从而推动社会经济转型升级。

（一）5G是云计算的下一个“风口”

毫无疑问，5G将有利于云计算的进一步发展；反过来说，云计算也对5G的发展起到推动作用，5G将与云计算互补互促、共同发展。一方面，5G时代的网络传输速度和信息传输流量密度提升，万物广泛互联，5G和物联网所产生的大量数据势必需要强大的计算和存储能力，这将极大带动目前的“计算”大规模从终端向云端迁移，以提高网络响应效率和提升用户体验；另一方面，云是智能经济的基础设施，云计算是5G时代必不可少的智能化手段。5G本身就是通信与云计算融合的网络，网络资源的优化配置需要有云计算能力支撑，按照使用者的需求、偏好、终端、网络状态灵活配置网络资源，实现真正意义上的“用户中心网”。

5G将会开启新一轮移动通信技术的革命，“云”是承载各类信息化应用的关键基础设施，上“云”已成为企业信息化发展的必然趋势，云计算将助力“互联网＋”国家战略，为大数据、物联网、人工智能等技术应用提供有力支撑。

（二）5G与大数据相互促进

大数据是一个技术体系，是一种“工具”，也是数字经济的基础。大数据技术要想发挥更大的效能和价值，就需要更快的、能够处理更大体量数据的传输技术与之相匹配，5G的出现和发展就解决了这个问题，实现真正的实时、在线的海量数据采集、处理和分析。

与此同时，5G作为新一代移动通信技术，也将进一步丰富数据采集的途径和来源。随着传感器、物联网发展，数据采集及传输途径也将得以扩充，来自设备、物体、机器人等的新数据通道将为数据治理和数据管理带来机遇和挑战。这些新兴渠道数据的规模、数量、速度和变化等特征与传统领域显著不同，进一步要求发展出与之相适应的方法来管理数据质量和标准，以满足业务对于灵活性的要求。

（三）5G最大的应用在于“物联网”

物联网是传统行业数字化转型的基础设施，也是全面构筑经济社会数字化转型的关键基础设施。当前，5G带动物联网进入了发展新阶段，5G、低功耗广域网等基础设施加速构建，数以万亿计的新设备将接入网络并产生海量数据，人工智能、边缘计算、区块链等新技术加速与物联网结合，物联网迎来跨界融合、集成创新和规模化发展的新阶段。①

与此同时，物联网也是5G最主要的应用领域。不同于4G时代移动互联网主要建立的是人与人之间的“连接”，5G技术未来则将主要应用于物和物之间的通信。5G应用将呈现“二八分”特征，即“20%用于人和人之间的通信，80%用于物和物之间的通信”。② 5G时代的信息传播将不再局限于人与人之间、人与内容之间的传播，人际传播和大众传媒不再是唯一的信息传播模式；相反可能更多地存在于人与物、物与物之间的传播和信息交

① 中国信息通信研究院：《物联网白皮书（2018年）》，http：//www.caict.ac.cn，2018年12月。

② 《苗圩：5G技术未来将主要应用于移动物联网》，http：//www.xinhuanet.com/fortune/2019-03/28/c_1124297752.htm，2019年3月28日。

互。对于5G网络来说，其应用方面最广泛的就是移动状态的物联网，最大的市场可能就是车联网。

（四）5G和人工智能关系紧密

5G和人工智能关系密切，两者共同作用才能推动社会各领域、各行业的转型升级，才能为媒体融合提供动力和支撑。一方面，5G是人工智能的基础设施，也是智能媒体发展的重大机遇，5G技术促进了人工智能大规模应用落地。5G网络所具有的超低时延、超高速率和超大带宽的特征，可为人工智能提供更加稳定的环境，保障人工智能技术在不同场景下的应用。“AI的典型应用和5G的典型应用有近80%的重叠，5G能够支撑AI应用的大规模落地”。①

另一方面，人工智能也是5G的助推剂，为5G探索更多业务场景。人工智能已渗透在各个领域、各种场景之中，成为越来越重要的基础设施；同时，人工智能运用于5G网络，将使网络更加智能化和自动化，提升网络的运营和维护能力；人工智能带来的多种技术产品，将为5G探索出更多、更新的业务场景和模式。人工智能与5G相互渗透、相互融合的时代正在快速逼近，两者的结合将使传统行业焕发新的生机，使整个互联网产业迎来大变革。②

三　启发思考：面对新兴技术的思路和视角

（一）逻辑主线——技术革新对传播有决定性意义

人类历史上传播（特别是国际传播）的每一次飞跃，都建立在技术革

① 梅雅鑫：《“5G + AI”强强联合 加速10亿部5G终端落地》，《通信世界》2019年第24期。

② 卢迪、邱子欣、孟祥东：《终端入口抢占先机，布局5G家庭视听应用新生态》，《电视研究》2019年第4期。

新的基础上。[①] 传播发展的历史从某种程度上讲就是技术革新的历史。技术演进意味着传播的基础设施、终端设备、传播渠道、传播平台和内容形态的改进升级，技术的革新对传播具有决定性的意义和作用。20世纪60年代，通信卫星的发射成功实现了电视节目的跨国传播；互联网的普及，特别是社会化媒体的出现，进一步使实时互动的国际传播成为常态；4G时代，移动互联网新型业务兴起，使国际传播进入了移动新媒体传播时代；而5G网络与人工智能、物联网等新一代信息技术的融合发展也必将对整个传播生态产生巨大影响。

5G绝对不是简单地等于4G+1G，5G是对4G技术的全面革新，5G网络将会凭借其技术优势、与其他新媒体技术的配合打造一个“万物广泛互联，人机深度交互”的时代，在这一网络条件下，我们应重塑对移动互联网的观念，用崭新的思维去看待5G网络所构建的社会。4G时代流量是各个平台和应用所争夺的焦点，而5G时代不同场景将会成为竞争的重点。4G实现了“人”联网，使人与人之间的通信更加便捷；而“物”联网将会成为5G的主要应用，人与物、物与物之间的联系更加密切。4G主要应用于C端，服务于个人信息消费；而5G主要应用于B端市场，将会改变产业经济形态。4G网络的创新主要停留在应用层面，与其他技术之间的关系相对独立；而5G的创新主要在网络层面，与其他技术之间无法分割，相互促进。4G时代，流量的红利促使大量平台和应用涌现，但其专业程度令人担忧，对其的监督管理也存在短板；而5G时代的网络变革为各行各业提供了一个重构新生态的机会，将会推动各个领域的稳定发展。

同时，新技术也必将会带来新的“原生创新”。4G时代催生了移动互联网，带来了新的模式、新的平台和新的业务，各类App应用是整个移动互联网生态中最活跃、产生最大市场价值的部分，App也成为移动互联网争夺流量的入口。其中，以抖音、喜马拉雅为代表的具有社交属性的平台在4G时代吸引了大量用户，其内容的影响力逐步提升。“时刻在

① 刘滢：《5G时代国际传播的新想象》，《新闻与写作》2019年第10期。

线+实时定位”作为移动互联网的最大特点催生出了分享经济，如滴滴打车、共享单车等，用户可以在网络上准确综合相近地点、不同个人的共同需求。而5G时代也将会产生更多的原生创新，将会以传统媒体为创新的起点，并由此衍生出更多的新产品和新业务，打造各产业的数字化新生态。

（二）“万物皆媒”的视角

5G推动了物联网的广泛普及和行业应用发展，万物互联互通的技术环境使任何物体都可以植入芯片和传感器成为海量连接中的一环，能够采集、分析并传输数据和信息，在信息的传播过程中扮演重要角色。届时，所有具有传播能力的终端、设备都将具有“媒介”的属性。因此，在物联网的赋能下，媒体采集信息的结构和能力都将随之发生变化，“媒体”的定义广泛延伸，由传统的“互联”变为了“物联”，人、物、媒介和信息之间的有机连接就显得尤为重要。

当前，我们可以看到越来越多的家用电器、个人用品都搭载了芯片、操作系统以及屏幕显示功能。原来没有屏幕的地方出现了新的显示屏幕，原本不会“计算”的物体现在也拥有了信息通信的能力。芯片是物体传播的中央处理器，操作系统是物体在传播过程中的“大脑”，屏幕则是必要的显示器。有了芯片、操作系统和显示器，海量的物体和设备将被赋予强大的通信能力、计算能力和显示能力，完成接收信息、处理信息、展现信息、采集信息、传输信息的全链条传播任务。

（三）“人机共生”的视角

5G网络与新一代信息技术的融合发展将会带来新的终端、新的手段以及新的计算平台，使“智能计算”无处不在。人机协同、合作互补，将使生产更加智能化和数据化，人与机器的紧密配合将会使各个行业的产业链得到创新，使不同场景下的生产效率大大提高。

5G时代是“泛智能终端”的时代，丰富的应用场景带来了多样的终端形态，目前，全球已经有超过40家的终端厂商宣布正在开发各种类型的5G终端产品。随着人工智能、物联网等的深入应用，终端设备将会逐渐能够“感知”世界，逐渐拥有“看、听、说”的能力。摄像头、无人机等新的终端设备将会带给我们更加丰富的信息采集方式，信息的来源将会更加广泛、场景更加多元，并使计算广泛深入各种场景。5G时代边云协同发展，新的技术手段也将会使数据信息的存储、分析和处理更加智能。云计算把握整体，聚焦非实时、长周期数据的分析；移动边缘计算专注局部，聚焦实时、短周期数据的分析，能够更好地支撑本地业务的实时智能化处理与执行。5G网络条件下，芯片和算法的合作也将会带来新的计算平台，更好地协助不同场景信息处理工作的完成。例如在车联网场景下，5G车联网不仅要实现车路协同，还要实现“人—车—路—网—云”五维高度协同。

（四）“传播社会化”的视角

5G时代，传媒不仅仅是5G的一个应用领域和eMBB的一个应用场景，传播将会成为5G赋能的一种社会公共资源，就好比信息社会的“水电煤”。在5G条件下，5G能力将为各行各业带来新的动能。5G不仅意味着技术融合，更是一次大规模的产业融合变革机遇。很多行业都会在5G的赋能下实现经济转型升级，构建数字化、网络化、智能化生产新模式。5G只有融入百业才能服务大众，才能不断提高人民群众的获得感、幸福感、安全感。

当前，直播“常态化”就是传播社会化趋势的一个集中突出表现。有了5G网络、新的终端设备和新平台的保驾护航，任何人都能够在任何时间、任何地点、任何环境下直播任何内容，这极大地提升了传媒以外其他行业的传播能力，使传播行为更加社会化、行业化。在这一背景下，企业越来越重视视频化传播的能力，目前各大企业纷纷将直播的方式应用到自己的业务和运营中，构建企业“视频媒体中心”，如阿里的“云栖说”、科大讯飞的“科技晚自习”“未来客栈”、兴业银行的“兴研说”、郑州华山医院的“直播诊室”以及飞鹤奶粉的“新鲜陪伴一小时”等。如何运用好视频的能力，为企业营销、传播、品牌、公关等传播沟通场景提供更好的服务、更有品质的内容和更安全的保障，可谓视频传播领域当前最值得关注的问题。

四 5G时代：信息技术带来的变革与机遇

（一）5G带来三大发展机遇

1. 信息化的时代机遇

2019年1月25日，中共中央政治局在人民日报社就全媒体时代和媒体融合发展举行第十二次集体学习时，习近平总书记发表重要讲话，指出“媒体融合发展是一篇大文章。面对全球一张网，需要全国一盘棋”。[①] 当前，融合已经成为媒体发展的常态，而5G是“媒体融合”的新起点和新阶段，5G网络使核心技术融入媒体融合发展进程中，推动媒体智能化进入快速发展阶段。时任人民日报社社长李宝善在第六届世界互联网大会媒体融合分论坛上的讲话中指出，技术是媒体融合的发动机和加速器。我们要跟上技术进步的步伐，探索将人工智能运用在新闻采集、生产、分发、接收、反馈各环节，用主流价值导向驾驭“算法”，以优化传播生态，扩大主流价值影响力版图。[②] 与此同时，在5G网络背景下，媒体融合发展涉及的范围也不断扩大。习近平总书记曾指出：“媒体融合发展不仅仅是新闻单位的事，要把我们掌握的社会思想文化公共资源、社会治理大数据、政策制定权的制度优势转化为巩固壮大主流思想舆论的综合优势。”[③] 当今时代的媒体融合应是全社会、全行业参与的媒体融合，各领域应积极参与，不断推动媒体融合

① 《加快推动媒体融合发展 构建全媒体传播格局》，http://www.ccps.gov.cn/xtt/201903/t20190315_130410.shtml，2019年3月15日。

② 《人民日报社社长：探索将人工智能用于新闻生产》，http://news.sina.com.cn/c/2019-10-21/doc-iicezzrr3680053.shtml，2019年10月21日。

③ 《习近平：加快推动媒体融合发展 构建全媒体传播格局》，http://cpc.people.com.cn/n1/2019/0315/c64094-30978511.html?tdsourcetag=s_pctim_aiomsg，2019年3月15日。

向纵深发展。

2. 5G的产业发展机遇

4G时代的移动互联网催生出大量针对C端的业务及平台；而5G时代的应用将主要为行业应用，B端的广阔市场将会被逐渐开发出来，大量的平台及应用的商业模式将会转向B端，从而推动产业互联网的基础设施、应用和企业云实现创新。同时，5G的网络特征也将会打造“大视频”的传播环境，没有了网络条件的限制，信息内容的传播将会逐渐趋向“视频化”，并将会实现包括信息的采集、编辑和传播方式等在内的全流程的智能化升级。5G时代媒体行业都将面临升级和转型，升级指的是智能化技术的升级，转型则意味着朝着视频化的内容形态转型。

5G网络的出现将万物互联的实现向前推进了一步，目前我国正逐渐完成5G技术在各个产业中的渗透。例如，在2020年防控新冠肺炎疫情的过程中，5G就以“大带宽、低时延、广联接”的特性，在疫情防控中发挥了重要作用。运营商联合华为、中兴等设备供应商为包括火神山、雷神山在内的全国各地百余家重点医院提供5G网络覆盖。基于5G的全天候“云监工”、灵活调动医疗资源的“5G+远程会诊”和人群密集区域“5G+热成像”等应用，有效支撑了疫情防控。①

全面的视频化、传播的无线化、流程的简便化，将是5G时代信息传播发展的必然趋势。5G技术赋能下的“大视频”是指无论是短视频还是长视频、虚拟现实还是全息影像，未来的信息传播将更多地以视频为表达方式和表现形态；视频传播相关的行业和范围也将进一步扩大。② 在2020年“两会”期间，5G背包、5G+AR眼镜等设备升级了信息的采集方式，使信息采集设备实现了无线化和可移动化发展；5G+AI智慧平台的打造，简化了信息传播流程；新华社5G全息异地同屏系列访谈使用5G网络传输和全息

① 前瞻产业研究院：《2020年我国5G建设发展现状分析》，https://www.sohu.com/a/387657185_473133，2020年4月13日。

② 卢迪、邱子欣：《新闻“移动化”与直播“常态化”：5G技术推动新闻与直播深度融合》，《现代传播（中国传媒大学学报）》2020年第4期。

成像技术，让身在异地、相隔千里的代表与记者跨越时空“面对面”实时交流，“异地采访”“同屏呈现”“实时互动”的全新报道形式正在改变媒体报道的格局，与此同时，全球首位3D版AI合成主播、新闻互动微纪录片、“5G+8K+卫星”直播报道等新媒体产品，创意创新了“两会”的报道方式和新闻样式。①

3. 互联网的全球化治理机遇

5G以前，全球范围内互联网世界的核心技术和网络信息流动是不平衡的，少数发达国家掌控了核心技术、主要渠道和关键平台。2018年4月20日至21日在全国网络安全和信息化工作会议上，习近平总书记强调，“信息化为中华民族带来了千载难逢的机遇。我们必须敏锐抓住信息化发展的历史机遇，加强网上正面宣传，维护网络安全，推动信息领域核心技术突破，发挥信息化对经济社会发展的引领作用……主动参与网络空间国际治理进程，自主创新推进网络强国建设……”② 5G时代，中国的5G建设和应用将成为全球5G产业典范，引领全球5G发展，为世界各国发展5G提供行之有效和可靠的方案借鉴。通过占领5G技术高地，我们的文化、精神、内容、价值观就有了能“握在手里”的依托和载体，从而获得了逆转全球信息流向的历史机遇，5G成为参与全球互联网治理的中国视角和中国路径。

（二）5G将带来三个变革

1. 丰富内容题材，扩展信息来源

随着5G商用的持续发展，5G融入百业，其优势将会渗透进各个场景之中，不同场景的信息传播需求都将得到满足，并配合更加智能化的信息采编设备、更加流畅的信息传播路径。5G时代直播模式的迅速发展使信息来源更加广泛，自然界变化、体育赛事、节日庆典、民间活动、企业、学校等

① 《工信部部长在“部长通道”上给新华社“5G全息异地同屏访谈”点了个赞!》，https://www.sohu.com/a/397737790_117503，2020年5月26日。

② 《敏锐抓住信息化发展历史机遇 自主创新推进网络强国建设》，http://www.cac.gov.cn/2018-08/02/c_1123212082.htm?from=groupmessage，2018年8月2日。

都有可能成为直播的主体和视频内容的直接来源；信息主体贡献内容、主动参与传播的意愿也会更加强烈。例如，2019年9月4日，中国农民丰收节组织指导委员会在全国遴选出70个最具特色、最具代表性的乡村庆丰收活动，举办“我的丰收我的节——70地庆丰收全媒体联动直播”活动。人民视频整合5G直播技术对活动全程进行5G超高清直播，在中国农民丰收节当天通过专线、5G、5G＋VR、5G＋无人机等多种方式，多形态、立体式对活动全程进行报道。“直播丰收”是在新闻信息来源扩展背景下的成功尝试，其视频素材就广泛采集自全国各地农田、果园丰收采摘的真实场景，使在4G条件下很难实现的户外无线直播成为现实。

与此同时，随着传播环境的不断开放，中国企业主体参与跨国传播的意愿愈发强烈、需求更加升级，特别是通信行业、新兴制造业企业，可能会成为未来一段时间内企业国际传播的主要动力。近年来，中国企业、中国品牌、中国产品在全球市场中的地位和影响力逐年提升，不仅有华为、OPPO、vivo等头部企业在欧美主流市场取得的成绩，还有小米、传音等企业在南亚、东南亚、非洲等更为广阔市场的开拓。2018年，我国通信企业“传音”就超越三星等国际领先品牌，占领了非洲市场最大份额。我们的国际传播工作也应关注到垂直行业企业在开拓国际市场过程中的需求、问题、难点与痛点，发挥自身优势，为中国企业、中国品牌、中国产品、中国制造走向全球市场提供方法论与核心能力输出，搭载中国制造业的全球化发展之路，与产业携手共同形成国际传播合力。

随着移动通信技术的发展，5G、人工智能、大数据等技术的运用使信息传播领域产生重要变革，使信息传播的智能化、便利化程度不断提高；同时，随着中国国际地位和国际影响力的提升，海外了解中国市场、了解中国品牌，与中国企业合作的需求急剧增长；在这一背景下，海外与中国企业携手，利用5G技术，围绕中国品牌联合开展面向全球市场的新媒体传播既是趋势，也是市场和企业的需求。2020年4月22日晚，长虹电视5G＋8K全球发布会举行，这也是2020年中国家电业首场跨国直播发布会。在发布会上，长虹推出5G＋8K闪电侠、110" 探索者、Mini绘图师、Q7ART艺术家、D8K大魔王等5款8K电视新品，并与欧洲黑山进行连线直播，千万名网友在线“云游”黑山著名景点。直播期间，得知黑山面临疫情困扰，长虹公司董事长赵勇宣布公司将向黑山捐赠口罩等防疫物资，并表示全球抗疫是每一个人的责任，一直以来，长虹都在努力为中国乃至全球抗疫尽一份力。[①] 新形势下，中国企业要运用新技术、担负新使命，多角度、多层次、多方面地进行海外新媒体传播，传递真实、全面、立体的中国品牌形象。

2. 信息采集方式多元发展，打造“在场新闻”

传统媒体报道模式下，卫星转播、信号编解码、灯光音响等环节都对新闻媒体的信息采集环境提出了较高要求。5G技术条件下，信息采集过程在很大程度上不再受到时间、地点、环境的限制和约束，信息采集方式和手段逐渐趋向多元化发展。一方面，超高清摄像头、5G无人机、5G转播车以及5G背包等设备的应用将会使信息采集摆脱线缆的束缚，解放大量人力、物力；另一方面，5G技术和其他新媒体技术的融合还将催生出移动性更强、性能更强大、智能化水平更高的终端设备，5G智能网联无人机就是其中的典型代表。5G时代的传播机构应积极利用新形态的5G设备和智能化装备，发展多样化的信息采集手段和方式，提高信息采集效率，丰富信息采集内容。

2020年初，为抗击新型冠状病毒所引发的肺炎疫情，参照17年前北京小汤山非典医院模式的火神山医院、雷神山医院新建，各大主流媒体对两所医院施工现场进行的24小时不间断的5G慢直播，引发了众多网友关注。其中，央视频推出的《疫情24小时》栏目，全天候直播火神山、雷神山医院的建造过程，高峰观看人数达9000万人次。[②] 对火神山、雷神山医院进行的5G慢直播为用户带来了“现场新闻”的观看新体验，对施工现场进行全天候的实时呈现，最大限度地展现新闻现场情况，使真实性得到极大的提

① 《长虹“云游”黑山 直播发布新品》，https://tech.gmw.cn/jd/2020-04/23/content_33764062.htm，2020年4月23日。

② 《5G在一线！5G下沉火神山雷神山，这样抗疫！》，https://t.cj.sina.com.cn/articles/view/5968749520/163c3e3d001900lww6，2020年2月28日。

升；央视频还开设包括全景、近景和VR视角在内的三路直播信号供用户选择，使用户仿佛身在施工现场，能够全方位、多角度、具有沉浸感地实时观看现场施工情况；同时，直播栏目中还设置互动评论区，用户能够边看边聊，参与感得到显著提高。

此外，相比4G条件下，5G网联无人机的通信能力优势明显。5G所采用的新型大规模天线阵列，可以灵活自动地调节各个天线发射信号的相位，满足国家对500米以内低空空域监管要求和未来城市多高楼环境下无人机120米以上的飞行需求。此外，在无人机的远程精细操控、飞行数据安全保障、行业赋能等方面，5G也具有更多优势。① 未来，5G智能网联无人机就是机器人记者，其素材采集能力几乎没有空域和飞行范围限制；其视频加工能力可以通过人工智能技术学习专业记者的处理逻辑；其数据精度可以实现厘米级的水平。5G智能网联无人机的应用将大幅度提升视频新闻的时效性、现场感，并在降低成本的同时，使新闻采编制作的场景得到进一步扩展，实现真正意义上的“在场新闻”。

3. 突破信息内容形态，建立“大视频”内容体系

5G技术为VR（虚拟现实）、全息投影、4K/8K超高清视频等的发展提供了良好的网络环境，而这些新媒体技术在信息传播中的应用将会使传统的信息内容呈现形式产生变化。信息内容形态将不再局限于图文和传统视角，信息表现的沉浸感、自由度、个性化水平也得到了极大提升。

5G网络具有的大带宽、低时延、高稳定性特点，可以保证高质量、大数据量的4K/8K超高清视频传输无掉帧、无卡顿；在传输效率方面，4G网络的下载速度约每秒150MB，而5G网络的理论下行速度将达到4G的10倍以上，网络延迟则降至毫秒量级。视频直播的形式将会越来越多地被应用于媒体宣传、新闻报道和内容传播，永远在线、“常态化”的视频直播将成为现实。5G全新的网络结构、毫秒级的端到端时延以及大流量密度能力，让

① 《5G带给无人机的影响到底有多大》，http：//cabling. qianjia. com/html/2019 - 10/12_352220. html，2019年10月12日。

超高清视频的实时传输和虚拟现实的沉浸感可以完美呈现，5G时代“大视频”的呈现形式将比以往任何时代都更加多元、沉浸、极致和真实。5G技术条件下，AR、VR、全息投影与4K、8K超高清共同构成了下一代“大视频”产业。随着技术不断成熟和5G商业化推进，视频直播的能力将渗入各行各业，成为社会各界和全行业参与信息传播的主要手段和重要方式。“5G+直播”一定会出现以技术为核心的大平台、新生态。新技术平台和新行业生态的出现还将进一步助力5G视频直播朝着更加主流化、产业化的趋势发展。5G网络优势能力将赋能视频直播突破技术和设备的限制，实时传输、永远在线、超高清级、多维应用的直播将发展成为一个全行业应用大平台，成为5G时代“大视频”的最主要体现。①

在第二十六届北京国际图书博览会上，中国图书进口（集团）总公司联手中国联通、中国传媒大学新媒体研究院、国家大剧院共同打造的中图·联通5G新阅读展区利用5G+全息进行直播。活动全程采用5G全息投影技术展示了作家刘震云与中国女宇航员王亚平跨时空探讨“航天与文学的万有引力”，虚拟与真实的实时交互开辟了全新的视觉模式，为观众带来了突破传统视听的新体验。2019国际乒联男子乒乓球世界杯比赛中，中国联通、中国体育与华为合作，通过“沃视频”手机客户端等形式为全国用户提供包含自由视角、全景视角、周边视角、运动员视角等丰富的5G超高清新场景体验。用户不再像过去那样被单一视角“框住”，而是可以实现多角度、大小屏同时观看，并且在观看直播过程中可以任意切换全新视角。

在5G和边缘计算技术、超高清技术、视频处理技术、人工智能技术的相互交融、共同促进下，全球范围内的信息传播会沿着“大视频”的主线而不断演化、发展，必将转变传统意义上我们对于视频的定义和理解。新一代信息技术背景下的“大视频”不仅意味着短视频、长视频、直播等不同时间长度的视频内容，同时也意味着AR、VR、MR、全息等不同展现方式的视频内容，还意味着多视角、主观视角、360度自由视角等对于用户来说

① 卢迪、米文霞、孙明慧：《从4G短视频到5G大视频》，《视听界》2020年第3期。

具有更多选择维度的视频内容观感体验。“大视频”将成为一个全新的、完整的内容体系，未来能够对全球传播业务运营起到支撑作用。

五 结语

移动通信技术的发展必将对各行业生态产生影响，垂直行业为了提高自身的信息处理能力以及更好地向用户提供服务，也必将朝着数字化、智能化和云端化的路径进行升级。在这一趋势下，全球、全社会、全行业的信息传播大发展使视频云平台的构建显得极为重要。一方面，视频云可以使信息传播业务链条各环节更高效、更智能，数据更安全；另一方面，可以更好地对丰富的业务应用场景进行灵活适应，从而实现差异化处理、精细化运营。同时得益于云计算、边缘计算和人工智能技术在云端的配合，视频云平台还可以针对不同平台以最快的速度对信息进行精准推荐和差异化投放，使整个信息传播的流程更加智能化。建立统一的视频云平台有利于信息的集中监督管理，能够更好地为数据安全、信息安全、内容安全提供保证。处于全球传播生态中的国际传播机构应在5G带来的技术趋势下，着眼于建立全球传播视频云平台，使信息采编流程实现全面“上云”，将信息的集成、汇总、分类、剪辑、分发、供稿、审核、管理以及效果监测分析全部转移到云端进行存储和处理。

5G将成为社会信息流动的主动脉，突破人与人、人与物、物与物连接的时空限制，不断创造以智能化为核心的新业态、新模式。我们要正视和重视5G时代媒体产生的变革和发展机遇，运用新技术、新设备、新手段聚焦应用场景，探索新的增值服务和业务模式，打开对5G时代全球传播的想象力。5G时代的全球传播会朝着一个以用户为中心的，永远在线、无时延的，拥有高可信度且富有情感和温度的，开放共享的，能够带给用户极致体验的传播新生态的方向发展。

B.7

区块链技术推动全球新闻传媒业变革发展报告

史安斌 叶 倩*

摘 要： 当下全球传媒业面临版权保护乏力、虚假信息泛滥、广告流量虚高、盈利能力下降等多重挑战。区块链技术以其去中心化、信息难以篡改、公开透明、隐私保护等特性助力传媒业变革，为版权保护与交易、虚假信息治理、打击广告流量作弊、探索媒体新型商业模式等场景提供解决方案，但同时该技术在传媒业的发展也存在一定的局限性。

关键词： 区块链 传媒业 版权保护 虚假信息

2008年11月，一个化名为中本聪的极客在密码学小组讨论中发表了一篇名为《比特币：一种点对点的电子现金系统》的论文，首次提出“比特币”的概念。2009年1月，比特币创世区块诞生，系统正式运行，区块链成为比特币产出、记录和流通的基础协议和技术应用。尽管以比特币为代表的虚拟货币饱受争议，其所应用的区块链技术却在迭代发展中引发各国政府、货币当局、学术机构和创业公司的广泛关注。我国也加快了区块链技术的部署和研发，2016年国务院印发的《“十三五”国家信息化规划》将区

---

* 史安斌，清华大学新闻与传播学院副院长，教育部青年长江学者特聘教授，清华大学伊斯雷尔·爱泼斯坦对外传播研究中心执行主任，主要研究方向为国际新闻传播、跨文化传播；叶倩，清华大学伊斯雷尔·爱泼斯坦对外传播研究中心助理研究员。

块链纳入新技术范畴并做前沿布局。

从1.0版本作为数字货币底层技术的区块链，到应用场景延伸到金融交易、资信证明、实物资产等领域，拥有智能合约的区块链2.0版本，再到区块链渗透入公证、慈善、医疗、通信、供应链、物联网、传媒等社会生活的方方面面的区块链3.0，区块链以其低成本信用创造、公开透明、去中心化、难以篡改等特性在全球范围内引发了一场技术革命。

从新闻传播史上看，每一次技术变革都促进了新闻生产、分发和消费模式的转型与升级。近年来，全球传媒业遭遇内容版权保护乏力、公信力下降、假新闻、“流量作弊”、盈利能力下降等诸多挑战和行业乱象。传媒学界和业界的一些有识之士开始探索利用区块链这一新兴科技应对以上挑战，拓展其在传媒业中的应用场景，提升融合创新的品质，为智媒时代传媒业的变革擘画先进的理念和可行的路径。

一 区块链的信任逻辑与技术特性

（一）区块链的信任逻辑

区块链从诞生之初就被深深地打上了“去中心化”的烙印。比特币之父中本聪选择在2008年金融危机之时将比特币公布于世，指出传统货币最根本的问题在于信任。传统的信任机制要么是采取熟人社会中的点对点小范围内的实物价值交换，依靠人际关系和共同规范建立相互信任；要么是依靠具有公信力的第三方，如政府、银行和互联网平台等，这些组织作为中心化实体受行业制度和机构声誉制约，跟踪并验证交易的真实性。我们现在常用的这种中介式信任模式，由于人的“有限理性”的局限和“机会主义”倾向的存在，市场交易处于一种不完全的信息状态，交易的信任成本较高。[①]为了评估信用，个人需要提供自己的私人信息，而用户作为大数据生产者却

① 唐文见、吕雯等：《区块链将如何重新定义世界》，机械工业出版社，2016，第32~37页。

无法获得大数据资源的所有权，这种信息不对称容易产生中心权力损害参与者和市场其他方利益的情况。

与以上两种信任模式不同，区块链的整体架构是围绕自信任而设计的，创造信任的是区块链系统本身。作为信任本身存在的区块链技术，可实现全球范围内陌生人之间的点对点交易，不需要第三方受信机构的介入，打破了其对于信息和资源的垄断。区块链的这种自信任是通过技术实现的。任何交易行为中存在三个可能被信任的要素：交易对方、中介和争议解决机制。[①] 区块链技术利用代码来解决这三个信任要素，将对人的信任转化为对技术的信任。

（二）核心技术与技术特性

区块链本质上是一个去中心化的分布式数据库，由一串使用密码学方法产生的数据区块有序衔接而成，每个区块中包含有一定时间内产生的不能被篡改的数据记录信息。[②] 它不是一种单一技术，而是数学、经济学、密码学等多学科技术整合的结果，其核心技术有点对点通信、加密算法、共识机制、智能合约等。

区块是区块链结构的基本单元，由块头和块身组成，是记录数据的容器。块头用以链接到上一个区块，并为区块链提供完整性；块身包含验证身份后，块创建过程中的交易数据记录。块头中包含时间戳，用以记录新区块的产生时间，由此数据区块形成了新的结构，各个区块按照时间线有序连接产生区块的链条，即为“区块链”。

区块链技术具有去中心化、公开透明、自信任、信息不可篡改、隐私保护等技术特性。去中心化是区块链最基本的特征，它意味着系统里的每个节点的权利和义务均等，系统数据由全网节点共同维护。任一节点的损坏不会影响整个网络的运作，单一节点也无法掌握网络的控制权。

---

① Kevin Werbach, *The Blockchain and the New Architecture of Trust* (MA: MIT Press, 2018), pp. 31 –35.

② 长铗、韩锋等：《区块链：从数字货币到信用社会》，中信出版社，2018，第 47 ~48 页。

区块链系统具有开放性，其中的数据除了节点私人信息外，数据和数据更新操作记录对所有节点公开，这种高度透明性使数据可查询、可追溯、可监督，是区块链系统值得信任的基础。

区块链采用一套各节点认同遵守的规范和协议使系统中各节点在自信任的环境中交换、记录、更新数据，整个系统不需要人为干预，具有自信任的特性。这种自信任的前提是区块链的共识机制，即全网节点关于区块信息达成共识的机制，规定了谁具有新区块的记录权，并使这种分布式记录经过全网验证以保证其真实性。常见的共识机制有工作量证明机制（PoW）、权益证明机制（PoS）、股份授权证明机制（DPoS）和验证池（Pool）。同时，在区块链系统中，由于各个节点之间不需要相互信任，数据交换和记录可以在匿名的情况下进行，具有隐私保护的特性。

在区块链形成过程中，数据发送节点将新的数据记录向全网广播，接受节点对收到的信息进行合法性检验，执行共识算法竞争记账权，区块通过共识算法后被纳入区块链统一存储。由于每个参与系统维护的节点都可以通过复制获得完整数据库的备份，除非能够同时控制全网51%以上的节点，否则无法篡改系统记录的信息，这使区块链记录的信息具有不可篡改性。

正是基于以上技术特性，区块链在虚拟货币、金融领域之外具备潜在的巨大应用价值。剑桥大学2019年发布的对全球区块链初创企业的调研显示，这些企业主要分布于以下行业：金融业与保险业（43%）、住宿与餐饮服务业（6%）、医疗业与社会救助（6%）、零售业（4%）、艺术与娱乐业（3%）、政府与公共服务部门（3%）等。[①] 虽然区块链技术的主要应用领域仍然是金融与保险业，它在其他领域，如传媒业的探索与应用可以为相应行业面临的难题与痛点提供解决方案，以其去中心化、公开透明、自信任、信息不可篡改、隐私保护等技术特性为行业的转型与升级拓展更多的可能性。

---

① Michel Rauchs et al.，"2nd Global blockchain benchmarking study"，Available at SSRN 3461765，2019，p. 33.

二　区块链在传媒业的应用场景

（一）数字版权保护与交易

伴随着互联网的发展，数字出版业兴起于20世纪90年代。在移动互联时代，内容生产与发布的低门槛与便捷性使内容生产从以前的“专职编辑”转变到如今“专职编辑”与“全民参与”并存的数字内容生产格局。这些用户生产内容（UGC）和专业生产内容（PGC）等大大丰富了内容市场，但技术发展的同时也带来了一系列监管难题。由于网络文字、图片和视频复制粘贴操作便捷、抄袭盗用违法成本低、内容维权溯源难、成本高而效率低，“盗文”“盗图”“盗版视频”等侵权行为屡禁不绝。图像版权跟踪服务公司Pixsy调查数据显示，在2016年，有高达64%的摄影师被盗用过图片，而面对这些侵权行为，33%的摄影师因为法律流程烦琐、诉讼费用昂贵等因素而放弃追责。[①] 由此，全方位打通数字内容的确权、用权和维权链条，简约版权注册程序，简便用权沟通交易环节，降低维权成本是数字版权保护的关键。

把区块链与版权保护相结合是当下比较热门的区块链应用场景之一，区块链技术的时间戳、智能合约和信息不可篡改的技术特性是解决数字版权保护的利器。数字版权保护的第一步是确权。传统由第三方受信机构受理的版权登记流程较为烦琐，而网上海量的微内容——用户生产的碎片化文字、图片、微视频等——更是难以对其一一进行版权注册。区块链的开放性降低了版权的登记门槛，不论作品大小，只要创作者能连接上互联网，就可以在区块链系统里上传自己的作品，形成内容的版权证明，实现“发布即确权”。这种确权主要是通过“存在性证明”实现的，即证明某段信息在某个时间

① Pixsy, “The State of Image Theft in 2016”, Retrieved at June 1, 2020, https://www.pixsy.com/the-state-of-image-theft-in-2016/.

点的存在性。区块链的时间戳会准确记录内容上传的时间，哈希算法会把文字、图片、音频、视频等内容转换成固定长度的字符串，该字符串是唯一且不能反向推导的，代表着区块链记录下的属于创作者的完整独特的内容。由于存储到区块链上的信息具有不可篡改性，版权信息一旦上链，便会准确并永久地记录内容的归属。除此之外，区块链的版权登记成本极低，可以鼓励更多微内容生产者为自己的智力成果登记版权，进而实现微内容的交易与变现。

在用权环节，传统内容生态中内容预使用者与版权拥有者之间的交流沟通渠道并不通畅，尤其对于微内容，很多情况下由于转载者联系原创者的成本过高，内容定价不明确，加剧了不经授权便自行转载使用的行业乱象。对此，区块链的智能合约为内容行业的版权交易和版税结算提供了新的解决方案。智能合约是一段写入区块链中的代码，能够自动执行合约条款，具有预先设定后的不变性和加密安全性。[①] 一旦智能合约被触发，没有人可以对其进行修改或删除，以此实现价值的安全转移。版权交易中往往有许多细分类目，涉及版税的多方分配。以一首歌曲为例，涉及词曲人、演唱者等多方受益主体，而版权购买又可细分为表演权、复制权、广播权等不同类别。在区块链版权系统中，版权拥有方可以事先将版税分成、各类授权定价提前写入智能合约，当使用者想要获得授权时，可以自行选择支付相应费用，系统会自动执行版权交易和授权，并将支付费用按预先设定的分成打入版权受益各方的账户，由此可以大大降低版权交易成本，提高版税结算效率。

在维权环节，当发生版权纠纷时，由于区块链上链数据的不可篡改性，版权拥有者可以通过提供自己带有时间戳的确权证明，通过比对时间先后确定自己是内容的原创者。当前，区块链运营方需要与司法机构合作，取得区块链电子存证的法律效力，以发挥区块链技术优势，为版权保护降本增效。

以数字版权保护和交易为主营业务的区块链项目在国内外纷纷落地，发展日趋成熟。国外有 Binded（被 Pixy 收购）、monegraph、SingularDTV、Po. et

① 唐文见、吕雯等:《区块链将如何重新定义世界》，机械工业出版社，2016，第 35、64 页。

等，国内则有亿书、原本、版权家、百度“图腾”、“微视频360”等。其中，Binded、monegraph、百度“图腾”服务对象侧重于图片，Po. et、亿书、原本服务对象侧重于文字作品，而Singular DTV、“微视频360”则主要服务于视频、微视频内容的版权保护。这些区块链项目都为用户提供版权注册登记，为后续版权纠纷提供存证，大多数项目也都提供版权交易、数字资产管理服务。相比国外，国内版权保护区块链项目更侧重于与官方的合作，如国家版权保护中心、各级司法机关等，以此为电子存证赢得法律效力，打通登记确权、版权交易、举证维权的全方位版权保护链条。

（二）虚假信息治理

在人人都有麦克风的移动互联时代，社交媒体、自媒体的发展使信息传播更加便捷，但同时，信息发布的低门槛、“后真相”时代对真相的漠视、注意力经济导致的流量至上的编辑标准、事实核查和监管的缺失，使假新闻、虚假信息等行业痼疾甚嚣尘上。虚假信息以其内容新奇性、煽动性、难辨伪性、传播渠道的便捷性在社交媒体上大行其道，侵蚀着民主社会的社会互信和共识根基。根据美国麻省理工学院2018年发布的一项研究，虚假信息在社交媒体Twitter上被转发的可能性比真实信息高70%，虚假信息的传播速度是真实信息的六倍。[①]

针对虚假信息这一行业痼疾，区块链以其可溯源性、信息不可篡改性为虚假信息治理提供部分解决方案。区块链在虚假信息治理中的一大思路是提供“概念证明”（Proof of Concept），即为真实内容提供足够的佐证信息，减少读者进行事实核查的时间成本，培养公民具有批判意识的媒介素养，并以此提高媒体的公信力。《纽约时报》于2019年与IBM Garage合作启动了“新闻溯源项目”（News Provenance Project或NPP），探索使用区块链技术来建立一个新闻照片元数据记录和分享系统，旨在通过为新闻照片提供语境描

① Vosoughi S., Roy D., Aral S., “The Spread of True and False News Online”, *Science* 359, 2018, pp. 1146–1151.

述，帮助读者识别真实新闻照片。在进行用户研究后，该项目展示的新闻照片元数据标记方式如图 1 所示。

由图 1 可见，在用户分享的照片下方，NPP 项目加上了该照片所拍的事件信息，包括新闻来源、拍摄地点和重点标识的拍摄时间。当用户想要了解更多信息时，可以点击“more”便可获得图 2 所示信息。

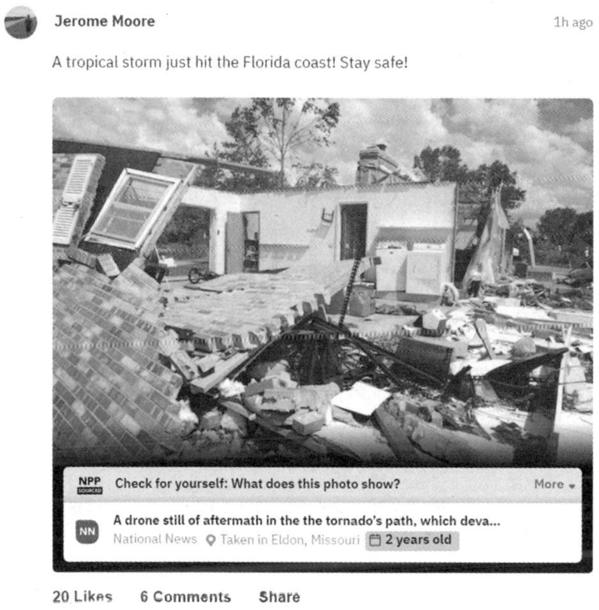

图 1 “新闻溯源项目”概念界面（一）

资料来源：https：//www. newsprovenanceproject. com/proof - of - concept。

在更加详尽的照片信息介绍中，用户可以看到该照片所显示事件的更多相关照片，以及该照片的历史使用情况。通过这些照片附加的佐证信息，用户很容易判断一张照片是不是经过剪辑、合成或旧图新用。

区块链技术使照片的概念证明跟随照片而存在，不论照片被分享到聊天群、社交媒体上，还是出现在检索结果里，都能利用照片的元数据溯源到照片的语境信息，帮助用户迅速识别真伪。“新闻溯源项目”不仅可以降低读者的事实核查成本，还可以帮助读者了解辨别照片真伪所需的信息元素，形

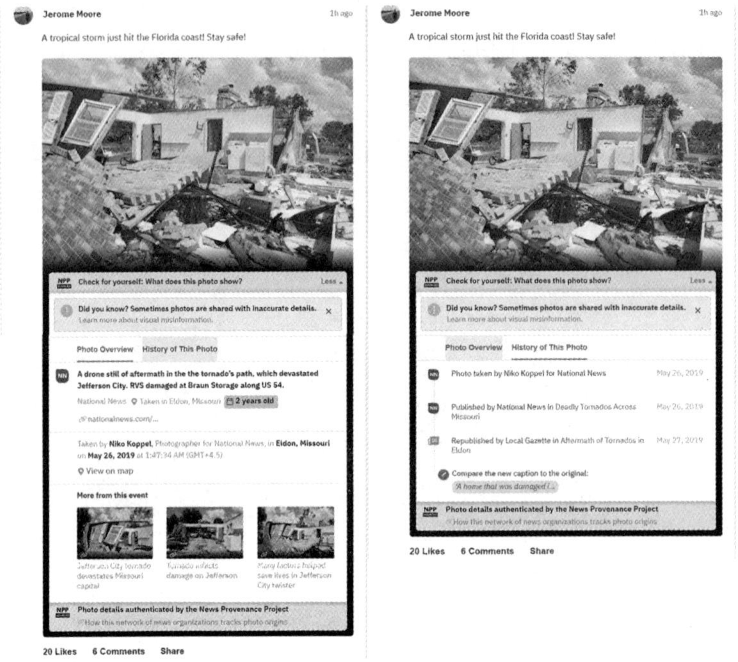

图 2 “新闻溯源项目”概念界面（二）

资料来源：https：//www. newsprovenanceproject. com/proof – of – concept。

成查看“概念证明”的习惯以提高批判性思维和媒介素养。除此之外，媒体可以通过添加照片信息的“概念证明”来提高内容可信度，增强机构公信力。

除了“概念证明”，业界也有尝试把区块链技术和其他技术相结合来综合治理虚假信息的实践。例如，2017 年成立的新闻聚合器项目 The World News. net 使用区块链技术和自学习神经网络技术建立了一个去中心化反假新闻平台，其目标是成为世界上最大的分散式新闻聚合器，让读者免费获取来自世界各地的真实客观的新闻信息。在该项目网站中，来自世界各地媒体的新闻被实时记录到区块链上并添加到网络页面中，供读者随时查看。因为区块链记录的信息具有难以篡改性，一旦发布，新闻便被永久保留到该新闻聚合器里。此外，该项目使用自学习神经网络技术来分析数据库中的新闻内容并为其就可信度进行评级，共有“可靠”、“可疑”和“不可靠”三种评级，可以为读者提供筛选后值得信赖的新闻内容。其网络主界面如图 3 所示。

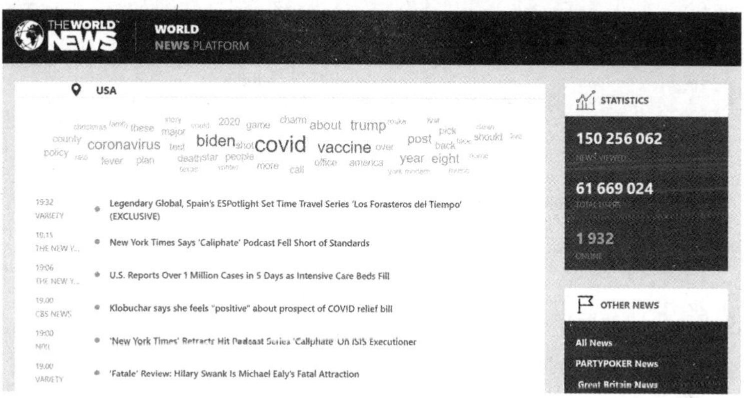

图 3　The World News. net 网页主界面

资料来源：https：//theworldnews. net/。

虚假信息的治理非一时之功，也非能一蹴而就。区块链的可溯源、信息难以篡改等技术特性使其在虚假信息治理上有可施展的空间，而新技术在新场景中的落地也需要经过时间的检验，与现有社会环境进行磨合。2017 年成立的波兰区块链初创企业 Userfeeds 对假新闻的治理进行了一种新思路的探索，其利用加密货币激励社区用户对新闻内容进行排名。与以往算法推荐新闻不同，该项目旨在依靠群体智慧淘汰劣质、虚假内容，使优质内容排在搜索结果、推荐体系的前列，得到更多的曝光量。虽然该项目描绘出了美好的愿景，在 2018 年由于未能获得下一轮融资而宣告失败。① 新技术的创新与扩散难免需要根据现实条件进行改造与适应，虽然区块链的开放性和集体维护在虚假信息治理这一课题上遭遇挫折，但其包含的“汇聚众智、推进社区众治”的理念在其他一些区块链项目中得以应用与落地。

① Maciej Olpinski，“Part I：The End of the Journey”，https：//blog. userfeeds. io/part - i - the - end - of - the - journey - 173f669d70bc.

（三）打击广告流量作弊

根据反广告欺诈公司 White Ops 和美国国家广告商协会（ANA）的预测，2019 年全球因广告欺诈而损失的广告费高达 58 亿美元。[①] 由于数字营销市场信息不对称、不透明，谷歌、脸书、亚马逊等互联网巨头作为广告中介利用免费的用户关注攫取了大量属于用户和广告商的利益。而在现有技术条件下，广告用户画像精确度不够，广告商也难以准确判断广告的传播效果，提升营销精准度。对于依靠广告业的传媒业而言，区块链具有的公开透明性、匿名性、可追溯性等技术特性可以帮助打击流量作弊，重塑广告生态价值链条，提高广告的精准度，使价值从中间商流向用户、媒体和广告主。

Brave 浏览器利用区块链技术开展去中心化数字广告业务，系统中使用 Basic Attention Token 作为通证激励广告商、用户和媒体的行为。Brave 浏览器一方面专注于保护用户隐私，屏蔽第三方广告和追踪器，另一方面匿名收集用户的注意力信息，用代币奖励用户观看广告的时长，同时根据用户实际广告观看时长等指标奖励广告所在的内容发布平台。浏览器收集到的用户画像可以帮助广告主更精确地了解目标客户，系统的透明性也可以大大减少广告欺诈行为，提高广告营销的效度。Brave 公司通过维护生态系统，从代币的增值中获利。在整个系统中，由于没有传统广告中介，广告主可以节省广告投放的花费，媒体可以提高广告投放的收益，用户也因为通过观看广告获得代币奖励，形成了三方共赢的高效透明的广告生态系统。

（四）加密经济下的区块链媒体：新型媒体商业模式

除了数字版权保护、整治虚假信息、打击广告流量虚胖等应用场景，很多区块链项目引入通证经济，建立加密经济社区，探索新的媒体商业模式，全方位解决传媒业面对的诸多难题。

---

① Ross Benes, “Five Charts: The State of Ad Fraud”, https: //www. emarketer. com/content/five – charts – the – state – of – ad – fraud.

1. 区块链媒体 Civil

2017 年成立于美国的区块链媒体“民用”（Civil）是业界备受瞩目的区块链初创公司，其致力于创造一个去中心化、开放性、自给自足的新闻社区。Civil 社区的激励手段是 CVL 代币，通过一套去中心化的治理规范——Civil 宪章（Civil Constitution）来实现社区自治，该宪章可以由社区成员达成共识后加以修改。社区的治理机构是 Civil 基金会（Civil Foundation）和 Civil 顾问委员会（Civil Council）。基金会相当于公司的行政管理部门，对社区运营提供支持，下设有 Civil 顾问委员会，相当于最高法院处理社区争议事件。委员会由具有不同国籍和背景的记者以及相关领域的专家组成，可以否决社区决议。但同时，若社区成员达成 2/3 以上的共识，则可以推翻委员会的决策。为了构建健康的新闻生态，Civil 制定了一套社区新闻伦理规范，包括新闻准确性、透明性、独立性、可问责性、原创性、尊重报道所涉群体并兼顾社会影响、永久保存新闻档案、保护用户数据隐私等。[①]

在打击虚假信息、提升社区内容质量方面，Civil 推出了“民用登记系统”（Civil Registry），其本质上是一份可信任新闻机构的白名单。当新闻机构、自媒体或者个人想加入社区时，需要交一份 CVL 保证金，同时填写详尽的信息，包括编辑标准、股权结构、商业模式、记者名单、保证遵守 Civil 宪章的签名等。当 Civil 社区代币持有者认为某个新闻机构有不遵守 Civil 宪章的行为时，在上交相当价值的代币后，可以随时对该机构发起挑战投票。所有的代币持有者都可以就该新闻机构的去留投票，票数多的一方决定该新闻机构是否有资格继续提供报道，并且拿走代币奖励。通过社区投票机制，社区成员可以及时剔除假新闻、失实报道、剽窃抄袭等乱象，实现良币逐劣币，维持高质量的社区新闻内容。

在 Civil 社区里，内容生产者和读者之间关系变得更加紧密，从原本只有信息的相互流通到实现价值的双向流通。记者可以就自己想做的选题向社区成员募集资金，实现内容众筹，去做一些费时费力但具有社会价值的调查

① 史安斌、叶倩：《区块链技术与新闻业变革：理念与路径》，《青年记者》2019 年第 16 期。

性报道。同时，读者可以打赏支持自己喜欢的报道，也可以就自己想看到的报道选题出价，关注人数多、出价较高的选题更容易得到编辑记者的采用。

成立三年后，Civil 于 2020 年 6 月正式宣布停止运营。Civil 的创始人兼首席运营官马修·艾尔斯（Matthew Iles）宣布公司技术团队将加入其主要投资者 ConsenSys 公司，研发新的产品。[①] Civil 失败的直接原因是资金的短缺，一直以来该公司都由全球性区块链技术公司 ConsenSys 及其 CEO 提供资金支持，但是随着区块链泡沫的破裂，ConsenSys 本身已经进行了三轮裁员，Civil 的主要资金来源便也枯竭了。Civil 基金会前主席维维安·席勒（Vivian Schiller）表示："很难说，它是走在了时代的前面，还是永远无法生存下来。"[②] Civil 失败的具体原因将在后续做部分探讨，但这个曾经被认为是"拯救新闻业"的初创公司对新闻理想的探索，仍然值得关注与借鉴。新技术的创新与扩散过程难免伴随着创新失败，但其蕴含的去中心化新闻思想、新闻众筹、维持社区内容质量的投票机制、从信息网络到价值网络的升级，仍然为应对新闻业虚假信息泛滥、公信力下降等危机提供借鉴与启示。

2. 区块链社交平台 Steemit

2016 年于美国成立的区块链内容社交平台 Steemit 是目前运营较为成熟的区块链项目，其核心思想是通过引入加密经济、奖励社区贡献行为来打造一个高质量、稳定增长、持续增值的内容社区。Steemit 社区里有三种通证 Steem、Steem Power（SP）和 Steem Dollars（SBD）来作为激励手段，支持创作者的高质量创作、促进社区成员参与内容评估与推荐。

在货币分配机制上，Steemit 改进了区块链客观的"工作量证明"，例如比特币的挖矿，采用"主观工作证明"，即证明参与者工作量的不是诸如算力这样的具有绝对客观标准的参数，而可以是一套价值观和信念，如高质量的原创内容。[③]

---

① Matthew Iles, "Ending the Civil Journey", https://civil.co/.

② Rick Edmonds, "R. I. P. Civil—Lessons from a Failed Startup", https://www.poynter.org/business-work/2020/r-i-p-civil-lessons-from-a-failed-startup/.

③ Steem, "Steem: An Incentivized, Blockchain-based, Public Content Platform", https://steem.com/steem-whitepaper.pdf.

Steem 区块中每天会将新产出代币存入奖励池，并设计了一套复杂的规则来激励社区成员参与内容生产、内容推荐、社区管理等。对于普通用户来说，对原创内容的“赞”（upvote）和“踩”（downvote）等行为皆是一种投票，决定了内容的排序和曝光度。受到更多人点赞和支持的内容将得到更多曝光度，同时内容创作者也会因此得到经济奖励。在这个过程中，普通用户也可以通过简单的点赞、踩等操作获得相应奖励，越早发现优质内容、或越早识别虚假信息的“慧眼”用户将得到更多的奖励。

在虚假信息和剽窃内容治理上，由于区块链具有信息不可篡改性，创作者发表的内容会永久留存在系统里等待检验，而经济激励会促使用户积极发现并“踩”破坏社区规范的帖子。在恶意帖子处理阶段，Steemit 引入声望权重指数和代币处罚双重机制。声望权重指数代表用户的信誉度，与用户参与生产和发现优质内容、参与识别违反社区规范的帖子的操作息息相关。如果一个用户发布的帖子被很多人“踩”，其声望权重指数会相应降低，而其积累的平台代币也会随着声望指数的降低而价值缩水。①

综合以上两个区块链媒体案例，可以发现一些共同点。它们都是以加密经济作为平台治理手段，肯定社区生产性和维护性行为的价值，并根据参与者贡献的大小进行定价，用经济手段激励参与者持续输出建设性行为，由此促进社区朝着制度设计者预定的方向自行运转与发展。对于加密经济而言，项目的盈利主要是通过平台代币的增值，依靠用户社区规模的持续增长和来自用户、投资者等的信任，因此为媒体的非广告业务模式开创了可能。

在区块链社区中，个体可以拥有多种角色，原本内容生产者、分发者和消费者之间泾渭分明的关系被重构、融合并转化为互利共赢的关系，而其之间的信息流通网络也由于加密经济、智能合约的存在升级为价值的流通网络。在 Civil 社区里，原本的读者可以兼有读者、事实核查者、内容众筹者等多重角色，Steemit 的普通用户也可以参与内容生产、评价和排序等

---

① 马强、林浩瀚：《基于区块链技术的网络谣言治理模式探析——以新闻平台 Steemit 为例》，《新闻论坛》2018 年第 4 期。

多种工作。这种身份转换的自觉性靠加密货币的经济激励驱动，在社区各方参与信息传播过程之上，实现了价值在社区内部的自由流动。在这张错综复杂的价值网络上，每个参与者之间更多是互利共荣的关系。一个稳定增长、高质量的社区关系到代币的价值增长，也因此与每个参与者的利益息息相关。

由于区块链具有去中心化和开放的特性，区块链社区里往往依靠用户完成原本由中心化实体所做的任务，如机构准入审查、事实核查、内容排序和内容众筹。通过社区投票机制，参与者根据社区规范选出自己信任的内容、剔除不被认可的实体。在这个过程中，信任测评权、编辑策展权等权利从传统中心化机构下放给社区成员，建立起基于共识机制和技术信任的社区自治体系，体现了智媒时代“汇聚众智、推进众治”的理念。

三　区块链技术在传媒业的发展局限

区块链技术以其去中心化、公开透明、自信任、信息不可篡改、隐私保护等技术特性为传媒业的版权保护、虚假信息治理、打击广告流量虚胖、提升媒体盈利能力等诸多议题做出了相应的探索，但我们仍需要看到新兴技术本身存在的技术不成熟、与社会现有架构和认知存在磨合等现实因素，理性对待区块链技术的创新与局限。

首先，区块链产品的使用门槛相对较高，尤其是引入加密货币的项目，参与者需要购买相应平台代币进入社区，而加密货币本身负面新闻不断，具有一定风险性，一定程度上成为新用户增长的障碍。此外，利用经济手段激励社区用户固然有吸引力，但设计方案对项目的成败至关重要。Civil 和 Steemit 项目中价值网络的建立使微支付、内容打赏越发便捷，但是 Civil 采取内容消费者直接向内容生产者付费的方式，而 Steemit 选择让系统算法根据用户贡献大小使用代币分配的方式。前者的小费模式由于内容价值评估较难、用户需要从自己口袋中掏钱，在相对优势并不明显的情况下很容易将读者赶向不需付费、操作更简单的内容替代产品。而 Steemit 模式中用户只需要像在其他平台一样点赞便可奖励创作者并为自己赚取代币，不必做出关于消费的决策，因而更容易留住用户。或许这也是 Steemit 仍在正常运营，而 Civil 遭遇滑铁卢的一大原因。

其次，对于版权保护区块链项目，其在内容的确权、用权和维权方面的确大有可为，但是只是解决了完整内容的认证问题，对于争议性更大的“融梗”“洗稿”等现象则需要健全相关治理体系，仅靠区块链不足以解决行业深层问题。在区块链的哈希算法下，仅仅是个别字词的改动也会导致最终生成的哈希值不同，因此对于经过精心剪裁过的文章，区块链项目只能提供原稿的版权证明，在维权环节降低取证难度，但最终抄袭的认定还需要人工进行意义的解读和判定。此外，区块链的信息不可篡改性并不代表内容的绝对真实，仅代表数据上链之后的不变性。如果上链内容本身是虚假的、非原创的，区块链项目并不能拨乱反正，因此需要数据上链之前的鉴定环节来保证内容的真实性和原创性。此外，版权认证技术标准不统一也会影响行业发展。当前国内领先的版权保护区块链项目如原本、亿书、版权家等分别有自己的版权认证体系，版权认证的不兼容也给行业的长期发展带来了隐患。①

最后，由于区块链技术还在发展初始阶段，其在技术和业务方面还面临诸多挑战。在性能和容量方面，区块链的发展需要解决去中心化程度和共识机制的性能效率之间难以两全需要进行平衡的问题，并权衡存储容量和处理性能之间的关系。② 此外，区块链技术的安全性和稳定性还有待提高。智能合约使信息互联网到价值互联网的升级成为可能，但同时安全漏洞也给区块链上的价值流通活动带来了相应风险，需要做好风险防控和规避。

虽然区块链技术自身还不完善，很多区块链项目轰轰烈烈地开始，却悄无声息地结束。但技术会进步，无数项目的成败也为技术的适用场景逐渐厘

① 张永恒：《区块链与数字出版：机制、前景与挑战》，《人民论坛》2019 年第 33 期。

② 唐文见、吕雯等：《区块链将如何重新定义世界》，机械工业出版社，2016，第 76 ~ 77 页。

清了方向和边界。区块链技术在传媒业的应用探索，为版权保护、虚假信息治理、打击广告流量作弊、探索新型媒体商业模式等方面提供了崭新的解决方案，为媒体的融合发展提供创新思路和可能的路径。未来我们还需要进一步提高技术成熟度，积极引导区块链技术与现行经济、法律、技术架构相适应，使这项新兴技术为传媒业的创新发展发挥更具建设性的作用。

B.8
新媒体推动全球传媒管理“中台”战略创新发展报告

赵行知　姜　飞*

摘　要： 作为管理思维和技术维度的双重创新，“中台”思维已经在互联网、金融银行业等多个行业完成了初步探索，跨领域和高速率地渗透入媒体的日常管理和架构创新实践中去。它不仅反映出全球的传媒体系已经从单兵荷枪实弹到集成系统分发的趋势，还促进了媒体融合和智能发展进入新的阶段。“中台”思维在全球传媒管理的跨界实践仍处于初步阶段，其中“中台”红利在何处发挥作用，其困难和迁移难度以及创新策略仍需要业界的深度实践和持续探讨。

关键词： 中台　传播技术　媒体融合　传媒管理　技术革命

在人工智能新时代下，飞速发展的大数据和数字技术不但助力业务发展和服务升级，同时也不断地解放企业以及媒体关于管理思路和发展前景的想象力。中国头部互联网企业争相实践而作为集团架构改革引入的“中台战略”，其背后具有极大迁移意义和渗透性的“中台”思维正浸入传媒领域的媒体融合和智媒发展之中，并将对全球传媒管理有着极大的意义。

---

* 赵行知，北京外国语大学国际新闻与传播学院硕士；姜飞，北京外国语大学国际新闻与传播学院院长，教授，博士生导师，主要研究方向为跨文化传播、新媒体观察、传播学理论、传播思想史。

2015 年底，阿里巴巴启动“中台”战略，构建符合 DT 时代的更具创新性、灵活性的“大中台、小前台”的组织机制和业务机制。中国头部互联网企业紧随其后，腾讯、京东、美团等都从管理架构和技术支撑两方面多层次地搭建中台，而数据平台企业也陆续提出“中台”战略，使中台不仅作为一种架构设想，更成长为一个潜力巨大的数字服务行业。艾瑞咨询研究院 2019 年的《中国数字中台行业研究报告》显示，中国数字中台的市场正以极大的增势扩张，行业的规模明显成型。2018 年，中国数字中台规模为 22.2 亿元，并在 2019～2022 年保持 72.1% 的复合年均增长率，2022 年将达到 179.4 亿元，未来将成长为千亿级别市场。①

虽然中台作为一种战略性方案在全球率先由中国互联网企业高调提出，但国际领域并无清晰而准确的定义。最早的“中台”思维近似于美军的精兵作战模式。从“二战”时期到越战再到中东战场，美军的作战单位逐步由军，到营，再到 7 或 11 人的极小班排，“小前端”的灵活性显著提高归功于背后强大的中台炮火群，而由此就足见“中台”思维的作用。

传媒产业在技术赋能的当下，信息生产、采集和分发不但已被重构，媒体信息数据的储存、复用和创造力也面临挑战；以用户为中心的智媒体前端能否在新一轮技术浪潮中，与后端的自身能力高度匹配？技术持续领跑，而传媒产业响应用户需求的服务与配合速度就有了更高的要求。这不仅是传媒领域面临的数据与业务孤岛困境，更是众多依托大数据产业发展的行业共性问题。

因此，最早在军事用途中脱胎而出的“中台”理念，现如今已经在金融、物流、数字政府以及互联网医疗等多个领域发挥作用，而其中最为突出和亮眼的，当是“中台”思维革新在泛传播领域的“互联网 +”行业的创新。那么作为具有传播特性和使命的传媒领域，“中台”在传媒管理中发挥

① 《中国数字中台行业研究报告　企业数字化转型的加速引擎》，载《艾瑞咨询系列研究报告》（2019 年第 11 期），上海艾瑞市场咨询有限公司，2019，第 405～459 页。

着什么样的作用？已有的全球传媒管理中正在如何发展“中台”思维，实践“中台”战略？其间有哪些困难与迁移难度？传媒管理的“中台”策略又将如何创新和展开？本文将对“中台”的概念由来和新兴产业的应用做出综述，并对以上问题进行逐一梳理。

一 关于中台

（一）“中台”的缘起与概念

自古以来，中国就有“中台”的概念，早在秦汉时期，中台就作为尚书省的代称，与谒者外台、御史宪台并称为“三台”，除了古代官署名称，也有官职代称的说法。虽然与现代我们接触到的“中台”概念相去甚远，但在架构上的意义有着异曲同工之妙。当下，“中台”的概念是常被引用于企业中的术语，与前台、后台对应，在一些系统中，也被看作被共用的中间件的集合。常见于网站架构、金融系统。①

近年来，“中台”不但是业界热词，更引发了许多相关的概念研究。但其研究概况，还是处于纷繁复杂、边界不清的状态。许多自媒体和网络文章试图解读清楚“中台”这个概念，数量庞大但均存在概念定义不清、缺乏标准架构模型、无法界定“中台”与平台或大数据之间的区别与联系、专业科学的信息化分析不充足等问题。因此关于“中台”的英文表述也众说纷纭，经整理主要有三种。

首先，在金融领域，“中台”的定义似乎更早一些，在国外被称作 middle office。银行中台的功能主要是负责不直接面对客户的业务管理和产品支撑，为前台工作提供支持。金融行业的中台处于前台和后台之间，在功能和标准上较为简单化；在这种提法中，进一步延伸把数据中台的英文定义为 Office 而不是平台（Platform），说明它并不是一个纯技术上的概念，数据

① https：//baike. baidu. com/item/%E4%B8%AD%E5%8F%B0/5570243#viewPageContent.

中台需要技术，但绝不仅仅是技术。①

其次，2019 年 11 月，在 Gartner② “中台” 的 PPT 介绍中，“中台” 的英文翻译为 “Middle Platform”，其中对于中台的理解为 “Packaged Business Capability”，即封装的业务能力，因此它所对应的单词和 “平台” 是相同的，都是 platform。由 platform 的含义，我们不难得知，它的作用主要是连接、沟通。不过，与一般的 platform 不同，中台是构建于企业内部的，位置处在前后台之间，故而得名。③

关于 “中台” 思维，虽然渊源可以追溯自美国的军事指挥理念，但在应用层面仍然是中国的互联网企业阿里巴巴率先作为战略提出，是为数不多的诞生在中国的技术和理念，因此第三种提法是将中台直接译为 “Zhong Tai”。

“中台” 思维最初的用途，应该是展现在军事指挥上。在现代战争中，军队的单位变得越来越小，不同军种间的微观配合变得越来越频繁，因此在传统的指挥模式和这样的特点不适配的情况下，美军率先发明了指挥中台来适应变化，对前方作战单位进行统一协调。在多场局部战争中，这种中台策略都发挥了重要作用。④ 后来，这种方式提炼为一种思维逐步迁移至企业的管理中。

2015 年年中阿里巴巴集团高管前往北欧芬兰赫尔辛基的 supercell 游戏公司进行考察，号称是世界上最成功的移动游戏公司在架构上采用了具备强大中台能力的系统，使其可以作为 cell（细胞）一样的小团队轻量运作，凭借其快速试错和低成本高效率的模式优势释放出将 cell 转化为 supercell 的盈利能力；2015 年 6 月，软银收购了 Supercell 22% 的股份，估值高达 55 亿美元。当时 Supercell 拥有大约 150 名员工，平均每人创造了 3600 万美元的估

① https：//www. leiphone. com/news/201912/z9puIcbtFOQfGvPx. html.

② Gartner（高德纳，又译顾能公司），全球最具权威的 IT 研究与顾问咨询公司，成立于 1979 年，总部设在美国康涅狄克州斯坦福。它是第一家信息技术研究和分析的公司。

③ 陈永伟：《备受互联网巨头追捧的数字中台究竟是什么》，《科技日报》2020 年 1 月 22 日。

④ 陈永伟：《备受互联网巨头追捧的数字中台究竟是什么》，《科技日报》2020 年 1 月 22 日。

值。[①] 此后，阿里巴巴借鉴了其结构模式，开始推行“大中台、小前台”的模式和中台战略机制，率先提出了“中台”的概念和思路。随着实践中不凡的收效，腾讯、京东、字节跳动等互联网头部企业纷纷跟进中台建设，腾讯在2019年5月21日召开了全球数字生态大会，会议上腾讯高层提出“开放中台能力，助力产业升级”的口号。深入业务，重整架构打先锋，从此进一步推进了企业的数字化改革，中台正式进入大众视野。

2019年被许多人称为“中台元年”，一方面，中台战略走出行业壁垒，在多个领域展现力量，另一方面，在生活中，“中台”也逐渐被更多普通人理解和认识。百度指数显示在2019年5月之前，“中台”这个词甚至没有被百度指数收录，然而，2019年5月底6月初突然搜索量暴涨，之后“中台”一词的热度就一直居高不下；而在谷歌指数中2019～2020年的搜索频次也到达五年来的最高值，并且全球领域该词汇的无关搜索量较多，有效代表该概念的搜索量集中在中国的互联网以及通信领域（见图1和图2）。

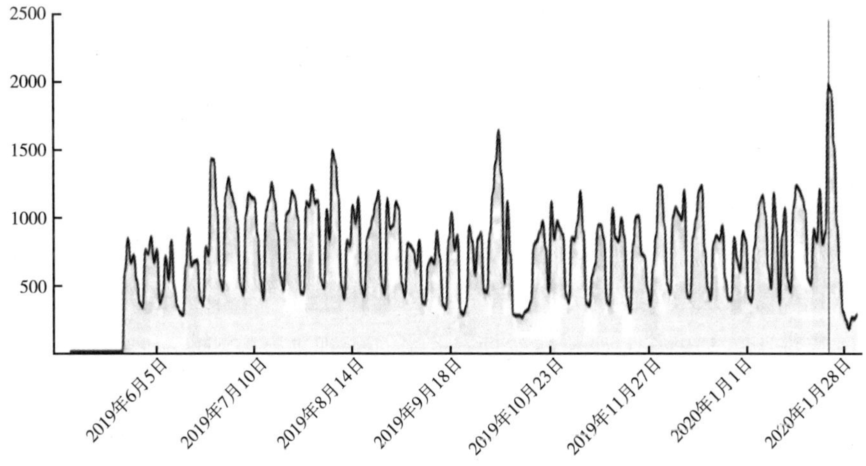

图1　2019年至今“中台”在百度指数呈现搜索频次

① 何菲：《中台战略能否重构阿里》，《IT经理世界》2016年第6期。

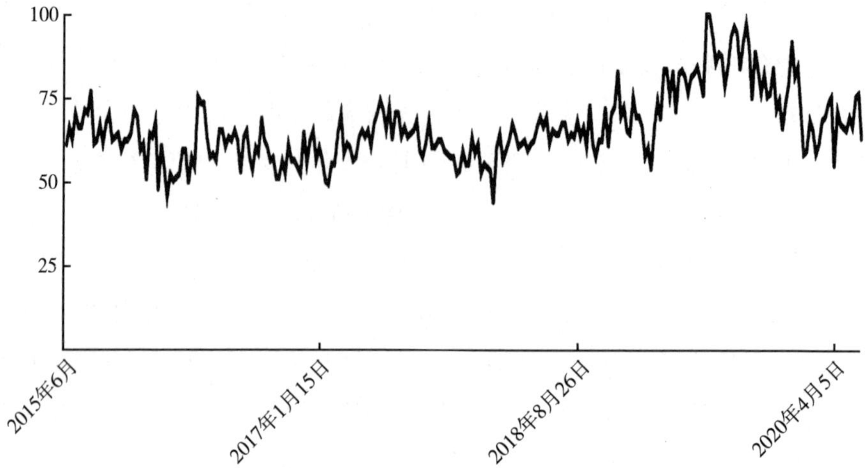

图 2　2015～2020 年“中台”在谷歌指数呈现搜索频次

资料来源：https：//trends. google. com/。

仅从架构技术类型上看，在互联网企业中，中台的搭建方式纷繁复杂。中台系统最常见的模式有数据业务双中台、移动中台、技术中台、研发中台、组织中台等。

例如在阿里的体系中，中台被区分为六种，分别为业务中台（提供能重复使用服务，例如用户中心、订单中心之类的开箱即用可重复运用的能力）、数据中台（提供数据分析能力，帮助从数据中学习改进，调整方向）、算法中台（提供算法能力，帮助提供更加个性化的服务，增强用户体验）、技术中台（提供自建系统部分的技术支撑能力，帮助解决基础设施、分布式数据库等底层技术问题）、研发中台（提供自建系统部分的管理和技术实践支撑能力，帮助企业快速搭建项目，并为管理进度、测试、持续集成、持续交付等功能提供支持）、组织中台（为项目提供投资管理、风险管理、资源调度等，在企业中也被视为决策中心）。

现在腾讯、华为、滴滴、京东、美团等企业都开始纷纷涉足中台的建设，但是它们的架构和应用类型都和阿里的中台有着显而易见的差别。经过不断演化，业务中台、数据中台以及部分互联网公司的技术中台成为较为主流的中台类型。

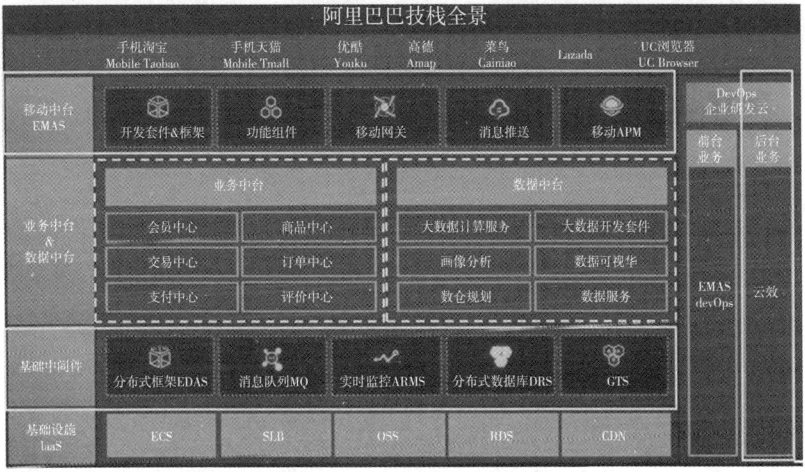

图3　阿里巴巴技术栈全景（包括中台组织架构）

资料来源：http：//www. uml. org. cn/zjjs/201911134. asp。

而“中台”概念在多个领域内的使用和迁移，也产生了诸多变种和周边概念，微观上指中介化技术平台的框架思路，中观上更多是作为行业中的一种架构位置分布，而宏观上则是一种改善业务前后配速的思维路径。

从中观的概念界定来看，在金融银行业，中台是通过分析宏观市场环境和内部资源的情况，制定各项业务发展政策和策略，为前台提供专业性的管理和指导，对银行业务进行风险控制，其职能范围往往包括风险管理（信贷管理）、计划财务、产品开发、渠道管理、人力资源管理、战略规划等；而在证券公司，风险管理和合规部算中台，有些公司甚至把对业务部门事故评级和奖惩都放在中台部门；而在上述的宏观视野下，中台仍然作为一种数字化银行的转型思路存在，例如在银行体系数字化转型中，中国农业银行研发中心提出了“薄前台、厚中台、强后台”的 IT 架构体系，突出平台化共享思维，强化服务复用能力，提升业务响应效率，搭建成为一种前台轻量、中台共享、后台支撑的 IT 架构体系（见图4）。[1]

① https：//new. qq. com/rain/a/20190819A038FH00.

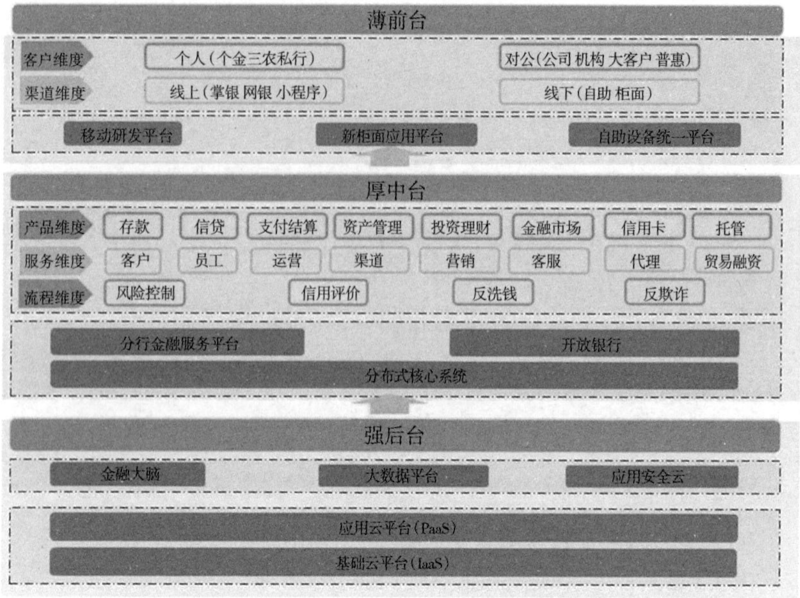

图4　中国农业银行“薄前台、厚中台、强后台”IT架构体系

资料来源：http：//www. ctoutiao. com/2286513. html。

在物流运输行业，中台的概念与PMC（物料计划管理）理念相近，PMC即Production Material Control，指对生产计划与生产进度的控制，以及对物料的计划、跟踪、收发、存储、使用等各方面的监督与管理和呆滞料的预防处理工作。PMC部门主要有两方面的工作内容：PC（生产计划、生产进度的管理）与MC（物料的计划、采购、跟踪、收发、存储、使用等各方面的监督与管理，以及废料的预防与处理工作），[①] 在这两者之间也存在承前启后的“中台”思维（见图5）。

在创业公司的发展过程中，企业中台则更多被看作企业数字化转型和优化升级的必经之路。企业中台的技术本质是共性与个性分离，其中共性体现在中台架构层，具有共性业务抽象、业务逻辑解耦、业务数据隔离、分布式技术架构等特点；而个性化体现在前端应用：快速组合服务、个性业务扩

① https：//baike. baidu. com/item/PMC/302128？fr = aladdin.

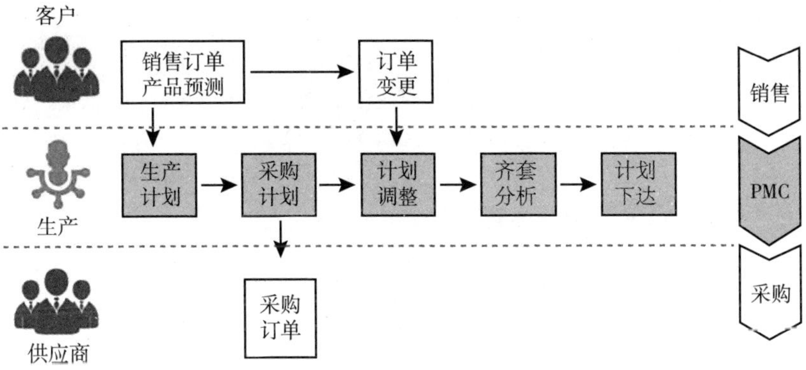

图 5 PMC 运作结构（类“中台”）

资料来源：https：//timgsa. baidu. com/timg? image&quality = 80&size = b9999 _ 10000&sec = 1591251610260&di = ce63134d437c4eb8a18fb8703cbcebe5&imgtype = 0&src = http%3A%2F%2Fwww. erpsk3. com. cn%2Fimages%2Fproducts%2FPMC. png。

展、灵活业务适应。[①] 对于企业来说，软件建设无比重要，法国建造了著名的“马奇诺防线”，其建筑结构非常像传统软件的典型架构，具备按业务职业模块化的特性（见图 6），按照阿里中间件首席架构师钟华的说法则是“刚性有余，柔性不足”。

“中台”思维指导下的战略和架构正在从互联网行业、新零售行业向其他行业及各细分应用领域延伸扩展，在深入挖掘行业属性的同时探索具体落地方案。[②] 其中在 2019 年重点的延伸领域中，媒体领域就呈现巨大的尝试空间。其中中台搭建作为智媒体发展的三大趋势之一，主要依托互联网技术平台本身和传统媒体两个平台发力。

前者大多已经成功建设了中台，例如字节跳动的“大中台、小前台”

① 引自网络：阿里中间件首席架构师——钟华（古谦），在云栖大会上的分享，原主题为《企业核心业务数字化转型最佳实践》，https：//blog. csdn. net/yellowzf3/article/details/102617750? utm_ medium = distribute. pc_ relevant. none - task - blog - BlogCommendFromMachineLearnPai2 - 3. nonecase&depth_ 1 - utm_ source = distribute. pc_ relevant. none - task - blog - BlogCommendFromMachineLearnPai2 - 3. nonecase。

② 《中国数字中台行业研究报告　企业数字化转型的加速引擎》，载《艾瑞咨询系列研究报告（2019 年第 11 期）》，上海艾瑞市场咨询有限公司，2019，第 405 ~ 459 页。

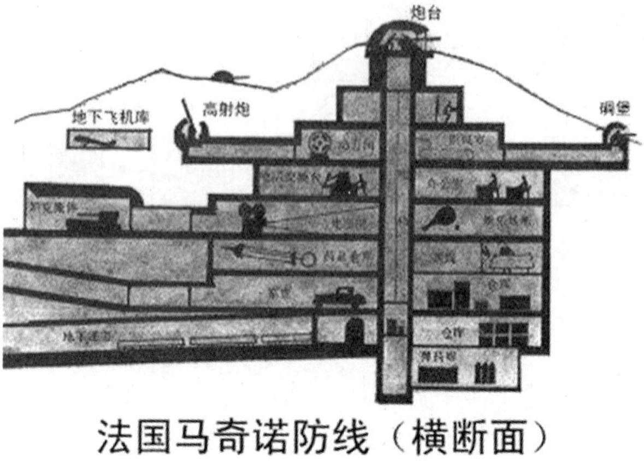

图6　法国马奇诺防线建筑结构示意

逻辑、腾讯搭建的腾讯云融媒数据中台以及百度可复用中台等；而后者也在其积极打造的智媒体中介入中台建设，其中早在2015年，苏州广电就开始了相关实践。传媒集团要真正搭建智媒体实现智能化转型，就需要打造智能化的中台以更好地响应用户需求，重点是数据中台、业务中台和技术中台。①

综上所述，不论“中台”的概念在多个领域如何迁移使用，其实质都是为了承接前台：更好衔接和响应用户以及满足用户需求，启托后台：将终端和业务的公共服务整合汇聚，实现高级别的能力复用的平台，力图在建设上兼具“可复用”与“易复用”，做到业务响应力与服务满意度双向的能力聚合，同时在传媒领域做到受众接纳效率和内容服务质量双向的功能复用。

（二）“中台”思维兴起的原因

“中台”的内涵由三层含义构成：一是快速响应需求变化的管理模式或理念；二是人员、组织结构、部门职能的调整提高效能；三是在数字化层面

① 郭全中：《智媒体发展三大新趋势》，《新闻战线》2019年第23期。

上技术和业务等能力进行跨业务单元的整合沉淀。

“中台”思维之所以具有强大的渗透性和广泛的迁移适用性，正是因为，在企业和行业的数字化转型和发展中，存在共性的问题；而“中台”思维在不同领域的复杂呈现以及其难以定义、标准模糊正是来自实践“中台”思维的个性。“中台”的产生恰是共性的原因与个性的发展的综合催生。其中，使中台思维应运而生的背景和问题来源于管理、技术两个层面。

1. 管理：激烈的竞争环境与僵化的对接管理

不论是互联网企业还是传媒产业，在初创阶段，都集中精力于将部分产品做到精专，首先“一炮而红”个别的精品内容板块，往往围绕该板块的一套前台和后台的运转小而精，轻便又灵活。然而随着市场的进一步扩大，用户需求随着市场的扩大而升级，创作规模也随之增大，整体体现出更加丰富和多元的特点。因此对于前端产品和服务的创新就会愈加迫切，为了开启新业务和新服务，随之而来的就是一套又一套后台配置和基础设施的成本投入，然而，相似业务的后台服务非常同质化，平台建设投入的经费和资本也愈加不菲，试错成本也越来越高。例如在传媒产业中，配合新业务的新平台的存在一方面实现了对各自业务的支撑，另一方面也使数据孤岛、技术孤岛和重复建设成为常态。

互联网中，企业倾向于使用平台化的商业模式，同一个平台企业往往会面临多个不同的市场，分处在不同市场的业务很可能差异巨大。其很可能导致不同业务之间的工作人员缺乏沟通，使企业内部合作很难进行，企业合力难以发挥，这就需要在企业内部由一个数字中台来实现部门间的沟通，打破部门间的隔阂。①

而架构中过于厚重的前台服务，就像是带满装备的单兵，不但协调性差，调整难度也非常高。一般来说，后台和前台之间的脱节，如果应用后台调整，解决的核心问题是企业管理效率问题，并不能很好地支撑前台快速创

① 陈永伟：《备受互联网巨头追捧的数字中台究竟是什么》，《科技日报》2020 年 1 月 22 日。

新响应用户的需求。①

僵化的管理困境无法将自身能力与用户需求对接，另外，企业业务中交叉的平台建设和数据投入是成本和运作成果的双重浪费。企业各部门、各市场之间数据的不流通，数据集纳标准不一，“数据孤岛”比比皆是。久而久之，固有的前台 + 后台的响应系统不足以支撑更加激烈的竞争环境，数据的重复和浪费也在消耗管理系统的灵活性。

2. 技术：迭代更新的技术革命与失衡的配速模式

人工智能时代来临，显然技术的革新速度和升级换代以指数级上升，逐年都有数字技术的进步使用户改变传播习惯，迫使企业和媒体更新传播方式。其中最为明显的就是移动互联时代，直接将传播和注意力争夺的主战场转移和分散到了大大小小的移动端屏幕上，作为媒体和企业势必会转移阵地，拥抱智能。而技术的革新催生前台产品大量增加，对于海量的数据、个性化的用户以及多样的业务服务，后台的处理、存储、创造力都存在响应迟缓的问题，因此出现了前台规模化创新，后台无法跟进的配速难题。

另外，互联网产业的特点也揭示了平台商业模式的诸多弊端。采用平台模式的企业常会通过“平台包抄”战略，借助在原有市场上的优势进入新的市场，这就意味着企业随时可能“长”出新的业务线，使原有的组织架构难以适应新变化。② 中台的出现就可以在维持企业架构稳定的前提下，护航业务的发展。

因此中台建设根本上是为了在技术层面，解决用户响应力的困境，有效解决快速变化的前台与变化较慢的后台之间的配速难题。

3. 传播：生产与传播的区隔亟须打通

面对互联网化的业务和技术的智能化推进，在互联网数字化转型过程中，存在业务高速发展、渠道却效能不足的问题。而这个问题在传媒领域，

---

① 郭全中：《智媒体构建中的中台建设》，《新闻与写作》2019 年第 11 期。

② 陈永伟：《备受互联网巨头追捧的数字中台究竟是什么》，《科技日报》2020 年 1 月 22 日。

展现为媒体全面融合的时代，媒体融合不断深入，不同媒体形态所产生的数据和不同的渠道分发所运用的技术出现了重复部分，如何利用新的技术手段将数据与技术进行组合复用，有效地解决媒体数据孤岛的问题，成为传播领域媒体集团考虑的关键。

2018 年，央视网提出数据中台战略，要用数据链打通数据和传播，央视节目官网积极响应，并结合平台情况协助提出解决方案和所需支撑。[①] 央视节目官网进一步按照数据中台战略规划，在五端（PC 端、移动端、OTT 端、IPTV、手机电视）编目统一、共享资源池建设、内容标签建设、大数据平台建设、智能推荐、搜索建设项目中积极跟进项目进度，梳理需求，协助提出解决方案，打通央视视频的生产和传播链条。[②]

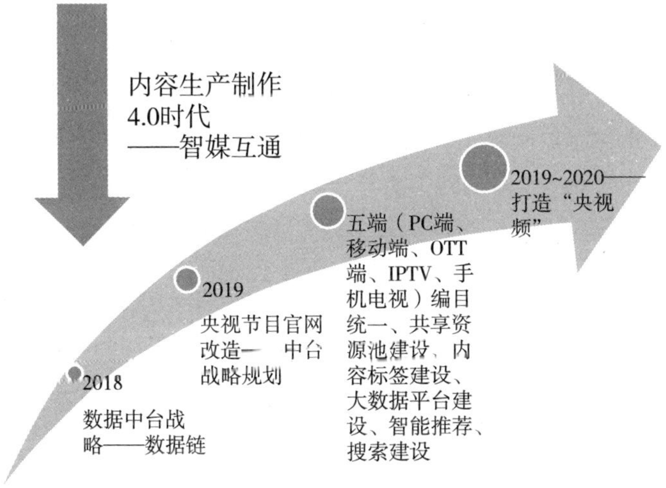

图 7　智媒互通 4.0 时代央视网及央视频的“中台”思维推进图示

随着智能媒体的发展，内容生产制作已经进入 4.0 时代，融合媒体的内容需求量开始井喷式增长，不同的端口生产不同形式的内容，因此内容生产的工作量也开始迅速爬升。在此背景下，生产和传播之间旧有的架构就产生

① 晋延林：《融媒体时代央视节目官网升级建设与创新》，《电视研究》2019 年第 4 期。

② 晋延林：《融媒体时代央视节目官网升级建设与创新》，《电视研究》2019 年第 4 期。

问题，上海广播电视台在实践中梳理了技术系统，认清了人工智能的发展阶段，研究了微服务框架，借鉴“中台”思维，搭建了服务于广播电视系统的智能服务中台。①

（三）“中台”思维的传播意义与效果

1. 丰盈主体：媒体数据赋能

戈夫曼在《日常生活的自我呈现》一书中提出了“拟剧理论”（dramaturgical theory）。在传播学视域中提出了“前后台”的概念和区分的意义，一方面“前台”是对“后台”中隐藏的部分行为的选择性呈现；另一方面，通过前后台构建出一个权威和距离感的空间，其间充满了权力的争夺和策略。梅罗维茨进一步把“前后台”区分为“前前台”、“中台”和“深后台”，他认为在电子媒介中，“前台”和“后台”是坐标轴式的分布，“前台”与“后台”分别代表坐标轴上“正式”和“即兴”两个相反的面向。从“前台”到“后台”的过渡地带被称为“中台”，“中台”的行为模式“包括最初的台上和台下行为模式的元素，但又缺乏两种行为模式的极端行为”（见图8）。②

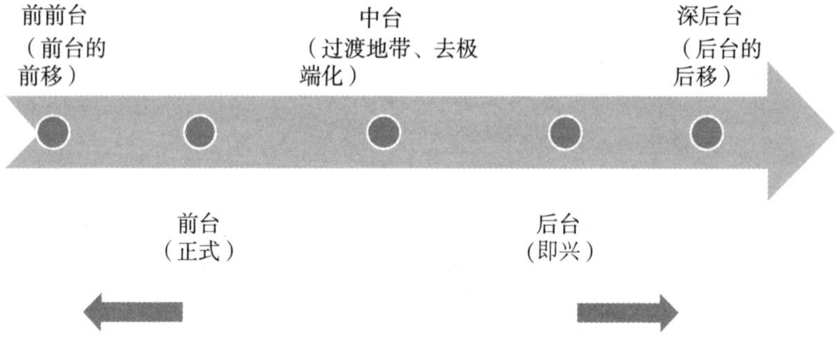

图8　传播学视域的前后台互动（梅罗维茨）

① 黄海峰：《广电制作的智能化之路——媒体内容智能化生产服务中台的演讲》，《现代电视技术》2019年第12期。

② 王斌、李岸东：《隐蔽的“深后台”：开放式新闻生产中的传受关系——以〈中国青年〉对卓伟的报道为个案》，《国际新闻界》2018年第4期。

而在梅罗维茨的视野中，前中后台的区域是横跨在信息的收受双方之间的，中台的存在让渡出了受众参与创造新闻和分发的自由空间。互联网场景中的新闻媒体“中台”包括两部分：一是网络评论，二是新闻机构和从业人员的社交媒体账号。[①] 而在传媒管理的场景中，“中台”则撕出了另一方进入传媒集团的入口，那就是数字中台的技术搭建。

原本传媒管理中关于信息数据的管理，如央视网使用的是传统的数仓平台——ETL（Extract-Transform-Load），将业务线中的分散、零乱、标准不统一的数据整合到一起。随着业务线增多，需求变化加快，通过一个个单一的ETL代码匹配一连串业务场景显得捉襟见肘，通过技术平台转变为One Data体系原则，数据模型主要分为三个层次，分别是ODS（Operational Data Store）操作数据层、CDM（Common Dimensions Model）公共维度模型层、ADS（Application Data Store）应用数据层，三个层次自下而上，逐级递进，各层次之间高内聚低耦合，公共层承上启下，业务逻辑下沉，避免了应用层存在过多烦琐的业务逻辑实现（见图9）。[②]

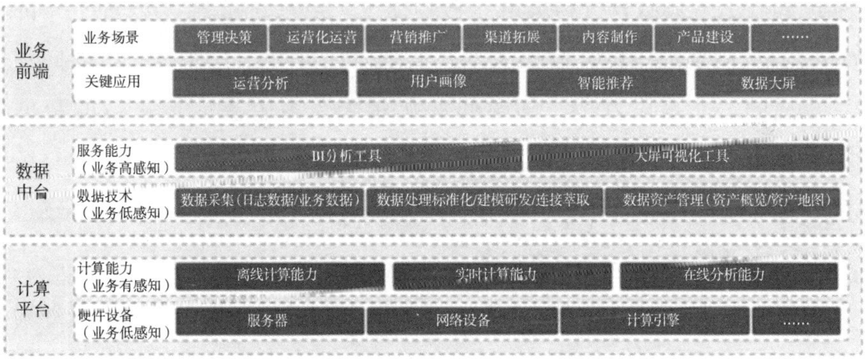

图9　央视网的数据中台实践示意

资料来源：http：//www.cctvpro.com.cn/2019/08/06/ARTI1565072227097824.shtml。

① 王斌、李岸东：《隐蔽的“深后台”：开放式新闻生产中的传受关系——以〈中国青年〉对卓伟的报道为个案》，《国际新闻界》2018年第4期。

② 钱蔚：《央视网 先网后台，下好台网融合一盘棋》，《网络传播》2019年第2期。

除了借鉴互联网数据平台的切入，更有效的是有了合作搭建中台系统的第三方机构，传媒管理主体的技术压力和管理程序被排解，这方面已经有了很多有效的实践。2019 年 6 月 20 日，东软在北京正式发布基于中台战略的 Newsroom 融媒体平台，其将各个业务应用系统中通用的业务能力“沉降”到中台层，确保前台业务层能够快速进行创新迭代。另外赋予业务应用更强的灵活度和更低的变更成本，从而更好地为前台业务应用提供强大的“能力炮火”支援，目前已经与《人民日报》、新华社、中央广播电视总台、国家新闻出版署、《中国日报》等媒体合作，保证其业务的快速创新和可持续化运营。①

2. 全新渠道：激活数据活性

数字化是媒体企业转型的关键，而媒体数据价值是其中最为重要的一环。旧有的架构模式下，数据孤岛和技术孤岛情况严重，因此数字中台的建设区别于以往的数据仓库，比简易的数据存储更有开放性，也有别于“平台”的集约化呈现，更具有数据处理的灵活性。

数据仓库已经经历了 4 年多的发展，广泛应用于大型商业企业，帮助业务人员和高层人员做分析和决策。它起源于决策支持系统（decision support system），其展现形式更多以报表方式实现。因此数据仓库是一个面向主题的、集成的、非易失性的，随时间变化用来支持管理人员决策的数据集合。② 而数据中台的搭建由于脱胎于互联网，有着天然的传播特性和复杂多样的业务需求，因此延伸出一整套生态化的数据服务，另外，中台系统也远比数字仓库的结构更系统、更复杂。

数字中台相对于平台来说具有一定的业务属性，不仅仅是摆放服务扁平化的平台。其响应速度非常快，敏捷精准地针对业务端，提供最贴近一线的接应服务。具有全域数据互联的特征，数据重复和精准度高，相对于平台来说，数字中台难以产出标准化的产品。因此，相对于平台，中台更像是一个指挥中心，便于让听得到炮火的士兵都加入战斗。

---

① https：//www. neusoft. com/cn/news/html/20190620/7363164647. html.

② 谭虎：《详解阿里云数据中台》，《中国信息化周报》2019 年 10 月 28 日。

3. 打造媒体航母：为媒体转型提供动能

2018 年，习近平总书记对中央广播电视总台提出了努力打造具有强大引领力、传播力、影响力的国际一流新型主流媒体的明确要求。2019 年 11 月 29 日，央视副台长孙玉胜在中国新媒体大会的主题演讲中介绍了中央广播电视总台台网并重、先网后台、移动优先的战略，并在微观层而建立中台，也就是 5G 新媒体平台。在 2019 年依托这一中台，总台打造了有品质的视频社交媒体——“央视频”。

作为方法论的微观层面，“中台”思维也落地于媒体的转型改革，在塑造一流主流媒体中发挥着重要作用。这说明着两重价值，第一重价值在于媒体转型中唤醒资源的方式来源于技术；第二重价值在于依赖技术的盘活方式需要“中台”思维，顺应媒体发展规律。中央广播电视总台作为第一个建立中台的主流媒体，已经开启媒体从融合到智能化的全面转型。

总台成立之初，台长慎海雄就与 BAT、华为进行了密集交流，释放出向腾讯和阿里等互联网巨头借力的发展信号。总台由此开始通过更顶层的组织设计改革来组建一个更强有力的“媒体航母”，以提升自身以及整个广电系统的能动性与执行力。

二　新兴产业平台的运用

2015 年阿里巴巴集团 CEO 张勇（逍遥子）向公司全体员工发出一封公开信，宣布启动中台战略。从“中台”概念的出现和阿里中台的落地实施，到目前为止腾讯、百度、京东等著名企业纷纷进行中台建设，许多公司开始将建设中台作为解决公司各类需求的核心环节和办法。不少企业也希望通过中台的帮助迎来更好的发展。在全球传媒产业中，中外均有采用“中台”思维运作的主体，以搭建中台架构和技术的方式分为两类：互联网新兴产业平台均已成功搭建中台系统；其余媒体集团以合作模式引进中台技术，完成中台化改革。

例如央视网与阿里巴巴深度合作，阿里巴巴副总裁庄卓然曾表达：“央视网数据中台是阿里巴巴数据中台建设经验与央视网业务实际相结合的成果。央视网数据中台战略落地过程中，阿里云数据中台的团队与央视网团队，对数据运营的价值不断深挖，为项目的成功奠定了牢固的基础。”① 在2018年俄罗斯世界杯足球赛直播期间，阿里巴巴通过与央视网的合作，为数据如何业务化，让数据产生更大的价值提供切实案例，让数据中台建设实现了又一次飞跃。实际上，搭建中台不但成为改革的方案和战略，更成为阿里巴巴的业务和产品。互联网新兴产业平台的中台运用如表1所示。

表1　新兴互联网企业“中台”实践汇总

公司	中台建设构想	中台搭建现状
阿里巴巴	阿里共享事业部：阿里中台的雏形—2010年聚划算的接入方式— 2015年阿里集团和蚂蚁金服的合作共享	“大中台、小前台”中台理念提出者，5年的中台建设，提升了各生态圈的建设速度，降低了大规模协作的成本损耗。在内部完成中台升级后，把“中台”思维理念+方法推广
腾讯	技术委员会（在阿里提出中台战略3年后，2018年十一长假前夕，腾讯终于公布了时隔6年的历史上第三次组织架构调整）	在原有七大事业群的基础上进行重组整合，新成立了云与智慧产业事业群（CSIG）、平台与内容事业群（PCG），调整为新的六大事业群。而六大事业群紧紧围绕的，正是技术委员会充当“技术中台”角色
百度	技术平台（2018年12月18日，百度集团进行了一次大的架构调整，由百度创始人、董事长李彦宏发信宣布：“百度将打造AI时代最领先的技术平台，实现前端业务和技术平台的资源高效统筹及组织全面协同。”）	建立可复用中台能力，持续完善领域技术沉淀能力，而业务方面，聚焦业务特有逻辑的开发
京东	前中后台（2018年12月21日，京东集团人力资源部发布关于京东商城组织架构调整的公告“在新的组织架构下，京东商城将围绕以客户为中心，划分为前中后台。中台为前台业务运营和创新提供专业能力的共享平台职能”）	共建、共享、标准化的数据中台，满足数据精细化运营需求，从海量数据沉淀中得到数据资产
字节跳动	大中台、小前台逻辑	移动研发中台，效率提升7倍，旗下的今日头条率先实现强中台，只需要在前台放四五个员工就能做出抖音这样的产品

① http：//t. m. youth. cn/？ url = http：//finance. youth. cn/finance_ zqjrgsxw/201812/t20181203_ 11802699. htm.

续表

公司	中台建设构想	中台搭建现状
小米	小米业务中台建设三年战略	打造业务、技术、数据三大中台，包含了持续优化构建中以及带新建的系统

资料来源：https：//mp. weixin. qq. com/s/5wd_ wrpLbk -9cj -4JiGiKg。

由上述新兴互联网企业的中台实践可以看出，中台的思维看似是自上而下的战略转型方案，实际上却受制于企业发展的根基建设。也就是说，当业务发展到某一阶段后，组织不断膨胀、遇到瓶颈，为求下一步发展、解决不断暴露的问题和障碍就不得不提出一个解决方案，中台就呼之欲出了。

然而，中台战略也不是企业扩张和升级的万能解法，其适用于业务范围广、相对独立性强，且各个部门沟通难度大的企业架构；适用于前端后端业务联系紧密、有着迅速反应的诉求的业务类型；适用于数据在决策中占有重要地位，且数据的重合可复用性高的基础架构。因此，有部分企业在试水“中台”思维的同时，也面临了发展困境。具体如表2所示。

表2　部分互联网企业中台实践遇冷

公司	中台建设构想	中台搭建现状
茅台	中台项目	中台项目遭遇各种困境延期近两年，茅台电商公司董事长被撤职
联想	中台设计组织架构调整	联想BT/IT部门的中台设计组织架构调整，费时20个月
百果园	子公司筹建中台	子公司“百果科技”筹建中台，采用免罚机制等柔性策略，如复用中台导致的宕机订单丢失等问题，可以免于处罚来为中台项目组提供支持
如新	中台项目	一期项目延期近十个月

三　传媒管理“中台”思维如何展开

（一）主流媒体的“中台”思维实践

央视网董事长、总经理钱蔚表示，融合已经成为时代的浪潮。在主流媒体的融合转型过程中，当媒体融合走向深处，就面临如何用新技术将数据和已有的技术平台复合使用，也就是引入“中台”思维。目前的“中台”思维都作为方法论存在于大的战略下用作管理的体系。其中已有的成就集中体现在央视网的数据技术中台实践、央视频以及《人民日报》的融媒体中台。

央视网于2017年正式启动大数据战略，现已形成了集数据采集能力、数据计算能力、数据萃取能力、数据交换能力以及算法能力的完整数据技术中台。[①] 央视网的数据中台管理体系仍然本着“承技术启业务”的思想在实施层面对数据区分层次，将指标进行规范化定义，构建了One Data模型并且借助平台管理资产，通过内部的规则制定保证数据资料的高质量。

而“央视频”作为5G新媒体平台，助力总台在视频融合层面的发展。其在多个方面实现了创新和突破。在技术架构上，“央视频”采用先进的“大中台+小前台”设计，第一个通过云服务打通传统媒体生产环节和物理空间，彻底从技术上、流程上实现了从内容数据到用户数据的共享分享、互联互通，中央广播电视总台更借此成为国内第一家建设5G智能化媒体中台的主流媒体。[②]

在技术合作上，腾讯云与中央广播电视总台合作，打造一个符合主流价值观的总台数据中台，建立统一的数据采集体系，形成总台的媒体推荐算法库、用户画像库和服务于业务的数据产品，为用户运营、内容运营、活动运营、产品运营提供业务支撑工具驱动，构建业务数据化、数据业务化的精细化运营支撑体系。腾讯云与人民日报社构建“党媒算法”，通过媒体、论坛、博客、微博、微信、短视频、音频等多个网络平台数据的全面抓取和分析整理，精准把握受众阅读的兴趣偏好、意见诉求以及心态变化，实现分众化、个性化、差异化内容推送。

---

① 韩嫕、展祎萌、李义彪：《央视网的融媒体数据中台实践》，《现代电视技术》2019年第6期。

② 《中央广播电视总台“央视频”5G新媒体平台正式上线》，https：//mp. weixin. qq. com/s/hTvJUfgmPXykTgiWDwCzwA。

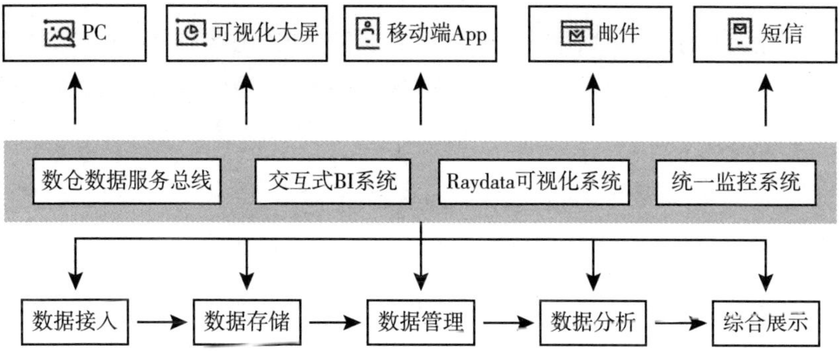

图 10　腾讯云融媒体数据中台整体架构

资料来源：https：//cloud. tencent. com/solution/media - data - platform。

（二）其他媒体实践以及综艺领域的中台路径

早在 2015 年，苏州广播电视总台就启动了技术中台和数据中台的建设工作，通过人工智能和大数据技术在新闻制作与传播中的应用，打造了一体化、智能化技术支撑平台[①]；而 2017 年，南方报业也基于“中央数据库”的发展战略项目，在智慧型媒体处理数据走向智能化过程中，借助“中台”思维，搭建“南方数据中台”，用以快速有效地支撑集团各业务单位服务数据市场的业务需求，搭建从融媒体到智媒体的“智慧砖墙”；随后，上海广播电视台也完善了智慧广电架构，运用 AI、微服务框架，搭建智能服务中台，不仅可以服务复用，还能够降本增效。报纸也在加速转型，《齐鲁晚报》就在融合转型中贯穿了三个中台思想，构建了产品中台、技术中台和数据中台，不仅智媒技术赋能内容生产，还实现了标准化的产品体系。

依托于互联网视频网站的网络综艺，也运用其“中台”思维，走在产品创新的道路上。爱奇艺的综艺团队就在制作媒体内容的“半步引领”势头下，开始了中台探索，陈伟团队建立了“节目制作中心”，先

① 郭全中：《智媒体发展三大新趋势》，《新闻战线》2019 年第 23 期。

整合工种，形成一个“大中台”，而后将节目制作的部门变身为小团队，搭建“小前台”，在集约化的中台策略下，规模化服务能力，接连几年推出《中国新说唱》《机器人争霸》等S级以上综艺，引领行业走进综艺大制作时代。

瑞典媒体集团Mitt Media也搭建了数据平台Soldr。Mitt Media创建了一个名为Soldr的中央数据平台，把内容生产、智能推荐、智能分发、付费墙、用户和广告数据等核心功能纳入，负责在所有系统间收集、处理和发送数据。Soldr已经成为Mitt Media的“数据大脑”，更是其实现创新的枢纽。①虽然Mitt Media并没有称自己的平台为“中台”，但是其业务化的属性和灵活的运算处理能力，也体现了典型的“中台”思维。

（三）媒体管理的“中台”思维创新方向

1. 联合共建，弥补“中台”落地鸿沟

中台的抽象架构与落地的具体措施之间存在巨大的鸿沟。近几年源于“人”的移动化、“产品”的定制化、“场”的多元化，以“人”为核心，媒介产品越来越走向多元、丰富的发展路径。然而对于传媒产业来说，处于靠近消费端的生产链位置，自身积累有大量的媒体数据和资料，但是在数字化技术平台建设上存在劣势，因此难以凭借自身力量搭建平台和智慧化中台设计，因此联合共建是最好的方式。

2. 响应用户需求，搭建三大基本中台

分别是数据中台、业务中台和技术中台。整体实力中，技术力量较小的传统媒体转型的核心应放在数据中台和技术中台上。其中数据中台将架构实现多源异构的数据采集和清洗，统一数据管理标准和体系（注重大数据、元数据与主数据及其管理）以及统一数据的服务；技术中台作为工具和组件，为建设前台应用和业务中台提供基础技术的复用，能够大大缩短两者的建设周期，如果将“数据中台 + 业务中台”比作强大的中台炮火群，那么

① 郭全中：《智媒体构建中的中台建设》，《新闻与写作》2019年第11期。

技术中台就是辅助作战部队根据需求快速搭建阵地的加速器。①

3. 建立评估机制，及时复盘“中台”效能，确保有效整合数据与技术的“孤岛”

由于中台无法直接对接前台的一线业务，难以考核和区分中台的效能，因此应深入前台了解前台的业务需求并反馈给中台，在前台和中台中起到沟通和协调作用，并且建立完善的评估机制，及时止损，按照各个媒体个体特性发展“中台”策略。

四 结论

“中台”思维尽管是全球传媒转型过程中管理层面的好方案，但是需要依托技术、策略和人的三重努力，在传媒领域仍然面临许多挑战和困难。

其一是“中台”思维的内部配合。如果说平台搭建可以依赖外部的技术力量，那么涉及数据治理和数据规范标准的制定则需要内部不同业务线能够求同存异。② 外部搭建中台，更需要内部的制度和体系执行度高，反复研判测用，而不是形式主义。

其二是在中台服务前台的优先级，需要如何衡量？在中台资源有限的时候，应当如何判断前台需求而给出合理的决策。互联网业内人士曾表达对优先级无法确立标准的担忧：“如果没有确定标准的话，无可避免地会导致部门之间的争斗，出现按照领导权力甚至私人关系来影响支持的优先级的情况。这样会产生新的官僚主义，完全违背了中台战略的初衷。”③

其三是处理好前台与中台的关系。在实操过程中，中台与前台的业务边

① 黄海峰：《广电制作的智能化之路——媒体内容智能化生产服务中台的演讲》，《现代电视技术》2019 年第 12 期。

② 刘帆：《“中台 + 强运营”模式在媒体融合发展建设中应用的思考》，《中国传媒科技》2020 年第 1 期。

③ 李广乾：《什么是数据中台?》，《中国信息界》2019 年第 6 期。

界难以划分，容易混淆。尤其是当新业务产生，原本没能纳入中台处理系统的数据被前台先行收集时，或者在中台数据更新的差值内，功能和业务是有可能重叠的。因此对于业务场景的区分进一步精细化是接下来的挑战。当然，在传媒产业内，媒资数据更加纷繁复杂，如何选择适合个性的中台，是“中台”思维落地的重中之重。

在目前的“中台”思维实践中，大部分实践还属于互联网企业，传媒产业参与相对被动，大部分以自上而下的政策性互动为主。另外，“中台”目前仍处于创新扩散的前端，2019 年《中国数字中台行业研究报告》显示，目前，数字中台的渗透率较低，增量空间巨大，在企业数字化转型驱动下需求增加，因此数字中台市场规模将迎来爆发期。①

随着云计算、大数据、物联网、人工智能技术的指数级发展和壁垒的形成，整个行业的价值链生态因技术和需求侧的变化，将会变得更加多元。未来的传媒集团或是市场主体都不再是单独的价值个体，而是处于多个行业生态中的价值节点，因此传媒管理领域的“中台”思维和架构改革应当持续发力，打破孤岛，促进媒体的深度融合和智能发展。

---

① 《中国数字中台行业研究报告　企业数字化转型的加速引擎》，载《艾瑞咨询系列研究报告（2019 年第 11 期）》，上海艾瑞市场咨询有限公司，2019，第 405～459 页。

市场—生态篇

Reports on Market and Ecology

B.9
2019年中国短视频行业发展报告

付姝姣　赵子忠*

摘　要： 2019 年，中国短视频用户规模进一步增长，市场地位逐步巩固，但发展的同时也面临增长放缓、市场竞争加剧等挑战。短视频产业通过平台激战、内容进化、用户下沉、商业进化、出海加速等方式实现产业生态的重构，版权意识和内容安全意识得到进一步的明确。在5G 时代，短视频产业或将迎来新一轮发展高潮，产业生态也进一步优化。

关键词： 短视频　下沉　出海　生态　商业化

* 付姝姣，中国传媒大学新媒体产业博士后；赵子忠，中国传媒大学新媒体研究院院长、教授，主要研究方向为新媒体产业。

一　引言：中国短视频产业进入新生态阶段

中国短视频产业在2018年“已经形成了初步的市场格局、产业地位和用户群体”①，这样的产业特点在2019年得到进一步加强。

中国互联网络信息中心（CNNIC）发布的《第45次中国互联网发展状况统计报告》显示：截至2020年3月，中国网民规模达9.04亿，其中手机网民约为8.97亿。短视频用户规模达7.73亿，较2018年底增长1.25亿，占网民整体的85.6%。从2019年上半年的数据来看，短视频用户规模增长趋缓，用户增长率、使用率较上一个半年周期稍显回落；但在2020年初，受新冠肺炎疫情影响，短视频应用的用户规模及使用时长均又呈现较大幅度提升（见图1）②。从整体来看，短视频产业在经历瓶颈期之后，进入新的发展阶段。

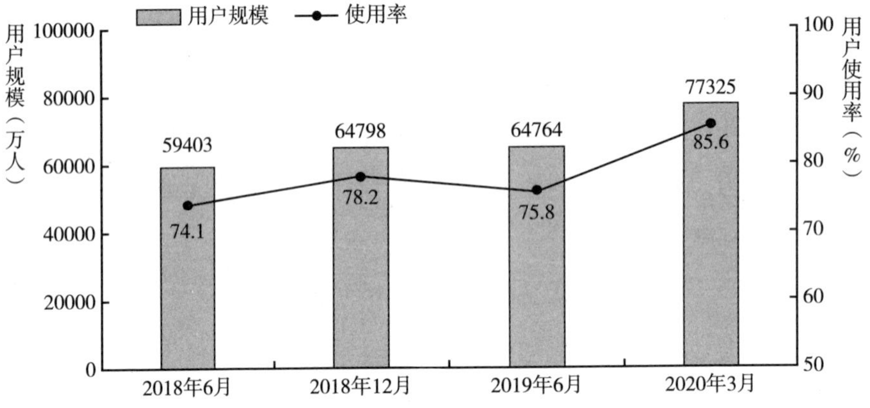

图1　中国短视频用户规模及使用率

资料来源：中国互联网络信息中心，《第45次中国互联网络发展状况统计报告》，2020年4月28日。

① 高伟、姜飞：《全球传播生态发展报告（2019）》，社会科学文献出版社，2019。

② 中国互联网络信息中心：《第45次中国互联网络发展状况统计报告》，2020年4月28日。

从互联网各类应用的横向比较来看，短视频用户规模在2019年6月位于即时通信、搜索引擎、网络新闻之后列第四位（不计包含短视频的网络视频）；而截至2020年3月，短视频的用户规模已超越搜索引擎和网络新闻，成为排在即时通信之后的第二大应用（不计包含短视频的网络视频）。由此可见，短视频在个人互联网应用方面的市场地位进一步提升，成为网民使用率第二高的种类（见图2）。

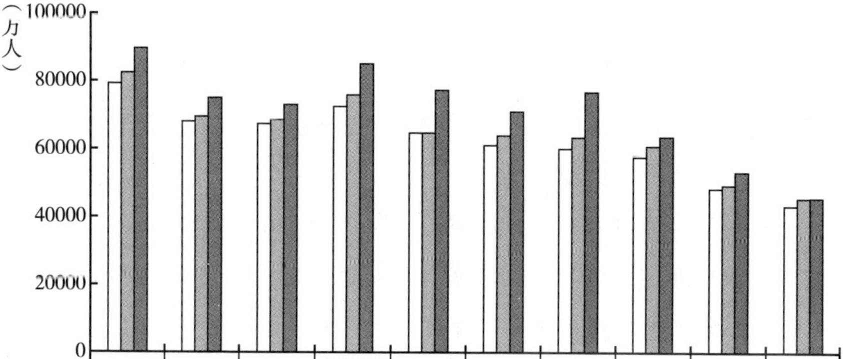

	即时通信	搜索引擎	网络新闻	网络视频（含短视频）	短视频	网络购物	网络支付	网络音乐	网络游戏	网络文学
□2018年12月	79172	68132	67473	72486	64798	61011	60040	57560	48384	43291
▒2019年6月	82470	69470	68587	75877	64764	63882	63305	60789	49356	45454
■2020年3月	89613	75015	73072	85044	77325	71027	76798	63513	53182	45538

图2　2018～2019年中国互联网用户规模排名

资料来源：中国互联网络信息中心，《第45次中国互联网络发展状况统计报告》，2020年4月28日。

在用户规模进一步增长和市场定位逐步巩固的背景下，中国短视频产业开始探索生态化发展：以短视频平台主导、以内容为支撑、以用户为核心、以盈利为目标、以资本为工具，短视频产业打通产业链的上中下游，并延伸到泛娱乐领域。这种生态化发展的特点可以概括为：平台激战、内容进化、用户下沉、商业爆发、出海加速，同时短视频发展过程中遭遇了资本寒潮。此外，短视频产品的内容安全方面既有版权意识的苏醒，也有内容安全的新危机。

二　平台激战：短视频市场竞争新局面

1. 头部产品竞争的白热化

作为2018年短视频领域头部产品的抖音和快手，其头部效应在2019年进一步显现。Fastdata极数《2019年上半年短视频行业分析报告》显示抖音和快手在用户规模和用户增长率方面领先其他短视频产品，[①] 稳居短视频行业头部地位。与抖音同属于字节跳动旗下的西瓜视频和火山小视频紧随其后，形成了对快手的夹击。

在短视频产业进入产业瓶颈期的背景之下，处于头部地位的抖音和快手之间的竞争也随之升级为白热化状态。通过梳理两者之间的产品布局方向，我们可以发现抖音和快手都在构建自己的产品生态。

具体来说，两者的生态式产品布局涵盖了短视频产业的内容生产工具（剪映、快影）、内容传播社区（新草、豆田社区）、下沉市场渠道（抖音极速版、快手极速版）、海外市场拓展（TikTok、Kwai）。这种生态化的布局既是构建和主导产业链的需要，如剪映的发布帮助抖音的产业链延伸到内容生产环节，也为产品的市场探索积累了经验和教训，如快手旗下的豆田社区在经历了5个月的试水之后停摆，但这种探索帮助快手重新审视市场环境、用户需求及产品定位。

抖音和快手的生态化布局意味着两者之间的竞争从产品竞争扩展到产业链竞争进而扩展到产品生态竞争，即点、线、面的全方位竞争。

2. 腰部产品发展的加速化

在抖音和快手的白热化竞争的同时，腾讯、百度、网易等互联网巨头凭借自身的平台流量优势赋能旗下的短视频产品，微视、好看视频、全民

① Fastdata极数：《2019年上半年短视频行业分析报告》，2019年7月。

小视频、波波视频等构成了短视频产业的腰部产品，这些产品的月活跃用户规模在1000万~1亿。字节跳动研发的Faceu激萌、趣头条旗下的球球视频同样借助平台赋能冲进了短视频产品的腰部。此外，刷宝借助用户激励运营模式和优质内容冲进腰部产品之中，成为短视频产品中的一匹黑马（见图3）。

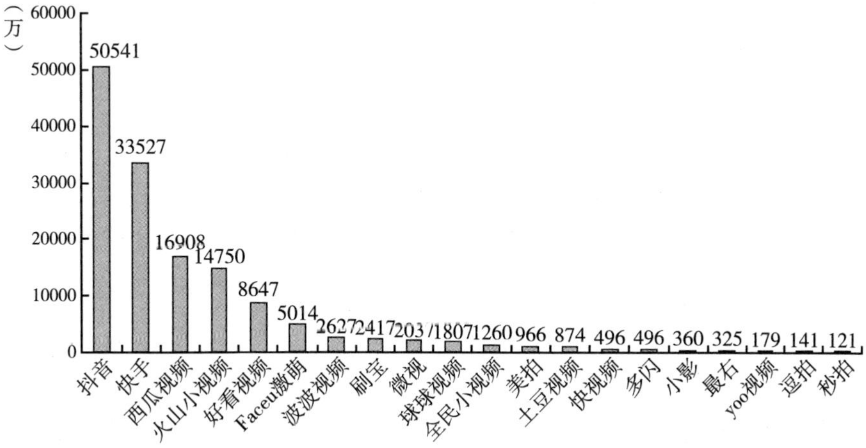

图3　中国短视频产品月活跃用户Top20（2019年6月）

资料来源；Fastdata极数，《2019年上半年短视频行业分析报告》，2019年7月。

发展成熟的互联网巨头在用户增长、商业变现、抢占产业赛道等因素的驱动下，继续发力短视频赛道。在这样的发展背景下，部分短视频产品重新进行定位，以此实现资源的优化整合和产品的快速成长。

这里我们以腾讯和百度为例进行分析。腾讯方面，微视发挥腾讯的社交入口优势，以微信为突破口，运用朋友圈进行短视频内容分发，运用微信视频红包进行用户拉新、激活、留存。这帮助微视在腰部产品中占据一席之地，并在腾讯内部“赛马”中突围。此外，腾讯的另一款短视频产品yoo视频在腾讯内部“赛马”中失利，在2019年先是更名火锅视频，而后并入腾讯视频。

百度方面，好看视频借助百度的搜索入口优势，并通过培育创作者的方式引入优质内容，从而实现逆势发展。同时，百度内部的短视频产品也开始优胜劣汰，百度的 nani 小视频也在改名伙拍小视频后并入全民小视频。

3. 尾部产品生存的艰难化

在头部产品双雄争霸、腰部产品把持流量的产业背景下，一些月活跃用户规模在 1000 万以下的短视频产品构成了短视频产业的尾部产品，如美拍、土豆视频、秒拍等。

这些尾部产品的发展或得益于产品的差异化定位，如美拍依托美图产品的美颜功能；或得益于流量平台的支撑，如秒拍依托微博的平台优势；或得益于产品的功能创新，如小影主打原创视频和全能剪辑。

处于尾部的短视频产品同样有一定的市场空间，并且在用户黏性上具有一定的比较优势，如美拍的美颜功能。在长尾经济的背景下，尾部的短视频平台是短视频产业的重要组成部分。

4. 新兴产品创新的特色化

虽然短视频产业在 2019 年已经发展成为红海市场，新兴产品凭借差异化的市场定位、产品创新成为短视频赛道的新选手。在 2019 年，具有代表性的新产品包括刷宝和央视频，前者是短视频产业的“黑马”，后者则是短视频产业的“国家队”。

刷宝凭借用户激励机制和优质内容实现了日活跃用户的激增，从 2019 年 3 月推出至 2019 年 6 月，刷宝实现了月活跃用户从 0 到 2417 万的猛增，超越了微视和全民小视频。刷宝的发展主要得益于用户激励运营模式，用户观看短视频的时间可以进行折现奖励，同时对裂变拉新的用户给予现金激励。这种运营方式类似于新闻资讯产品中的趣头条，在下沉市场具有较大的用户规模。此外，刷宝还通过和 KOL、MCN 进行合作实现优质内容的生产。在这些因素的作用下，刷宝成为短视频产业的一匹“黑马”。

央视频是中央广播电视总台在 2019 年 11 月推出的一款短视频产品，定位为有品质的视频社交媒体和 5G 新媒体平台，在内容上以短视频为主、兼顾长视频和移动直播。央视频的发展主要得益于中央广播电视总台的平台、品牌优势，特别是内容优势。这些因素帮助央视频实现高起点的发展，并成为短视频产业的“国家队”。

5. 外部产业渗透的泛在化

从短视频元年（2017 年）发展至2019 年，短视频已经成为内容消费领域热门产品，其市场价值和作用已经得到互联网产业的广泛认同。电商（如淘宝、京东）、社交（如微信、微博）等主流互联网产品都将短视频融入相关产品的功能之中，短视频实现了泛在化的发展。2019 年，短视频成为众多 App 的标配，这进一步促进了短视频的泛在化。例如在电商领域，小红书在 2019 年开始发力短视频。

短视频产品的泛在化造成了外部产业渗透的泛在化，这既推动了短视频产业的成熟化，也在一定程度上弱化了短视频平台的市场。但是，这也有利于处于短视频产业瓶颈期的短视频产品重新进行市场定位、功能创新。

三　内容进化：短视频的新形态

1. Vlog 的社会化

Vlog 在 2018 年发展成为短视频产业的新风口，随后 Bilibili、抖音流量平台相继布局 Vlog。2019 年，主打内容精品化的 Vlog 借助微信、微博等社交媒体实现了从小众化到社会化的发展，其中女性用户成为 Vlog 的核心用户。

艾媒咨询发布的《2019 中国 Vlog 商业模式与用户使用行为监测报告》显示：2019 年中国 Vlog 用户规模达 2. 49 亿，① 约占短视频行业用户规模的 38%。淘宝发布的《2019 淘宝年度账单》显示：“2019 年，中国迎来了全民 Vlog 时代，31 ~35 岁的女性成为 vlogger 里的中流砥柱。”

Vlog 的发展不仅得益于流量平台的推动，还得益于流量明星、网红

---

① 艾媒咨询：《2019 中国 Vlog 商业模式与用户使用行为监测报告》，2019 年 6 月。

的参与。欧阳娜娜、康辉等明星的 Vlog 内容在社交平台吸引众多粉丝的关注，进而带动了大众 Vlog 的浪潮。在流量平台和流量明星、网红的赋能下，Vlog 也成为广告主营销的新阵地。华为、OPPO、NIKE 等广告主利用 Vlog 进行开箱测评、产品体验等方面的营销，获得了较好的市场反馈，如华为 nova 联合房琪 kiki 推出的 Vlog 视频获得了 CCTV 新闻频道的曝光。

2. 传播内容的去娱乐化

短视频产品在内容方面偏向娱乐化，以满足碎片化时代用户的娱乐性需求，并在发展过程中成为短视频内容的主流。在 2019 年短视频产业进入瓶颈期的背景下，抖音、快手等头部短视频产品开始探索传播内容的去娱乐化。

受制于平台自身的娱乐属性，抖音和快手主要通过与第三方合作实现传播内容的去娱乐化，实现知识性内容的生产和创作。例如，抖音联手中科院开展“DOU 知”计划、快手与知乎合作推出“快知计划”。

在短视频产业进入瓶颈期的背景下，这种去娱乐化内容的生产和传播不仅可以满足存量用户的内容消费需求，也可能实现用户的增长。同时，这也有利于平台品牌和价值的重塑，增强用户的黏性。

四　用户下沉：头部的战略调整

1. 推出极速产品

在短视频产业进入瓶颈期的背景下，常规短视频产品的功能不断成熟和丰富。这些功能虽然方便存量用户的使用，但对转化增量用户存在较大的障碍，不利于增量用户产品的体验和认知。

三线及以下城市用户是短视频产品在这一时期的主要增长目标。基于这些区域用户对产品的需求和体验感知，抖音、快手等短视频产品推出精简化的极速版产品。同时，借助这些区域用户对趣头条等产品的消费习惯，抖音和快手都在极速版中引入了用户浏览和拉新的双重激励模式。

其中，快手率先推出极速版及激励运营模式，抖音紧随其后。“在2019年，抖音推出极速版，通过网赚模式刺激下沉用户，上线两个月MAU破1400万。”①

2. 进军薄弱区域

短视频产品在发展过程中逐渐形成了各自的优势区域，“南抖音北快手”是对抖音和快手的市场格局的基本描述。从城市级别上来看，抖音用户集中在一、二线城市，快手用户集中在三线及以下城市。2019年在用户下沉的推动下两者的战略方向都发生了变化。

2019年春节后，快手在重庆开展用户调研，开始调整战略并向竞争对手抖音的市场空间渗透。《2019快手内容生态报告》显示：“快手一二线城市日活用户数超过6000万，南方日活用户数超过8000万，比2018年翻了一倍。”②

3. 拓展中老年群体

在短视频产业的发展过程中，年轻用户是相关产品的目标用户和主流用户。面对用户增长放缓的行业趋势，部分短视频产品开始拓展中老年群体以实现用户的下沉。

《2019年中国网络视听发展研究报告》显示：2018年12月，40~49岁和50岁以上的用户短视频使用率分布达76%和66.7%，相较于2018年6月均有约12%的提升。③

短视频的内容形态符合中老年用户偏向视觉化的内容消费习惯，且用户对相关产品的黏性高、用户裂变能力强。2018年以来大量中老年用户进入抖音，并催生了“VK不省心大爷”“时尚奶奶团”“乐退族”等网红。在这样的背景下，抖音开始拓展中老年用户群体，以此实现用户的增长。同时，MCN机构也开始孵化中老年网红，并实现商业化的运营。

---

① 韩志鹏：《盘点短视频：刺激2019，破界2020》，https://new.qq.com/omn/20200123/20200123A067QF00.html。

② 快手研究院：《2019快手内容生态报告》，2019年9月。

③ 中国网络视听节目服务协会：《2019年中国网络视听发展研究报告》，2019年5月。

五 商业进化：变现模式多元化

1. 广告变现

伴随着用户规模的增长，短视频产业的广告模式逐渐成熟。以抖音和快手为例，两者开发的广告资源包括信息流广告、开屏广告、粉丝头条/DOU +、话题挑战/标签页、视频浮窗、创意贴纸等。

同时，抖音和快手都开发了自主化的商业开放平台，具体来说包括KOL广告主交易平台（如抖音星图平台、快手快接单）和短视频品牌账号（如抖音L蓝V企业号）。

广告形式的多元化和资源的开放化标志着短视频产品在广告变现的探索中实现稳步发展。

2. 直播变现

伴随着短视频内容形态的扩展，直播成为短视频产品的又一核心功能，由此也成为短视频产品变现的路径。

一般来说，直播的变现模式主要为打赏分成和电商分润。2019年直播和电商的结合推动直播带货模式高速发展，孵化了李佳琦、薇娅、辛有志等现象级带货达人。据《界面》报道，快手2019年总收入500亿元，其中直播收入接近300亿元，占比约达60%。[①]

未来直播的潜力或将得到进一步释放，在电商、社交、游戏、影视等领域都有较大的发展空间和变现能力。

3. 电商变现

短视频的内容形态赋予了电商更多的可能，从信息直观展示、用户感官体验等方面都具有一定的优势。在网红、明星等流量达人的赋能下，短视频产品的电商相对于传统电商更能触达和转化用户。李佳琦、薇娅的爆红和带货能力让平台方、广告主看到了电商与短视频、直播结合的潜力。

① 肖芳：《快手2019年总收入500亿元，直播收入接近300亿元》，腾讯网，2020年2月11日。

未来基于 VR/AR 的新型短视频或将为用户提供更为便利的体验，同时也为电商变现提供了新的可能。

4. 游戏变现

短视频与游戏的用户重合度较高，同时短视频形态的短、平、快也与游戏的场景相契合。短视频产业的规模化用户促使其成为游戏流量的重要入口，从市场发展来看短视频行业在游戏发行、联运和分发等环节都有变现的可能。

以快手为例，快手在游戏领域布局了小游戏产品“快手电丸”、游戏直播产品“电喵直播”、棋牌产品“快手爱游斗地主”、手游直播辅助应用“快手直播伴侣”。《快手平台游戏行业价值研究》报告显示：“2019 游戏行业在短视频平台的广告花费增幅达 381.5%，广告主在快手的投放费用增幅高达 492%。”

六　出海加速：海外市场的拓展

1. TikTok 成为超级 App

在国内市场增长放缓的同时，部分短视频产品已经开始拓展海外市场。作为短视频产业头部产品的抖音和快手早在 2017 年就已经布局海外业务。经过两年的发展，抖音海外版的 TikTok 已经发展成为超级 App。“抖音创始成员龚姿予在 2019 年 12 月一次公开分享中透露，TikTok 目前已进入 150 个国家和地区，TikTok 加抖音的月活用户 8 亿，海外用户则为 3 亿左右。”①快手旗下的 Kwai 却遭遇了用户增长的瓶颈。

2. Likee 成为海外第二大短视频产品

不同于抖音、快手在海外市场进行国产短视频的复制，欢聚时代通过股权投资的方式成为 BIGO LIVE 的最大股东。BIGO 旗下的短视频产品 Likee 在中东、印度和东南亚等地发展迅速，并逐渐发展成为海外第二大短视频产品。

① 《2019，抖音与快手的“攻守道”》，https：//www. tmtpost. com/4224617. html。

2019 年欢聚时代 Q3 季度财报显示："欢聚集团第三季度短视频移动月活跃用户达到 1.504 亿，Likee 短视频实现里程碑式增长，移动端月活跃用户达 1.002 亿，同比增长 413.4%；imo 中 Likee 短视频服务已经覆盖超过 45 个国家和地区，月活跃用户增至 5020 万。"

无论是 TikTok 还是 Likee，这些产品的成功既有产品本身的特色，同时也有本地化运营的模式。在未来的发展过程，海外市场将是短视频产品实现逆势增长的关键市场。

七　资本热度下降：投融资规模骤减

在短视频产业进入瓶颈期的背景下，资本市场对短视频产业的投资开始遇冷。通过梳理 2014 ~ 2019 年的短视频产业的融资事件和资金金额来看，2019 年短视频产业在资本市场遇冷，投资事件和规模均出现大幅下降（见图 4）。

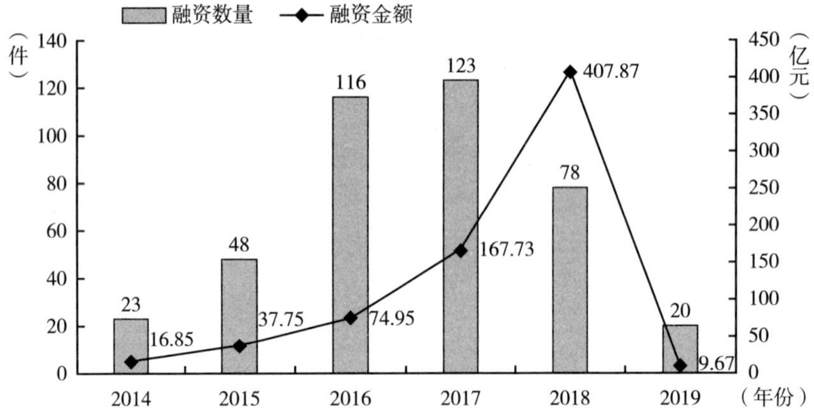

图 4　2014 ~ 2019 年中国短视频产业投融资事件及资金规模

资料来源：前瞻产业研究院，《2019 年投资短视频行业前景如何?》。

艾媒网《2019 ~ 2020 年中国短视频产业链、融资数据及典型企业案例分析》显示，短视频内容、MCN、网红孵化成为 2019 年资本市场的主要投资方向（见图 5）。资本的方向在很大程度上说明了短视频产业的现状，在抖音、快手两大头部产品的遏制下，短视频产品的发力点开始向内容侧集中。

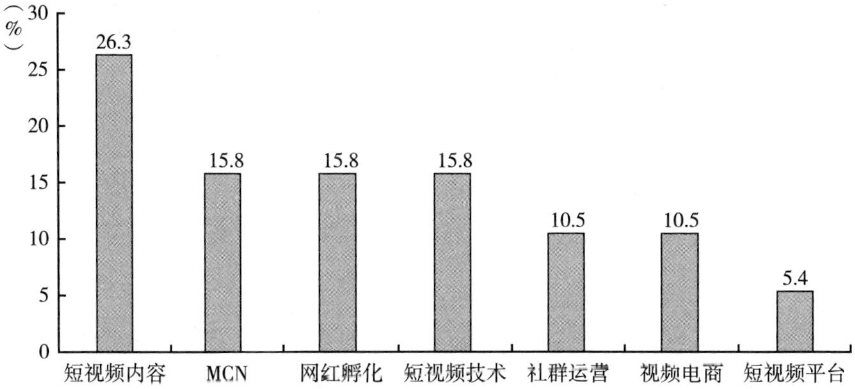

图 5　2019 年中国短视频融资事件细分领域

资料来源：艾媒咨询。

在 5G 背景下，短视频产品在内容侧、技术侧、平台侧或将迎来新一轮的投融资高潮。

八　行业反思：版权意识与内容安全

1. 版权意识苏醒

内容和用户是短视频产品的双重驱动力，在用户增长遭遇行业“天花板”的背景下，各大平台开始加大对内容的争夺，包括创作者、版权等方面。其中，版权成为平台之间竞争的主要标的，在竞争的过程中也引发了一系列的版权纠纷。

短视频产品以 UGC 为主要内容来源之一，这决定了其版权治理存在较大的难度。2019 年短视频平台之间关于版权的纠纷主要集中在流量 IP 版权上，这也是平台遏制竞争对手、避免内容同质化、规避风险的关键筹码。

2019 年 2 月，广州知识产权法院对腾讯与西瓜视频关于《王者荣耀》

的版权之争做出裁定，西瓜视频侵害腾讯对《王者荣耀》享有的著作权，应停止直播相关内容。

但是，在用户生成内容的背景下，内容侵权的问题依然突出。同时，平台内容审核机制的不健全、监管部门介入的滞后性造成了内容侵权问题依然存在。

2. 内容安全升级

内容安全是短视频行业的红线，在经历了 2018 年的相关约谈、关停事件之后，2019 年短视频平台内容安全全面升级。这种升级主要表现在以下三个方面：一是完善平台用户协议，明确内容安全的红线；二是通过技术识别、人工审核的方式对平台内容进行监管，打击色情、暴力、谣言等危害内容；三是严肃处理违规内容和违规账号，下架相关内容、关停相关账号。

以抖音为例，抖音在 2019 年 3 月升级青少年模式，2019 年 8 月发布暑期内容安全专项公告，并对违规内容和账号进行下架、关停等处理。

同时，短视频产品在出海的过程中也遭遇了内容安全问题。2019 年印度、孟加拉国等相继以打击互联网色情为由封禁了 TikTok，这促使我国短视频产品将内容安全的策略延伸到产品的海外落地区域，并进行本地化的运营。

九　未来趋势：新技术与新方向

1. 5G 赋能

2019 年是 5G 商业化的元年，5G 的高速率、低延迟、万物互联等特点为短视频的发展带来了新的机遇。中央广播电视总台推出的央视频即是一种定位 5G 时代的新媒体旗舰产品。

5G 的高速率、低延迟或将推动短视频的高清化，同时为短视频的时长突破提供了可能，这些变化或将影响短视频产业格局变革。其中，竖屏微剧、互动视频等新型的视频内容形态将成为内容消费的新方向。

此外，5G 时代的万物互联和人机共生给短视频的发展提供了新的可能，沉浸式体验或将成为短视频内容创造和用户体验的新方向。

2. 泛娱乐

2019年短视频平台以短视频为核心打造泛娱乐的基本生态，涵盖了直播、游戏等领域。其中，快手在2018年就参与到《一出好戏》《碟中谍6》等影视作品的宣发工作，并在2019年正式将电影发行、电影制作纳入经营范围。

在产业瓶颈期的背景下，短视频产业向泛娱乐领域发展的速度和规模可能会加速。在快手率先布局，阿里、腾讯、百度早已入局的情况下，抖音无论是出于自身发展需求，还是市场竞争的需求，都很可能布局到影视行业，从而进一步打造泛娱乐生态。其中，竖屏剧、互动视频或将成为内容消费的新风口。

此外，电竞产业也可能成为短视频泛娱乐布局的重要方向。快手在2019年拿下《英雄联盟》全球总决赛直播版权，并获得了7400万的观看。同时，快手与腾讯通过独家合作的方式获取相关游戏的版权。未来，头部、腰部短视频平台较大概率会涉足电竞领域。

十　结语：短视频新生态

在产业瓶颈期的发展背景下，短视频产品不断拓展产品和产业的边界，实现产业链的生态重构。头部、腰部、尾部的产业格局得到巩固，但不乏新产品的出现和新模式的开创。内容进化、用户下沉、商业进化、加速出海成为短视频产业在2019年的突破口，面对资本寒潮，短视频产业需要重新进行市场定位和运营方向的调整，并树立版权意识和内容安全意识，打造产业新生态。在5G时代，短视频或将迎来新一轮发展浪潮，产业生态也将进一步优化。

B.10
中国海外社交网络平台传播效果研究报告（2018~2019）

刘 滢　魏怡孜*

摘　要：　为了有重点、有比较地判断2018年和2019年中国媒体在Twitter、Facebook、YouTube三大海外社交网络平台的全球传播效果，我们先后进行了三个阶段的评估：一是评估8家中国主流媒体账号的传播情况，并对近三年的数据进行纵向对比；二是将中国媒体账号与43家国外知名媒体账号进行横向对比；三是剖析三大海外社交网络平台上的涉华热门帖文、视频、词汇、标签等。研究发现：经过数年的努力，中国媒体账号在海外社交网络平台上的传播策略渐趋成熟，在内容生成能力、传播延展能力、议题设置能力三方面均有较大进展，取得了显著成效；中国媒体与国际媒体的差距正在逐渐缩小，现有的差距一方面反映了老牌国际媒体品牌影响力在新媒体平台的延续，另一方面显示了语言优势在国际传播领域的重要作用；中国媒体需继续探索海外社交网络的传播规律与变化趋势，既要顺势而为，更要引领方向，仍有拓展空间和效果提升潜力。

关键词：　海外社交网络平台　传播效果　国际传播　全球传播

---

* 刘滢，北京外国语大学国际新闻与传播学院副教授、国际传播研究中心主任，主要研究方向为国际传播、新媒体；魏怡孜，北京外国语大学国际新闻与传播学院硕士生。

近年来，海外社交网络为中国媒体的国际传播活动提供了新的更具传播力和影响力的全球性平台。借助这些平台，中国媒体实现了直接触达国际受众并与之互动，尽管仍有一些不足和短板，但传播效果已然今非昔比。笔者带领团队长期追踪研究中国媒体海外社交网络的传播效果，迄今已五载。2015 年，在广泛征求学界专家和业界资深人士建议的基础上，我们建立了海外社会化媒体传播效果评估指标体系的基本框架及核心指标，运用中国日报—中科院自动化所新媒体联合实验室的“全球媒体云”平台抓取数据，先后于 2015 年①、2016 年②、2017 年③对国内、国际知名媒体的海外社交网络传播效果进行了阶段性评估。本文将延续此前的研究，对 2018 年和 2019 年中外知名媒体在 Twitter、Facebook 和 YouTube 三大海外社交网络平台上的传播效果进行评估。评估体系的基本框架及核心指标如表 1 所示。

表 1　海外社会化媒体传播效果评估体系的基本框架

一级指标	二级指标	三级指标
内容生成能力	报道数量	文字稿量
		图片稿量
		视频稿量
	报道质量	首发率
		原创率
		多样性
传播延展能力	报道吸引力	粉丝量
		浏览量
		收藏量
	报道延展性	点赞量
		转发量
		评论量

① 刘滢：《从七家中国媒体实践看海外社交平台媒体传播效果评估》，《中国记者》2015 年第 7 期。

② 刘滢：《新华社海外社会化媒体传播路径与效果》，载胡正荣等主编《中国国际传播发展报告（2016）》，社会科学文献出版社，2016。

③ 刘滢、应宵：《中国海外社交网络平台传播效果研究报告》，载高伟、姜飞主编《全球传播生态发展报告（2018）》，社会科学文献出版社，2018。

续表

一级指标	二级指标	三级指标
议题设置能力	议题配比合理性	中国新闻、涉华国际新闻、国际新闻数量的占比 政治新闻、经济新闻、文化体育新闻数量的占比
	媒体议题设置能力	主流媒体转引/转载量
		其他媒体转引/转载量
		转引/转载同向指数
		转引/转载异向指数
	公众议题设置能力	意见领袖转发/评论量
		评论同向指数
		评论异向指数

为了有重点、有比较地判断 2018 年和 2019 年中国媒体在三大海外社交网络平台的全球传播效果，我们先后进行了三个阶段的评估。第一阶段重点评估新华社、《人民日报》、中央电视台、中国国际电视台、中国国际广播电台①、《中国日报》、《环球时报》、中新社等 8 家主流媒体账号的传播情况，并对近三年的数据进行纵向对比分析；第二阶段在上述 8 家中国主流媒体账号之外，增加了路透社、美联社、法新社、彭博社、BBC、CNN、今日俄罗斯、《纽约时报》、《华尔街日报》、《华盛顿邮报》等 43 家海外媒体账号，进行横向对比分析；第三阶段剖析了三大海外社交网络平台上的涉华热门帖文、视频、词汇、标签等。

一　第一阶段：对8家中国主流媒体账号的抽样评估

评估时间段为 2018 年 1 月 1 日至 2019 年 12 月 31 日，评估内容是新华社（China Xinhua News）、《人民日报》（People's Daily，China）、中央电视

① 中央电视台、中国国际电视台、中国国际广播电台均属于中央广播电视总台，在本文中按媒体账号分别进行评估。

台（CCTV）、中国国际电视台（CGTN）、中国国际广播电台（China Plus News）、《中国日报》（China Daily）、《环球时报》（Global Times）、中新社（China News）等8家中国媒体的英文主账号在Twitter、Facebook、YouTube三大海外社交网络平台上的传播情况。

本阶段抽样评估重点主要有两方面。其一，日常传播情况，包括粉丝量、发文总量、每日发文量、转发量、点赞量、评论量等数据；其二，重大新闻事件报道传播情况，选取数据主要集中在“两会”期间（包括前后各一周，即2018年2月24日至3月22日和2019年2月24日至3月22日）。评估有如下发现。

（一）我国主流媒体账号的内容生成能力稳步提升，其中，中国国际电视台（CGTN）在三大海外社交平台发文总量和日均发文量保持首位，《环球时报》在Twitter和Facebook平台跃居领先地位，新华社在YouTube平台更显优势。中央广播电视总台所属CGTN、China Plus News、CCTV三个账号的发文总量优势明显

在Twitter平台上，《环球时报》2019年全年发文总量和日均发文量领先于其他国内主流媒体。《环球时报》的日均推文量约95条，其他媒体均不到80条。2018年居于第一位的是中国国际电视台，日均推文量约85条；2017年是新华社，约76条。这一数字也远高于《环球时报》前两年的日均推文量：2018年，约60条；2017年，约56条。可见，2019年《环球时报》调整了海外社交网络传播策略，加大了在Twitter平台的内容生产力度。

在Facebook平台上，《环球时报》2019年全年发文总量和日均发文量也高于其他媒体。《环球时报》的日均发文量约44条，其他媒体中只有中国国际电视台和中国日报在40条左右，其他媒体均不到40条。这一数字也略高于《环球时报》2018年（约39条）和2017年（约38条）的日均发文量。值得注意的是，2017年在这一平台发文数量最多的是新华社，日均约82条，2018年和2019年则减少至日均20条左右，数量大幅下调。

在 YouTube 平台上，新华社 2019 年视频发布总量和日均推出视频量高于其他媒体，日均推出视频量（约 15 条）略高于 2018 年（约 13 条），略低于 2017 年（约 17 条）；中国国际电视台 2019 年视频发布总量和日均推出视频量居于第二位（约 10 条），比 2018 年（约 22 条）和 2017 年（约 23 条）下降近一半（具体见图 1 至图 4）。

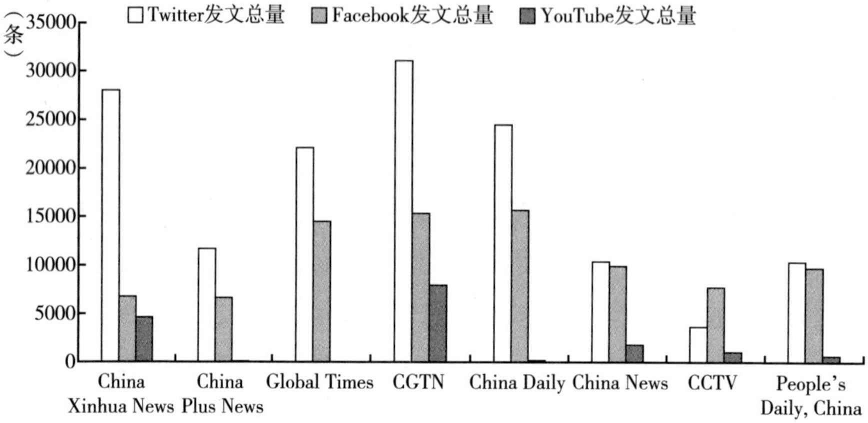

图 1　2018 年 8 家中国媒体账号在海外社交网络平台上的发文总量

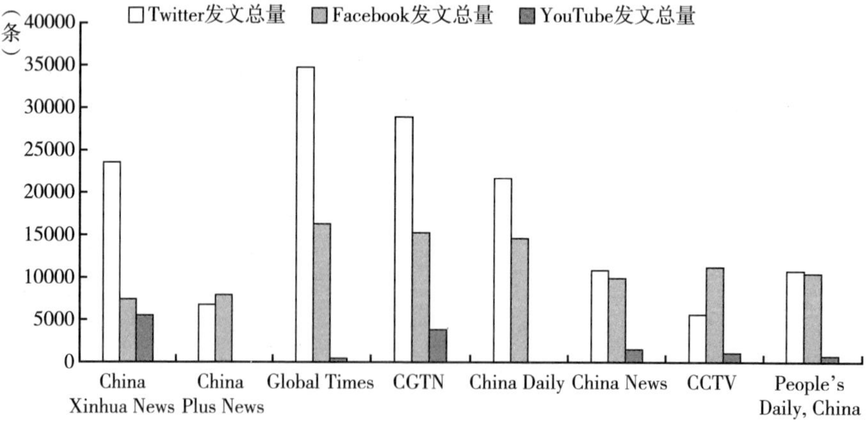

图 2　2019 年 8 家中国媒体账号在海外社交网络平台上的发文总量

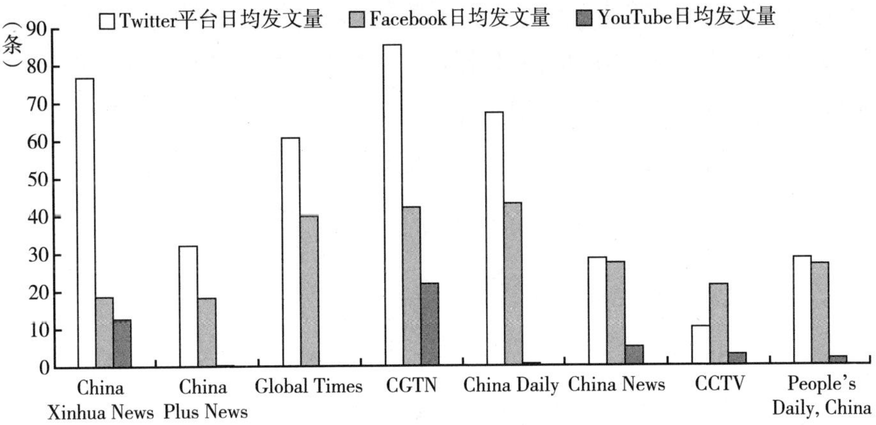

图 3　2018 年 8 家中国媒体账号在海外社交网络平台上的日均发文量

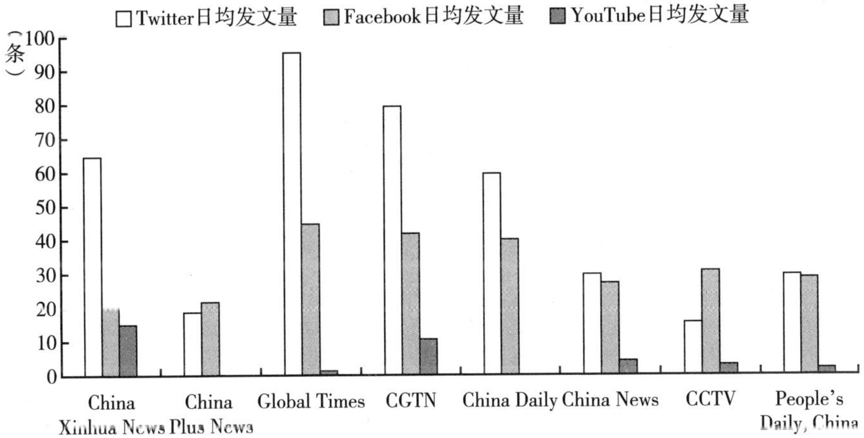

图 4　2019 年 8 家中国媒体账号在海外社交网络平台上的日均发文量

从发文类型来看，2019 年国内 8 家主流媒体在 Facebook 平台收获点赞量、评论量和分享量最高的是“文本 + 图片 + 音视频”内容，其次是“文本 + 图片”内容，纯音视频内容互动量最低；2018 年国内 8 家主流媒体在 Facebook 平台收获点赞量、评论量和分享量最多的是纯文本内容，其次是“文本 + 图片”内容，“文字 + 图片 + 音视频”内容互动量最低；2017 年国内 8 家主流媒体在 Facebook 平台收获点赞量、评论量和分享量最多的是纯音视频内容，其次是“文本＋图片＋音视频”内容，纯文本内容互动量最低。对比三年的数据可知，互动量和传播形式的相关性并不稳定，纯文字、纯音视频以及多媒体形态都有可能成为互动量较高的传播形式，互动量的高低取决于形式和内容的匹配程度（见图5和图6）。

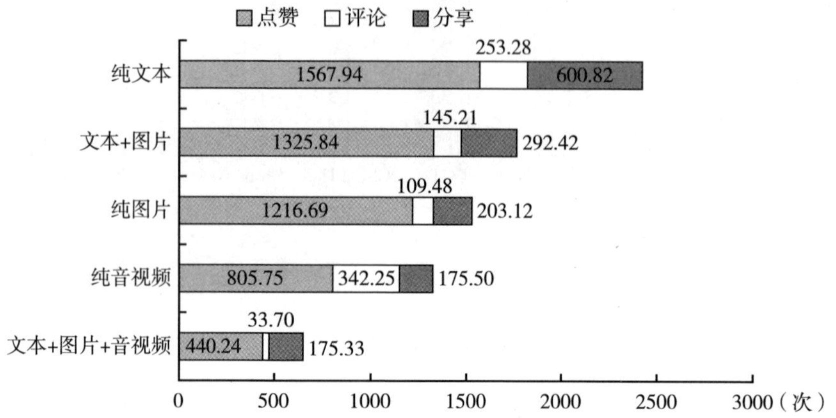

图5　2018年8家中国媒体账号在Facebook平台收获点赞量和评论量最多的发文类型

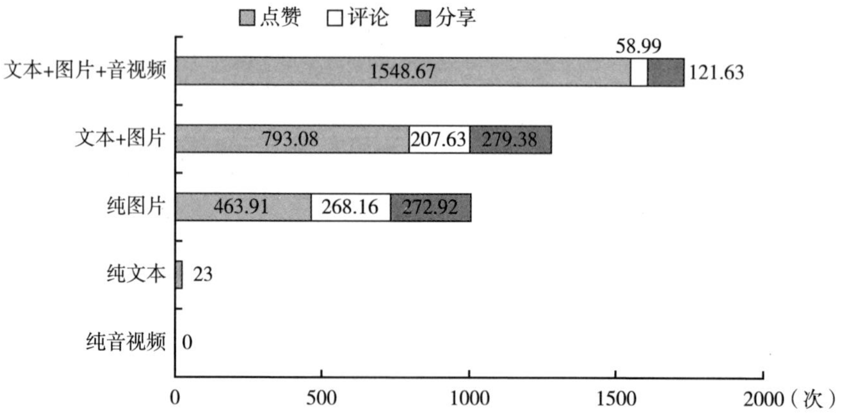

图6　2019年8家中国媒体账号在Facebook平台收获点赞量和评论量最多的发文类型

（二）我国主流媒体海外社交网络平台账号传播延展能力有所进步，Twitter 和 Facebook 平台吸引力和延展性相对较好，YouTube 平台缺乏互动

在 Twitter 平台上，近三年《环球时报》、中国国际电视台和新华社三家媒体推文的互动总量（包括收藏量、转发量和评论量）呈现三足鼎立、此起彼伏的格局。《环球时报》2019 年表现最为突出，由 2017 年的第二名（约 4.8 万）、2018 年的第四名（约 4.9 万），一跃上升至 2019 年的第一名（约 8.2 万）；中国国际电视台 2017 年位居第三（约 4 万），2018 年上升至第一名（约 7.5 万），2019 年居于第二名（约 7 万）；新华社呈现稳中有降的趋势，由 2017 年的第一名（约 7.6 万）和 2018 年的第二名（约 7.8 万），下降至 2019 年的第三名（约 6.1 万）（见图 7 和图 8）。

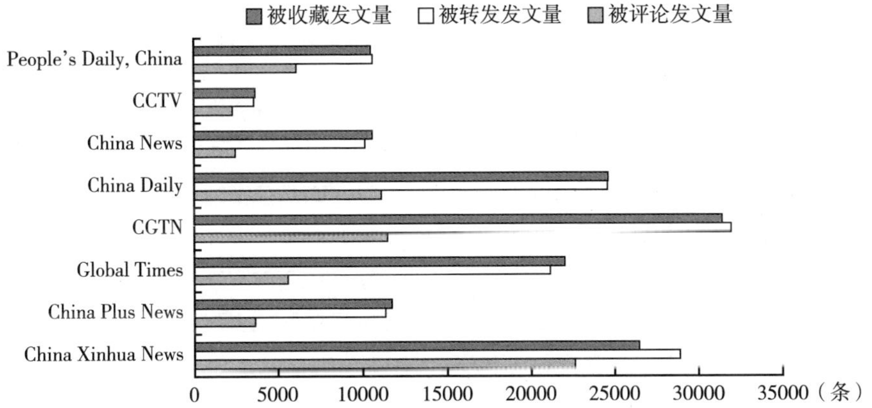

图 7　2018 年 8 家中国媒体账号在 Twitter 平台的评论、转发、收藏量

在 Facebook 平台上，近三年我国主流媒体账号互动总量（包括分享量、点赞量、评论量）逐年增加，且媒体之间的差距日渐缩小。2019 年《环球时报》的互动总量（约 4.3 万）略高于中国国际电视台（约 4.2 万）排在首位，《中国日报》（约 4 万）紧随其后，中央电视台（约 3 万）和《人民日报》（2.9 万）并驾齐驱；2018 年《中国日报》（约 4.5 万）略高于中国国际电视台（约 4.4 万）排在首位，《环球时报》（约 3.8 万）紧随其后，

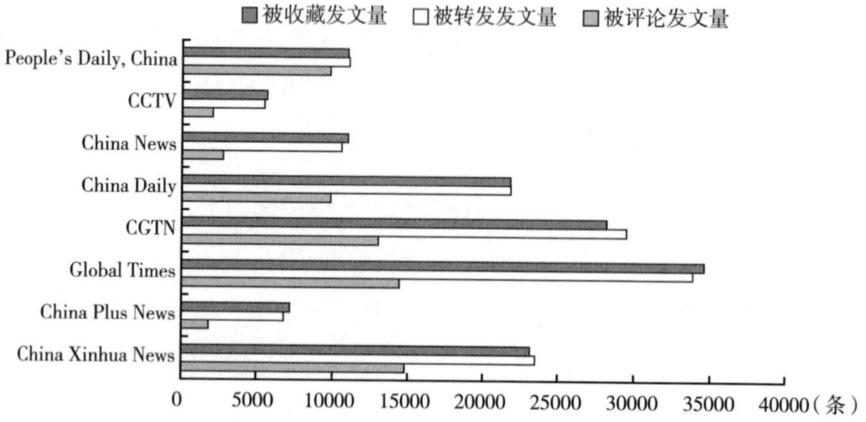

图8　2019年8家中国媒体账号在Twitter平台的评论、转发、收藏量

《人民日报》（约2.8万）和中央电视台（约2.2万）并驾齐驱；2017年新华社（约7.6万）遥遥领先，中国国际电视台（约3.6万）、《中国日报》（约3.5万）、《环球时报》（约3.4万）相差无几（见图9和图10）。

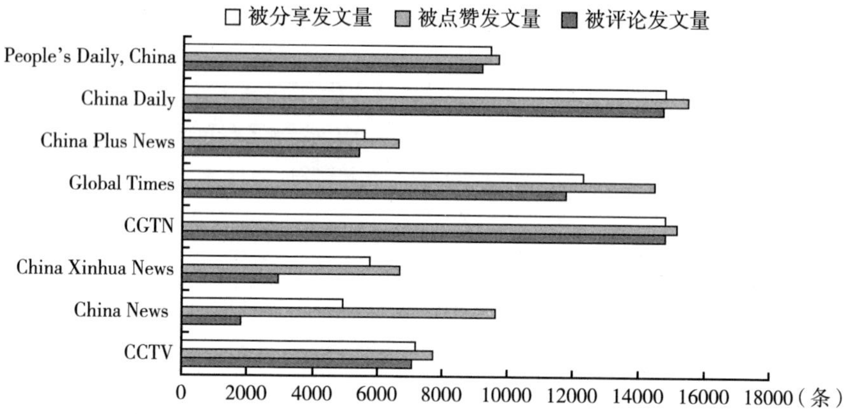

图9　2018年8家中国媒体账号在Facebook平台的分享、点赞、评论量

在YouTube平台上，近三年新华社、中国国际电视台、《人民日报》等账号的视频播放量相对较大，但是中国媒体账号的顶量、评论量等互动指标普遍表现不佳。2017年中国国际电视台播放量（约2793.3万）首屈一指，新华社（约2286.2万）和《人民日报》（约1760.6万）紧随其后。2018

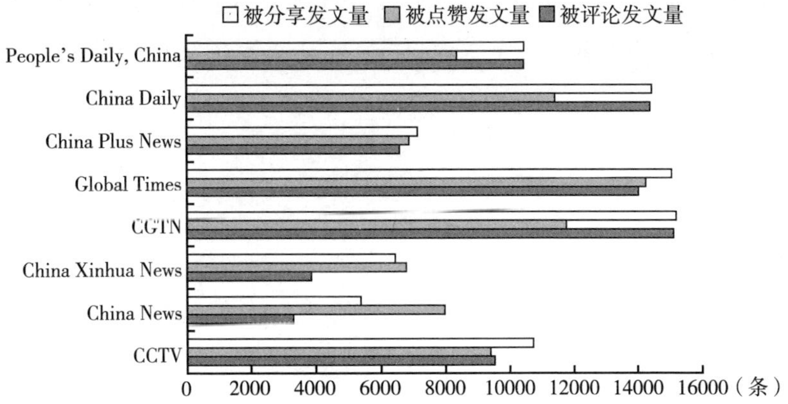

图 10　2019 年 8 家中国媒体账号在 Facebook 平台的分享、点赞、评论量

年新华社（约 4378.6 万）超越中国国际电视台，连续两年播放量遥遥领先。2019 年新华社播放量（约 5410.8 万）位居第一，中国国际电视台（约 734.0 万）和《人民日报》（约 88.8 万）列二、三位，与新华社有较大差距，这与两家媒体在 YouTube 平台发布视频数量减少直接相关。

（三）我国主流媒体海外社交网络平台议题设置能力与日俱增，议题配比合理性仍然有待加强

以 Facebook 平台为例，2019 年 2 月 24 日至 3 月 22 日全国“两会”期间，该平台涉华议题点赞量最高的前 20 篇帖文中，中国媒体发布的占 95%，其中，中国国际电视台发布的内容占比高达 85%，新华社占 10%；另外 5% 来自美国国家公共电台。这一比例与前两年的数据不太一样。2017 年中国主流媒体发布内容的占比为 75%，三家英美媒体（*USA Today*，*The Independent*，*The Telegraph*）占 25%；2018 年涉华议题点赞量最高的前 20 篇内容均由中国主流媒体发出（见图 11 和图 12）。从前 10 篇帖文来看，2017 年中国主流媒体占据 8 篇，2018 年和 2019 年均是 10 篇。可见，在涉及中国重要政治会议的内容传播方面，中国主流媒体的议题设置取得了一定成效。但是，从其中涉及“两会”的内容来看，2017 年仅有 6 篇，2018 年和 2019

年分别是4篇和3篇。这说明，尽管“两会”期间涉华议题受到的关注度比较高，但议题本身并不一定与“两会”直接相关（见表2和表3）。

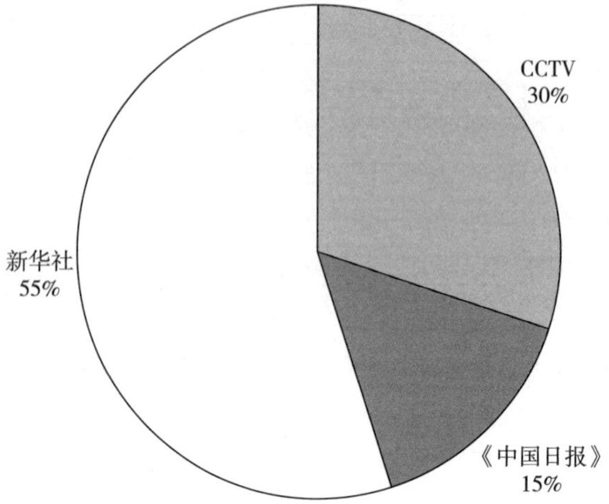

图11　2018年“两会”期间Facebook涉华议题内容点赞量TOP20媒体账号占比

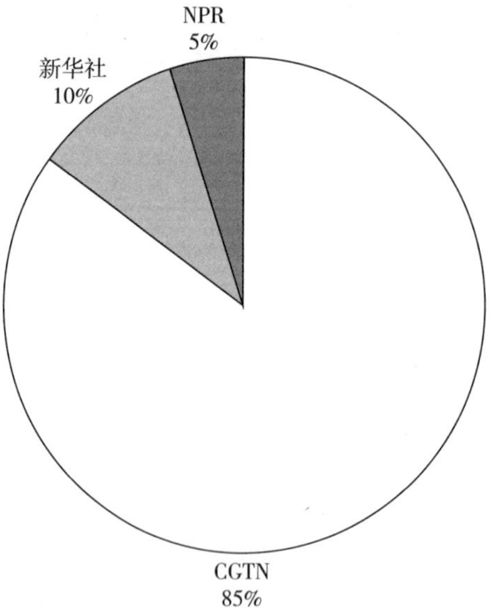

图12　2019年“两会”期间Facebook涉华议题内容点赞量TOP20媒体账号占比

表 2　2018 年“两会”期间 Facebook 平台涉华议题最高点赞量前 10 名媒体及媒体内容

账号	内容	时间
CCTV	#SeeChina Cherry blossoms across China	2018－03－10 06:00:00
CCTV	Little girl doing a robot dance with her teacher. #CCTV	2018－03－09 21:00:00
CCTV	You go, girl! Faces of Chinese women in the military. #@ newera #WomensDay	2018－03－08 11:01:51
China Xinhua News▲	Is China stealing manufacturing jobs from some countries? The facts tell a different story—China is creating jobs for them	2018－03－07 16:17:54
China Daily▲	Newly elected Chinese President and Central Military Commission Chairman Xi Jinping takes oath of allegiance to Constitution in Beijing. #TwoSessions #13thNPC	2018－03－17 14:01:00
China Xinhua News▲	#BREAKING: The Communist Party of China Central Committee proposed writing #XiJinping Thought on Socialism with Chinese Characteristics for a New Era into the country's Constitution. xhne. ws/vmFXq	2018－02－25 16:18:37
CCTV	Climbing sword mountain, a stunt mastered by the Miao people in China, is staged as a riveting dance performance. #CCTV	2018－03－15 17:01:49
China Xinhua News▲	Chinese democracy: how it boosts growth and prosperity? As China is embracing the 40th anniversary of its reform and opening up, the country is also building unprecedented confidence in its own definition and application of"democracy," a word introduced to China about a century ago. xhne. ws/24x7d	2018－03－16 22:02:07
CCTV	These"white tiger cubs"have mastered excellent contortion skills. #CCTV	2018－03－09 20:59:44
China Daily	AMAZING! China's first unmanned, panda-shaped"Sky Train"rolled off the production line in Sichuan. #skytrian #panda	2018－03－20 12:30:00

注：加三角形符号表示报道内容与“两会”有关。

表3　2019年"两会"期间Facebook平台涉华议题最高点赞量前10名媒体及媒体内容

账号	内容	时间
CGTN	360 – degree twisted palm tree grows in Chongqing A palm tree was spotted growing in spirals in southwest China's Chongqing on Monday. The direction of the sunlight partly shaped the tree	2019 – 03 – 06 08:20:00
CGTN	Kasaya and kapok-Shaolin Kung Fu monks begin spring practice Kapok flowers bloom between February to April. The Kung Fu monks from South Shaolin Temple of Quanzhou in southeast China's Fujian Province were captured practicing Kung Fu. For more: https://news.cgtn.com/.../3d3d414d3151544d33457a63.../index.html	2019 – 03 – 06 18:10:00
CGTN	Mount Huangshan stuns springtime visitors with rime-covered trees: Ice crystals form on trees as temperature drops below zero on Mount Huangshan in east China's Anhui Province after a spring shower on Monday. The icy landscape appeared unexpectedly to surprise tourists with a magical fairytale scene	2019 – 03 – 05 14:40:00
CGTN	Crayfish is popular in China, be it in the form of instant food in supermarkets or restaurants dishes. You can order it with your phone app any time of the year. But right now, newly bred crayfish are about to take over the market again	2019 – 03 – 11 09:00:00
CGTN ▲	China attaches great importance to the debt issues and does not create any traps for economies along the Belt and Road, Zhang Yesui, spokesman for the second plenary session of the 13th National People's Congress said Monday in a press conference in Beijing. #TwoSessions	2019 – 03 – 04 18:00:01
CGTN	Devotees celebrate the Gaura Purnima festival in Nepal Devotees sang and danced as flower petals and colored ribbons were thrown while celebrating the Gaura Purnima festival in Kathmandu, Nepal on Thursday. The festival is celebrated to mark the day when Lord Krishna, a major deity in Hinduism, changed his color to gold. ... The event is a month-long celebration, with people across the world coming to enjoy the blissful festival	2019 – 03 – 22 14:20:00
CGTN	A patient suffering from Parkinson's disease has received China's first 5G – based remote surgery with a deep brain stimulation (DBS) implant, according to local media	2019 – 03 – 17 13:00:00

续表

账号	内容	时间
CGTN ▲	# AskChina: Is China's permanent residence permit hard to get? China introduced the permanent residence system in 2004 which generally applies to four categories of people: top talent, foreign investors, those who have made outstanding contributions and those who have families in China. Due to its high threshold, only a small number of foreigners have successfully received the Chinese permanent residency card since the system was brought into practice, which includes Professor... William Brown, Nobel laureates Bernard L. Feringa and Kurt Wüthrich, as well as the card's first holder Joan Hinton—a renowned nuclear physicist who lived in China for more than half a century. Xie Rong, an officer who works in China's National Immigration Administration, told CGTN in an interview, "Foreign nationals holding permanent residence permits are eligible to enjoy the same treatment as Chinese citizens in terms of purchasing houses, applying for driver's licenses, enrolling their children in school, traveling and accessing financial services during their residence in China." As a result, however hard it could be, getting a permanent residence permit has remained at the top of the to-do lists of many expats seeking to build a life in the country. #TwoSessions For more: https://news.cgtn.com/.../3d3d414d34557a4d33457a63.../index.html	2019－03－15 21:20:00
CGTN	Over a million tulips blossom in southwest China's Sichuan Province on Saturday, creating colorful images on the field, including a heart-shaped pattern formed by red tulips	2019－03－10 13:25:00
CGTN ▲	Chinese tech giant Huawei on Thursday said it is suing the United States over a law introduced last year that bans government agencies from buying its equipment	2019－03－07 10:19:43

注：加三角形符号表示报道内容与“两会”有关。

此外，中国主流媒体海外社交网络平台报道议题配比合理性也在逐年提高。2017年“两会”期间，Facebook平台中国主流媒体共发布报道4503条，近两年分别是6121条和8218条，报道数量呈增加趋势。其中涉华报道比例也在逐年提高，由2017年的2614条（占比58%），增加到2018年的3697条（占比60%），再到2019年的6239条（占比76%），整体来看，比重仍在增加。内容涵盖范围广，其中政治新闻、体育新闻和科技新闻近三年的比例也在缓慢提高，议题更加多元化。但总体而言，科技、军事、体育新闻的比例仍然偏低（见图 13 和图 14）。

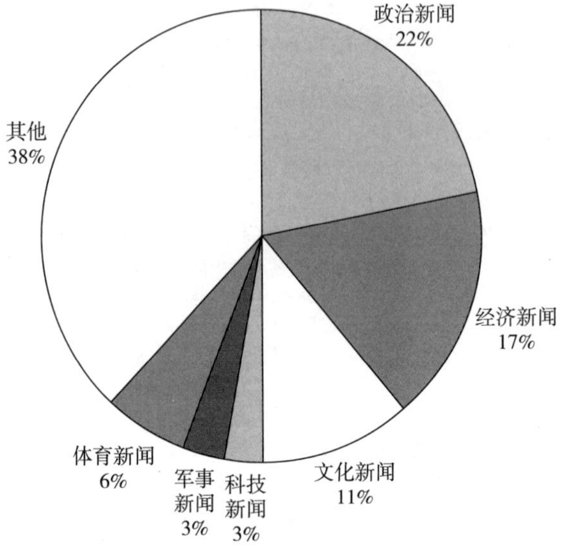

图 13　2018 年“两会”期间 Facebook 平台中国主流媒体议题配比

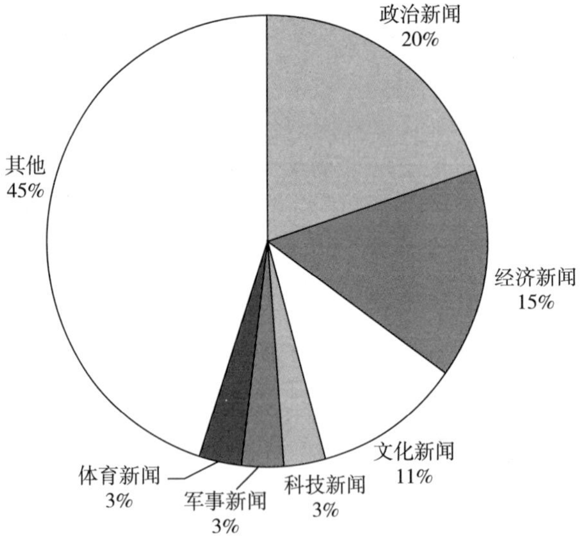

图 14　2019 年“两会”期间 Facebook 平台中国主流媒体议题配比

二　第二阶段：对51家中外媒体账号的抽样评估

在第一阶段评估的基础上，为了与国际媒体进行横向比较，我们又增加了路透社、美联社、法新社、BBC、CCN、今日俄罗斯、《纽约时报》、《华尔街日报》、《华盛顿邮报》等外媒账号，进行第二阶段评估。我们通过中国日报—中科院自动化所新媒体联合实验室“全媒体云”平台监测到51家媒体的Twitter账号，38家媒体的Facebook账号和21家媒体的YouTube账号，这一阶段根据不同平台的具体情况分别评估，重点是中国主流媒体与国外知名媒体在Twitter、Facebook和YouTube三大海外社交网络平台传播效果的比较，时间段分别是2018年和2019年。

（一）Twitter平台评估发现

第一，与43家国外主流媒体对比发现，中国媒体在Twitter平台的内容生成能力有所提升。2018年和2019年中国主流媒体账号全年发文量、日均发文量和原创量由2017年的中下游上升到中上游位置。其中，与2018年相比，2019年中国主流媒体的发文量、日均发文量和原创量排名略有下降。近三年，路透社、《卫报》、CNN、《时代周刊》、《华盛顿邮报》等国外媒体账号发文量一直名列前茅。

第二，尽管近三年中国媒体Twitter账号的吸引力增强，粉丝量迅速增长，但与CNN、《纽约时报》、BBC、《经济学人》和路透社等国际媒体账号的粉丝量相比，仍有较大差距。2019年是《环球时报》粉丝量（约1648万）突飞猛进的一年，与2018年粉丝量（约80万）和2017年粉丝量（约100万）相比直线上升。中国国际电视台的粉丝量一直在中国媒体账号中居于第二位，2019年粉丝量（约1409万）略高于2018年（约1110万），是2017年（约600万）的两倍多。新华社的粉丝量在1200万左右浮动。《人民日报》呈现逐年平稳增长态势，2017年约400万，2018年约501万，到2019年增至约703万。虽然中国媒体粉丝量年均增长率较高，但是粉丝绝对数量远不及一些知名国际媒体账号，例如2018年排在前四名的分别是：CNN（约5455万）、《纽约时报》（约4254万）、BBC（约3869万）和《经济学人》（约2350万）；2019年占据前四名的依然是这四家媒体，粉丝量与2018年相比均有小幅增长：CNN（约5459万）、《纽约时报》（约4469万）、BBC（约3933万）和《经济学人》（约2421万）。

第三，与国际媒体相比，中国媒体在Twitter平台的传播延展性不尽如人意。虽然2019年中国主流媒体发文转推量、评论量和收藏量与前两年相比有明显进步，但是，与CNN、《纽约时报》、《华盛顿邮报》、ABC新闻、NBC新闻、路透社、BBC、美联社等排名靠前的国际知名媒体相比，中国媒体差距很大，粉丝互动量较低，传播延展性较弱。

（二）Facebook平台评估发现

第一，与30家国际媒体相比，中国媒体在Facebook平台的内容生成能力较强，部分中国媒体Facebook账号总发文量、日均发文量和原创量位居前列。2018年新华社的日均发文量（约78条）位居榜首①，2019年墨西哥媒体Noticieros Televisacom日均发文量（约81条）领先新华社（约70条）排在第一位。2019年跻身日均发文量前列的中国媒体账号还有《环球时报》（约45条），不及《纽约时报》、CNN和《南华早报》，略高于《海峡时报》、中国国际电视台、《中国日报》等。

第二，从传播延展能力来看，与国际媒体相比，中国主流媒体账号的点赞量较高，分享量和评论量表现一般。中国国际电视台点赞量2017年（约5492万）和2018年（约6660万）均位居榜首，2019年（约3044万）略低于CNN（约3622万）排在第二名。近三年《人民日报》、新华社和《中国日报》的点赞量也在逐年增加。但是，中国媒体账号的分享量和评论量与排名靠前的CNN、BBC、《纽约时报》、NPR、《南华早报》等仍有不小的差距。

---

① 墨西哥媒体Noticieros Televisacom的Facebook账号2018年数据缺失。

（三）YouTube 平台评估分析

第一，从内容生成能力来看，与 13 家国际媒体相比，2 家中国媒体 YouTube 账号发文总量和日均发文量跻身国际主流媒体行列。其中，2018 年中国国际电视台日均发文量（约 22 条）最高，法新社（约 18 条）次之，美联社（16 条）位于第三名。2019 年美联社日均发文量（约 18 条）超过中国国际电视台（约 10 条）位居榜首，新华社（约 15 条）位居第二，排在前五名的国际媒体还有 Noticieros Televisa（约10 条）[①] 和法新社（约 10 条）。

第二，从传播吸引力来看，与国际媒体相比较，中国媒体的粉丝量还较低。2019 年 YouTube 账号粉丝量排名前三位的分别是 Tlnovelas（约 1120 万）、CNN（约 807 万）和 Las Estrellas（约 244 万）。2018 年分别是 CNN（约 258 万）、美联社（约 75 万）和中国国际电视台（约 28 万）。2017 年分别是 BBC（约 420 万）、ABC News（约 300 万）和 CNN（约 255 万）。中国主流媒体 YouTube 账号粉丝量虽然在逐年增加，但是与国际主流媒体相比差距较大，排名最靠前的是中国国际电视台和新华社两个账号。值得注意的是，中国国际电视台和新华社 2018 年粉丝量和 2017 年基本持平，分别为 28 万和 14 万。与前两年相比，2019 年的中国国际电视台粉丝量（约 104 万）增加到原来的 3 倍，新华社粉丝量（约 56 万）扩大到原来的 4 倍。

第三，在传播延展性方面，从国际媒体来看，CNN 连续三年蝉联 YouTube 平台视频播放量榜首，2019 年增加到 5 亿。同一年，新华社（约 5446 万）和墨西哥电视媒体 Las Estrellas（约 5089 万）分列第二名和第三名。2018 年的第二名、第三名分别是新华社（约 4378 万）和中国国际电视台（约 981 万），2017 年是 ABC News（约 1700 万）和 Fox News（约 1600 万）。从中国媒体来看，新华社 YouTube 账号播放量逐年增长，从

① 墨西哥媒体 Noticieros Televisacom 的 YouTube 账号 2018 年数据缺失。

2017 年的第 19 名一跃至 2018 年和 2019 年的第二名。中国国际电视台账号播放量亦有起伏波动，从 2017 年的第 11 名上升至 2018 年的第 3 名，然后下降至 2019 年的第 7 名。此外，在粉丝互动量指标上，2017 年中国国际电视台（第 11 名）和新华社（第 14 名）表现一般，2018 年开始新华社和中国国际电视台连续两年跻身前三名，《环球时报》2019 年亦有较好表现（第 9 名）。

三　第三阶段：对热门帖文、视频、词汇和标签的抽样剖析

为了解国际社交网络平台上涉及中国的热门内容主题及其流行原因，我们对 Twitter 和 YouTube 平台进行了第三阶段的评估，分别分析 2019 年和 2018 年的涉华热门帖文、视频、词汇和标签。数据来源为两大社交网络平台的搜索引擎和中国日报—中科院自动化所新媒体联合实验室的“全媒体云”数据库。

（一）涉华热门帖文及视频

根据采集到的数据情况，这一部分主要分析 2019 年 Twitter 平台涉华热帖前五名和 2018 年、2019 年 YouTube 平台涉华热门视频前五名。

1. 2019年 Twitter 平台涉华热帖前五名

第一名：四世同堂亲情视频。视频仅有 15 秒，却在国内、国际社交网络平台联动传播，吸引力和延展性均有出色表现，在 Twitter 平台收获了 132 万的点赞量和 35 万的转发量，不少外国网友也晒出自己家的“四世同堂”全家福。可见，诉诸亲情的内容能够引起跨文化用户的共鸣与共情，形成社交网络平台的传播米姆。

第二名：螃蟹写字表达爱国。一位用户用英文解说并转发《华夏画报》用中文发布的视频帖“爱国为了活着”，视频中主人请螃蟹给出一个不被吃的理由，螃蟹用钳执笔写道：“我爱中国!”这一视频收获了近 25 万的点赞

量。这条视频的两个关键元素是动物和爱国，趣味性强的动物视频在社交网络平台上一直比较受欢迎，这条视频通过动物的动作表达了爱国之情，颇有新意。

第三名：2019 年罗纳尔多中国之行。罗纳尔多（C 罗）发推文称："很高兴见到你，中国。"他的图文帖获得了 16 万的点赞量和 1 万条转发。C 罗主队尤文与国米在中国南京上演一场巅峰对决的比赛，凭借着 C 罗的出色表现，最终尤文以总比分 5∶4 战胜国米。作为当今足坛第一巨星，C 罗的中国行自然引发众多球迷的关注。这条帖文流行的原因主要在于发帖者的知名度和影响力。

第四名：小狗自救的幽默故事。这则视频时长 53 秒，一只狗被困在漂流的船上后，另一只小狗跳入水中用嘴咬住船的绳子将船拖到岸边，最终成功救起被困的小狗。这是发生在中国的真实事件，小狗们凭借着自己的可爱和聪明赢得国际网友们的喜爱。

第五名：完美的汉字书写。这则视频时长 56 秒，观看量达到 290 万次，点赞量达到 20 万次，视频中一位日本网友正在书写汉字，只见他从容淡定地书写，字迹工整规范，美观大方，堪比"印刷机"，引来网友称赞。

2. 2018年 YouTube 平台涉华热门视频前五名

第一名：约翰·塞纳在中国移动餐车上享用美食。约翰·塞纳是美国职业摔跤联盟里与中国关系最密切的国际巨星，他不仅多次来到中国，还会说一些中文。塞纳来到街边的烧烤摊，品尝 3 个羊肉串后，还喝了一杯网红珍珠奶茶，视频记录的是明星体验中国普通人生活，显得非常接地气。国外摔迷对于塞纳在中国的生活普遍都是持好奇、调侃和称赞的态度，表示比观看摔跤节目更加有趣，成为摔角网（WWE）官方账号最受欢迎的视频之一。

第二名：两位外国小哥在深圳华强北市场组装一台"便宜"主机。用户 Linus Tech Tips 是加拿大网红 IT 视频博主，用户 Strange Parts 因在深圳花 2000 元购买零件组装 iPhone 的视频走红。该视频时长 23 分 31 秒，记录两位外国小哥在深圳华强北逛市场购买电源、机箱、主板等零件，并在现场组装的全过程。国外网友惊呼中国太神奇，中国网友也对小哥的动手能力表示震惊。这段视频的走红让网友们了解到了华强北在硬件和创新方面的特色，让越来越多的人看到了深圳在前沿科技领域的发展潜力，受到网友好评。

第三名：印度 VS 中国商业案例研究。该视频时长 15 分 58 秒，在这段视频中，印度籍 Vivek Bindra 博士谈到了中国如何成为仅次于美国的世界第二大经济体，并与印度的现状做对比，引发印度网友热议。

第四名：中国擅长建设高铁。视频介绍了中国修建高铁的开端，以及目前的发展概况。通过举例说明中国需要通过高铁，而不是效仿欧洲通过飞机来联通城市。视频特别指出，10 年前，也就是北京奥运会的时候，中国的高铁网还只有北京到天津，上海机场到上海市郊的很小的一段。然而今天，中国的高铁网已经发展成为庞大的规模。视频回答了外国人“为什么中国如此擅长大型基础设施建设”的疑问，引发网友对中国速度的讨论。

第五名：世界第一长发村桂林“黄洛瑶寨”。视频是一位土生土长的瑶族姑娘的自述，她介绍瑶族妇女头发长度人均在一米左右，而瑶族祖传秘方就是在黑色的陶罐中积攒淘米水，加入中草药，等发酵后用来洗发，再以山泉水冲洗。一生剪一次头发，仅凭发型就可以判断她们的年龄段。这一视频属于奇闻逸事类，引发国际受众的好奇和关注。

3. 2019年 YouTube 平台涉华热门视频前五名

第一名：2019 世界人工智能大会开幕式上，阿里巴巴创始人马云和特斯拉创始人埃隆·马斯克的“二马”对话，该视频节选其中的一段，时长 4 分 10 秒，分享他们对于科技、人生、未来的思考，在不少话题上两者的观点、角度不尽相同，受到广泛关注。

第二名：中国路边小吃——蛇和鸽子火锅。视频时长 20 分 59 秒，用粤语讲述了蛇和鸽子火锅制作的全过程。

第三名：新中国成立 70 周年阅兵式。这条视频时长 8 分 39 秒，记录了鸣礼炮、升国旗、唱国歌、阅兵的全过程。阅兵是一种展示国家军事力量的途径，通过这样的方式让其他国家了解中国强大的军事实力。新中国成立 70 周年的大阅兵，让中国成为全世界的焦点，这也是该视频成为热门视频的重要原因。

第四名：外国人在中国组装手机的经历感受。用户 Strange Parts 继组装 iPhone 火爆网络后，又在深圳华强北市场购买零件组装三星 S9 Plus 手机。经过艰难地寻找并购买零件后，最终组装成功。完整的装机教程满足网友的好奇心，受到网友欢迎。此前该用户还尝试过手机内存升级、更换电池等改造工作，包括如何在 iPhone7 上面安装一个耳机插孔，如何在 iPhone 的背后安装一个发光的 logo，都是利用深圳当地的制造业和市场来完成的，这种探索发现精神也受到网友追捧。

第五名：中国艺术生"恶搞"老师的写实绘画。《南华早报》发布了一则 3 分 15 秒的视频，通过摆拍来以假乱真"恶搞"老师，记录的是日常生活，还有一些精心策划的视频，制作出有趣的恶作剧，让网友走近美术生群体，感受他们充满乐趣的生活。

（二）热词排行榜

在 Facebook 平台排名前 20 的热词榜单中，"中国"（China）连续三年位居榜首，并且 2018 年（9396 次）和 2019 年（9431 次）出现次数约为 2017 年（3371 次）的 3 倍；"中国的/中国人/汉语"（Chinese）连续三年进入榜单前五名；"北京"（Beijing）和"香港"（Hongkong）2019 年进入榜单前三名；"习主席"（Xi）和"新中国成立 70 周年"（70 years）也进入排行榜。可见，涉华议题越来越受到全世界的密切关注（见表 4）。

表 4　Facebook 2018 年和 2019 年 Top20 热词

单位：次

序号	2018 年 Facebook 热词	出现次数	2019 年 Facebook 热词	出现次数
1	China	9396	China	9431
2	Chinese	4012	Beijing	4391
3	Trump	2979	Hongkong	4124
4	U. S.	2682	Chinese	3831

续表

序号	2018 年 Facebook 热词	出现次数	2019 年 Facebook 热词	出现次数
5	president	2550	president	3282
6	people	2099	U. S.	3206
7	world	2086	Trump	2782
8	photos	1992	photo	2339
9	Beijing	1965	people	2305
10	province	1882	world	2274
11	Hongkong	1463	writes	1463
12	trade	1377	city	1404
13	Africa	1347	state	1327
14	Xi	1282	Sydney	1316
15	cooperation	1220	section	1274
16	city	1185	government	1247
17	year	1171	trade	1151
18	united	1136	year	1141
19	international	1120	country	1136
20	revolution	1048	70 year	1121

YouTube 平台年度热词排行 2017 年起连续三年前两名均为“中国”和“特朗普”，不同的是，2018 年和 2019 年“中国”超过“特朗普”上升至首位。2018 年中美两国发生贸易摩擦，贸易保护主义抬头，对全球经济构成威胁，“贸易”（trade）、“谈判”（talk）等词成为年度热词（见表 5）。

表 5　YouTube 2018 年和 2019 年 Top20 热词

单位：次

序号	2018 年 YouTube 热词	出现次数	2019 年 YouTube 热词	出现次数
1	China	1019	China	919
2	Trump	721	Trump	825
3	top	398	cap	558
4	stories	379	top	472
5	trade	341	stories	443

续表

序号	2018 年 YouTube 热词	出现次数	2019 年 YouTube 热词	出现次数
6	president	311	live	427
7	history	229	Hongkong	384
8	world	203	mundial	206
9	talk	144	history	253
10	protest	141	Mexico	237
11	summit	136	deportesg	235
12	minute	126	police	206
13	killed	125	Mexicanos	198
14	arrives	114	amlo	185
15	Xi	111	minute	180
16	talks	108	U. S.	176
17	cup	107	femenil	173
18	foreign	106	estrellasavance	151
19	bridge	105	Macao	144
20	Syria	95	rica	141

（三）热门标签排行

2018 年和 2019 年 Twitter 平台尝试通过标签来建立与受众关系的努力见到成效，例如“#followfriday”和“#followback”等标签明确邀请用户参与，受到欢迎。此外，跟竞赛、比赛相关的标签也颇具吸引力，例如“#contest”“#competition”“#win”等。热门标签往往代表最新趋势，2018 年加密货币是一个热门话题，因此“#ico”“#bitcoin”“#crypto”等标签流行；2019 年加密货币热度不减，“#ico”“#ethereum”“#crypto”占据热门标签排行榜前三名。此外，种族问题、女性保护依然是人们关注的话题，“#blackhistorymonth”“#womenshistorymonth”和“#iwd2019”（International Women's Day 2019）分别排在 2019 年榜单的第 6 位、第 7 位和第 9 位。长期热门的标签，如“#photography”“#funny”“#pets”也出现在排行榜上（见表 6）。

2018 年和 2019 年 Facebook 平台热门标签延续 2017 年的特点，主要诉诸个人生活状态展示和情感表达，人性化、共情化特征突出，政治、经济、社会类议题不明显（见表 7）。

表 6　Twitter 2018 年和 2019 年 Top10 热门标签

序号	2018 年标签	2019 年标签	序号	2018 年标签	2019 年标签
1	#ff	#ico	6	#win	#blackhistorymonth
2	#followfriday	#ethereum	7	#competition	#womenshistorymonth
3	#followback	#crypto	8	#crypto	#photography
4	#giveaway	#crowdfunding	9	#ico	#iwd2019
5	#contest	#medicaid	10	#bitcoin	#cryptocurrency

表 7　Facebook 2018 年和 2019 年 Top10 热门标签

序号	2018 年标签	2019 年标签	序号	2018 年标签	2019 年标签
1	#love	#hot	6	#beautiful	#follow
2	#me	#love	7	#self	#instagood
3	#cute	#sexy	8	#girl	#beautiful
4	#photooftheday	#cute	9	#picoftheday	#fashion
5	#happy	#like	10	#smile	#model

四　结论与讨论

基于以上对 2018 年和 2019 年中国媒体海外社交网络传播的三个阶段的效果评估及与 2017 年的对比，我们发现，从对 8 家中国主流媒体账号的抽样评估来看，内容生成能力从 2017 年至 2019 年稳步提升，其中，《环球时报》是一匹黑马，近两年在 Twitter 和 Facebook 平台均有突出表现，新华社、中国国际电视台、《中国日报》延续原有优势，传播内容数量保持领先；在传播延展能力方面中国媒体账号有所进步，Twitter 和 Facebook 平台的互动总量增加，但 YouTube 平台互动表现依然不佳；中国媒体的议题设置能力与日俱增，但议题配比的合理性仍需增强，科技、军事、体育新闻的比例较低。

从对51家中外媒体账号的抽样评估来看，在Twitter平台上，中国媒体账号的传播内容数量从2017年的中下游位置上升至中上游，但与路透社、《卫报》、CNN等国际媒体账号相比仍有差距；在粉丝量方面，尽管中国媒体粉丝量迅速增长，但仍远不及CNN、《纽约时报》、BBC等国际媒体；在传播延展性方面与美英媒体账号差距很大。在Facebook平台上，中国媒体账号内容生成能力领先，墨西哥媒体Noticieros Televisacom在2019年表现出色；与国际媒体相比，中国媒体账号点赞量较高，分享量和评论量一般。在YouTube平台上，新华社和中国国际电视台的发文总量和日均发文量可与美联社、法新社等国际媒体媲美；从粉丝量来看，墨西哥的Tlnovelas在2019年超过CNN拔得头筹，中国国际电视台在2018年进入了前三名，总体来看，尽管中国媒体粉丝量近两年成倍增加，但仍不如国际主流媒体；从传播延展性来看，CNN的播放量、互动量连续三年遥遥领先，新华社和中国国际电视台跻身前三名，但与CNN差距较大。

从对热门帖文、视频、词汇及标签的分析来看，在海外社交网络流行的涉华内容有几个特点：一是诉诸共情，让不同文化背景的国际受众感情受到触动；二是名人效应，依托名人本身的影响力广泛传播；三是中国实力，包括世界关注的中国科技、军事、经济实力；四是中国特色，例如中国文化、中国美食等；五是动物趣事、暖事和奇事。“中国”连续三年居于Facebook热词榜首位，连续两年居于YouTube热词榜首位，足见崛起中的大国在国际舆论中的关注度。在海外社交网络帖文标签的设置上，除了反映国际新闻热点和社会焦点外，还应关注个人的情感表达和生活诉求。

由此，我们得出以下结论：第一，经过数年的努力，中国媒体账号在海外社交网络平台上的传播策略渐趋成熟，在内容生成能力、传播延展能力、议题设置能力三方面均有较大进展，取得了显著成效；第二，中国媒体与国际媒体的差距正在逐渐缩小，现有的差距一方面反映了老牌国际媒体品牌影响力在新媒体平台的延续，另一方面显示了语言优势在国际传播领域的重要作用；第三，中国媒体需继续探索海外社交网络的传播规律与变化趋势，既要顺势而为更要引领方向，仍有拓展空间和效果提升潜力。

海外社交网络平台受众覆盖范围广，传播速度快，是各国媒体的兵家必争之地。就传播效果而言，在数量的评估指标上中国媒体总体上呈现逐年增长的态势，其中，内容发布数量和粉丝量、点赞量等指标已经跻身国际主流媒体行列，虽然个别媒体的某些指标略有下降，但不影响总体趋势；评论、转发等指标尽管仍不理想，可是也在不断提升。下一步需要引起重视的是对质量的评估，我们搜索到的来自中国媒体的涉华热门内容寥寥无几，这其实是中国媒体擅长且能够出彩的领域。如何借助“中国”这一关键词在海外社交网络平台上的热度传播好中国故事，增加国际受众对中国的好感，进而提升中国的国际形象和国际影响力是学界和业界需要深入思考的问题。

B.11
2019年中国媒体融合发展报告

郭全中*

摘　要： 中国媒体融合取得新进展，在顶层设计上提出“利用制度优势，采取互联网＋跨界思路”；全国一张网整合为媒体融合提供全新平台；股权激励为媒体融合提供新动力；央视频、人民日报＋等短视频平台推出；智媒体建设取得新成绩；县级融媒体中心建设稳步推进等。

关键词： 媒体融合　制度优势　智媒体　股权激励

2019年以来，我国媒体融合进一步深化，在顶层设计、体制机制、短视频平台建设、智媒体打造与互联网平台深化融合等方面都取得了显著进展。

一　顶层设计进一步完善

为了科学应对传统媒体业出现的大危机、大变局，习近平总书记提出了媒体融合的重大命题和工程，并从理念、功能和思路等方面为媒体融合进行了系统的顶层设计。

第一，在媒体融合理念上，提出了互联网思维。2014年8月18日召开的中央全面深化改革领导小组第四次会议审议通过的《关于推动传统媒体

---

* 郭全中，中共中央党校（国家行政学院）文史教研部副教授，主要研究方向为传媒经济管理、基于互联网的产业融合。

和新兴媒体融合发展的指导意见》提出强化互联网思维。

第二，在媒体融合功能上，提出要加强服务能力。在2018年8月21日至22日召开的全国宣传思想工作会议上，习近平总书记指出，要加强传播手段和话语方式创新，让党的理论“飞入寻常百姓家”。要扎实抓好县级融媒体中心建设，更好引导群众、服务群众，把媒体的功能从舆论引导功能进一步扩展到服务能力功能。

第三，在媒体融合思路上，提出了“媒体融合发展不仅仅是新闻单位的事”，即要采取“互联网+跨界”的融合思路。2019年1月25日，中共中央政治局在人民日报社就全媒体时代和媒体融合发展举行第十二次集体学习，习近平同志指出，全媒体不断发展，出现了全程媒体、全息媒体、全员媒体、全效媒体。对于媒体融合，他进一步指出，媒体融合发展不仅仅是新闻单位的事，要把我们掌握的社会思想文化公共资源、社会治理大数据、政策制定权的制度优势转化为巩固壮大主流思想舆论的综合优势。这为媒体融合充分利用制度优势进行跨界融合指明了方向，其本质是指充分整合各类资源来打造新时代的治国理政新平台。

二　“全国一张网”整合快速推进为媒体融合提供基础平台

近年来，经历了20多年高速发展的我国有线电视网络在互联网尤其是移动互联网的猛烈冲击下，从2016年开始下滑，亟须通过全国一张网的整合来打造全新的基础平台，实现有线电视网络的彻底转型升级，并为媒体融合提供坚实的基础平台。

（一）我国有线电视网络面临困境且存在短板

第一，我国有线电视网络深陷困境。一是我国有线电视网络用户数与市场规模出现较大幅度下降。其中，用户数从2015年开始出现下降，而营业收入从2016年开始下滑。二是我国有线电视网络市场规模与通信业相比差距很大。根据相关数据，我国电信业务收入大致是全国广电总收入的 2 倍左右。三是有线电视网络上市公司实力与三大电信运营商差距极大。整体来说，10 家广电网络上市公司呈现“小、散、弱、多”特点，而三大电信运营商的规模和实力则远远超过有线电视运营商。

第二，有线电视网络存在根本性缺陷。一是技术路线选择存在先天不足。在互联网快速发展的大背景下，我国的有线电视网络没有顺应技术发展趋势采取互联网技术，而采取了更为封闭的有线电视专网技术。在 2000 年技术升级时，选择单向的整体数字转换，采取的是 DVB 技术标准，而不是全 IP 技术。目前，仅有贵广网络、华数传媒等采取了全 IP 技术，这也导致有线电视网络的服务能力远远不能满足市场和用户需求，导致在和三大电信运营商竞争时居于绝对下风。二是区域化分割导致小、散、弱。三是有线电视网络没有实现真正的互联互通。四是我国的有线电视网络从事业单位转制为企业，有着大量的事业单位体制痕迹，这导致其市场化能力相对较弱。

（二）“全国一张网”整合取得本质性突破

第一，“全国一张网”快速推进。有线电视“全国一张网”整合之前速度奇慢、过程曲折、成效甚微，远远落后于市场预期，而在 2019 年在相关部门的强力推动下，“全国一张网”整合快速推进。一是 2018 年 8 月 24 日，全国有线电视网络整合发展领导小组成立。二是从 2019 年 1 月开始，制定《全国有线电视网络整合发展实施方案》（简称《方案》）。三是 2019 年 3 月，中国广电与中国中信集团有限公司及阿里巴巴集团分别签署了战略合作框架协议。四是 2019 年 6 月，中国广电获 5G 牌照，根据网络整合和 5G 建设一体化发展的思路，重新调整《方案》。五是 2019 年 11 月，九部委完成《方案》会签。六是 2019 年 12 月，工信部向中国广电颁发了 4.9GHz 频段 5G 试验频率使用许可，同意其在北京等 16 个城市部署 5G 网络。七是 2020 年 1 月 13 日，原湖北省通信管理局局长、党组书记宋起柱接替赵景春，担任中国广播电视网络有限公司董事长。八是 2020 年 2 月 13 日，中宣部等印发《全国有线电视网络整合发展实施方案》，对全国广电一网的整合与组建方案提出明确要求。九是2020年5月16日，中国广播电视网络有限公司宣布，中国广电5G移动终端即将面向通信市场发布，标志着中国广电5G向商业化运营迈进；17日，华数传媒在杭州启动广电5G杭州试验网，打响了广电5G第一枪；20日，中国移动发布公告称，中国移动和中国广电将联合确定网络建设计划，以1∶1比例共同投资建设700MHz 5G无线网络，共同所有并有权使用700MHz 5G无线网络资产，双方的合作期限自5G合作框架协议生效之日起至2031年12月31日。

第二，“全国一张网”整合的主要内容。一是在基本原则上，行政推动，市场运作。二是在组建方式上，成立中国广电股份有限公司新公司。充分考虑到股权多元的现状，以新公司中国广电股份有限公司作为一网整合的市场主体，一方面新公司可以更好地实现中国广电、各省网公司的利益平衡，另一方面又可以吸引新的战略投资者进入，更重要的是作为股份公司既可以单独上市也可以借壳上市。战略投资者以现金方式出资，除引入国有大型企业外，股份公司作为混合所有制改革试点，还将引入有影响力的民营企业，根据具体持股比例确定出资额。三是股份公司的运作模式如下：采取母子公司管理体制，广电一网股份公司为集团母公司，各省区市广电为控股子公司；在治理机制方面，股东大会由中国广电、各省网公司和战略投资者组成。四是任务重点上，全国一网、5G网络建设。

三　创新体制机制，为媒体融合激发活力

对于主流媒体的融合来说，体制机制已经成为制约融合的重要因素，而股权激励、融媒体工作室的设立等体制机制的改革，为媒体融合提供了一定的激励。

（一）人民网试点骨干员工股权激励

在国有企业混合所有制改革和相关政策的推动下，国有传媒类上市公司的增量股权激励改革有可能快速推进，这为媒体融合提供强劲的激励机制。

2015年8月，中共中央、国务院发布《关于深化国有企业改革的指导意见》，允许探索混合所有制企业员工持股。为落实该文件精神，2016年12月，《关于国有控股混合所有制企业开展员工持股试点的意见》（简称《意见》）发布，对员工持股试点做了详细规定。

第一，人民网股权激励的基本内容。2020年3月16日人民网发布的《2020年限制性股票计划（草案）摘要公告》，对于国有传媒类上市公司在完善长期激励机制方面具有很强的借鉴意义。结合《意见》，可以看出传媒类上市公司股权激励的基本内容和思路。

一是用于股权激励的股票数量占比很低。根据人民网相关公告，用于股权激励的股票占比一般不超过0.7%。人民网本计划拟授予的限制性股票所涉及的标的股票数量为718.28万股，约占本计划草案公告时公司股本总额的0.650%。其中，首批拟授予的限制性股票所涉及的标的股票数量为574.63万股，占本计划草案公告时公司股本总额的0.520%，占本计划拟授予总量的80%；预留143.65万股，占本计划草案公告时公司股本总额的0.130%，占本计划拟授予总量的20%。

二是激励人员较多。人民网的股权激励所面向的激励对象为人民网公司董事、高级管理人员、中层管理人员、对公司整体业绩和持续发展有直接影响的核心业务骨干人员。而本次限制性股票激励计划首批拟授予的激励对象总人数为259人，占人民网2018年底在职员工总数的9.11%，但是这次并没有高层管理人员。

三是有着很强的业绩对赌协议。人民网本次股权激励采取了“3年锁定期+4年解锁期”共计7年的设计方案，即股权激励锁定期为三年，从第四年开始，每年解锁1/4，直至第七年全部实现。而且要解锁股权，要完成5项社会效益指标和3项经济效益指标。并且还选取了新华网、中视传媒、中国出版、浙数文化、华数传媒、掌阅科技等13家优质上市公司作为对标考核企业。

第二，整体激励性不足够。一是股权激励为增量持股激励。国有传媒类上市公司上市时不允许员工持股，决定了不能采取存量持股激励，而只能采取增量持股激励。从激励效果的实践来说，存量持股上市时的财富放大效应最大，其激励效果自然也最好，而增量持股的激励效果则相对大打折扣。二是“福利性”奖励属性更多，激励效果并不显著：用于激励的股票数量不多；股票授予价格并不低，虽然人民网的股权授予价格在当时看来不高，平均为10.82元/股，但是从人民网的实际股价来看，在2020年3月27日收盘时，人民网的股价为18.81元/股，滚动市盈率则为86.73，2018年12月28日的股价为最低点，只有5.98元/股。根据人民网的公告，在首批激励计划中，不同层级骨干员工的比例相差并不大。

（二）“融媒体工作室”纷纷设立

融媒体工作室这种灵活的机制、扁平化的组织架构，有利于界定工作室的责权利，更好地激发工作室人员的积极性、主动性和创造性，孵化出更好的内容创新。

四　主流媒体频频推出短视频平台

近几年来，抖音、快手等短视频平台发展迅速，腾讯、阿里巴巴、百度等互联网巨头也纷纷大力布局短视频，为了更好地抢占短视频红利，主流媒体也纷纷推出自身的短视频平台。其中，以人民日报社、中央广播电视总台为代表的央媒，以及浙江广播电视集团、浙江日报报业集团等纷纷推出短视频平台。

（一）国内主流媒体推出的主要短视频平台

第一，人民日报社推出短视频聚合平台“人民日报+”。2019年9月19日，“人民日报+”短视频App正式上线，成为中央媒体首个上线的短视频聚合平台。“人民日报+”以PUGC和“人民问政”为主要特色，包含视频、直播、人民问政三个主要功能，作为主流短视频PUGC聚合平台，内容主要涵盖PGC、UGC和自制三个方面。“人民日报+”致力于打造自主可控的短视频旗舰平台，以焦点图、信息流、话题等展现形式为用户提供海量、优质的视频和直播内容，让用户能够及时获取重要、权威的视频资讯。业内领先的快手科技为产品提供技术支持。

第二，中央广播电视总台推出短视频平台“央视频”App。央视频融媒体发展有限公司于2019年5月30日注册成立，注册资本金为10亿元。其中，中央电视台占股比例为90%，央视国际网络有限公司（央视网）占股比例为10%。央视频在内容方面，以短视频为主，内容依托总台视频资源、品牌节目大IP、知名主持人，并联合“央视频号”进一步拓展内容生态。其中，对于入驻央视频号的创作者，央视频将聚合总台“5G+4K+AI+VR”的核心技术优势以及视频资源富矿，为其提供品质推动、流量激励、国家级媒体渠道加持，同时创作者的内容将有机会登上总台的大屏。在技术平台方面，互联网巨头腾讯也加入了“央视频”的开发工作，主要为其提供技术和人力层面的支持。据央视频官方发布的数据，央视频的下载量已经过亿。在新冠肺炎疫情期间，“央视频”客户端充分利用新技术，发挥平台聚合能力，创新推出“疫情24小时”专栏和“与疫情赛跑——全景直击武汉火神山、雷神山医院建设最前沿”系列慢直播，通过5G信号高清晰、全过程实时展现火神山和雷神山两家抗疫医院争分夺秒抓紧建设的情况。截至2020年2月2日，“疫情24小时”系列慢直播累计观看超过1亿人次，相关微博话题“云监工”阅读量超过1亿次。

第三，2020年9月24日，浙江广播电视集团推出中国蓝新闻客户端重磅打造的“蓝媒视频”，“蓝媒视频”是以短视频为主打的新媒体核心产品，通过充分整合浙江广电集团优质音视频资源，加快聚合全省各市县蓝媒号、政务号，蜂之眼拍客联盟以及各类自媒体、个人短视频创作者的优质账号，全力打造优质视频内容聚合平台。

第四，浙江日报报业集团推出短视频平台——天目新闻客户端。天目新闻客户端秉承“全国化、视频化、市场化”理念，立足浙江、面向长三角、辐射全中国，是拍友记录分享美好生活的互动平台，是方便用户办事的一站式服务平台。目前已接入“浙里办”优质服务和浙报集团优势服务资源，已有几十项民生服务事项。据了解，天目新闻与浙江新闻定位有根本不同，其更接近生活和服务，并且得到了浙江省委省政府的全力支持。

（二）主流媒体成功进行短视频布局的关键

综观字节跳动、快手等短视频平台的发展经验，短视频战略成功的关键是打造良性的生态系统，而主流媒体要想成功进行短视频布局自然也不能例外。良好的短视频生态系统难以打造，而要想成功打造就必须在观念、技术、资金和资源协同等事情上取得突破性进展。

第一，以“用户体验为王”的理念来打造生态系统。生态系统需要极其丰富、多样化的内容，而单单依靠主流媒体的原创视频是不够的，这就需要以用户为中心、以体验为核心，通过吸引大量的 UGC、PGC 等的入驻来提供相应的内容。而主流媒体要吸引大量的 UGC 就可能存在两大观念障碍，一是主流媒体长期以来以生产具有重要舆论引导功能的优质原创内容为核心使命，而引入多样化的内容之后，会给内容把关能力带来严峻的挑战。二是主流媒体相对来说是精英传播，而短视频的主要用户则是普罗大众，在内容和表达上需要通俗化和接地气，而这些恰恰是主流媒体不擅长的。

第二，通过各种方式来打造较为先进的技术平台。技术先进的短视频平台普遍使用的是大数据和人工智能技术，并在此基础上打造相对精准的算法技术。主流媒体不仅缺乏用户数据，而且自身的视频内容也并没有真正数据化，也谈不上算法能力。而基于人工智能技术的内容审核技术是短视频平台生存和发展的生命线，如果没有这种先进的技术能力，则主流媒体不敢也不能引入 UGC 内容。主流媒体的技术能力普遍薄弱，在打造先进的技术平台时，一种方式是与先进的短视频平台企业进行深度合作，另一种方式则是与先进的技术提供公司合作，让技术提供商提供基础的技术平台，个性化的应用则由自身的技术人员负责。

第三，适当放宽资金引进的限制。短视频平台构建和发展需要大量的资金，少则数以亿计，而多则需要数以十亿计，字节跳动和快手等市场化公司通过一轮又一轮融资来解决资金难题。主流媒体在引入外部战略投资者时，需要必要的政策支持，借助社会化资金实现短视频平台的迅速壮大。

第四，打通主流媒体内部的内容资源。大数据和人工智能技术讲究数据的互联互通，而主流媒体存在数据孤岛现象，内容和数据资源难以共享，这就要求主流媒体的各部门互联互通，以充分发挥内容和资源的力量。

五　智媒体建设快速推进

在云计算、大数据、人工智能等新技术的驱动下，以封面新闻等为代表的主流媒体也在快速向智媒体进发，绝大多数主流媒体都提出了打造智媒体的目标。

（一）主流媒体升维的智媒体开始重视生态系统打造

第一，封面传媒携手合作方布局生态系统。封面传媒在2016年提出智媒体以来，积极运用大数据、虚拟现实、人工智能等技术手段建设“智能+智慧+智库”的智媒体，已经成为我国传统媒体向智媒体转型的引领者和风向标。封面传媒在智媒体生态系统构建方面采取了如下措施：携手成都锦江区共建“智媒小镇”；引入基金公司战略投资，助推快速发展，谋求上市；携手四川联通打造全国首个多领域智媒云解决方案——“沃·封面”；与阿里巴巴、华为、联通、快手、中科大洋等公司进行深入合作。2020年4月，封面新闻6.0版本上线。该版本以智媒云为核心动力系统，重点围绕打造“中国封面”新品牌、塑造主流媒体算法、走好“云上群众路线”。与此同时，七大省份地理频道同步集中亮相，开启全时全域报道中国的智媒云新时代。

第二，南方+、天目云、长江云等积极与当地各级政府、企业、机构等进行全方位合作，初步形成生态系统雏形。浙江日报报业集团的天目云已经在浙江省、贵州省等70多个地方落地，包括浙江省海港集团、宁波舟山港集团等。长江云在湖北省上线了120个“云上”系列客户端，汇聚政务“两微”账号3985个，入驻党政部门单位2220家，接通民生服务58类152项，全平台现有用户8600多万。

（二）中台化成为智能驱动的新手段

智媒体的核心是利用人工智能技术实现信息与用户需求的智能化匹配，实现数量可观的用户沉淀，并通过适当的业务场景实现商业价值变现来形成商业闭环。在人工智能中，大数据是燃料，算法是灵魂，而场景是商业价值变现途径。媒体尤其是传媒集团旗下既有电视、广播、报纸、杂志等传统媒体资源，也有网站、客户端等新媒体资源，而要真正搭建智媒体实现智能化转型，就需要打造智能化的中台以更好地响应用户需求，重点是数据中台、业务中台和技术中台。

早在2015年，苏州广电集团就启动了技术中台和数据中台的建设工作，通过人工智能和大数据技术在新闻制作与传播中的应用，打造了一体化智能化技术支撑平台。苏州广电的智能化“中台”由数据中台和技术中台组成。其中，数据中台主要为各种用户数据、媒体数据和运营管理数据提供持久化的存储和分析，包括内容数据服务、传播数据服务、用户数据服务等支撑；技术中台主要为各上层应用提供公共的服务支撑，包括容器或虚拟机等微服务运行环境、数据库等基础服务、转码等媒体处理服务、语音识别等人工智能服务、云管控服务等。一方面，苏州广电智能化“中台”的建设，使人工智能技术更好地被应用到媒体融合生产的各个环节，在各类场景中提升业务生产效能，创新服务模式；另一方面，数据中台可以通过对媒体行业的用户数据、媒体数据资源进行深度挖掘、分析和理解，通过建设内容数据服务、传播数据服务、用户数据服务等模块，为融媒体业务提供舆情感知服务、传播影响力分析、用户画像和智能策划支撑等。

（三）央视网等打造人工智能编辑部

绝大多数媒体开始打造人工智能编辑部，其中以中央广播电视总台旗下的央视网、央广网、国际在线三网合力打造的“人工智能编辑部”为主要代表。尤其是在2020年全国“两会”，主要央媒在人工智能编辑部方面又都推出了新动作。其中，中央广播电视总台成功进行了国内首次“5G＋8K”

实时传输和快速剪辑集成制作。新华社则采取了5G+全息+访谈、媒体大脑、“两会机器人”三大动作，提供数十款智能模板样式，以及剪贝App、新华智会小程序、定制化微专题H5等移动端产品，用智能技术帮记者拼手速、拼脑力。人民日报社推出了“智能云剪辑师”，即“5G+AR”采访眼镜可以第一视角进行现场直播，只需手势或语音控制即可完成视频录制、拍照、直播等工作，拍摄时还能与后方编辑实现屏幕共享、实时互动。

（四）人工智能技术助力媒体战疫

抗击新冠肺炎疫情时间紧、任务重、变化快，以及人民群众的需求多样的特点，对媒体的服务提出了极高的挑战和要求，而基于云计算、大数据和人工智能等新技术基础之上的疫情机器人则大显身手，在提供海量信息、新闻可视化、拆条生成视频、信息服务等方面都成效显著。

第一，有效应对人民群众的海量信息查询需求。机器人不仅掌握了大量的数据和信息，而且可以永不疲倦地24小时为所有人服务，千人千面的疫情机器人为每一个用户提供了个性化的服务。例如，国内一直致力建设智媒体的封面新闻，在“战疫”报道中独立自主研发的疫情咨询机器人上线，将海量信息分为疫情数据（全国各省区市）、疫情新闻（热点、斩谣台、前线新闻）、同行患者查询、疫情防护问答、防护用品真伪鉴别、临近风险小区查询、线上义诊等八大模块，功能既有新闻信息、疫情信息发布，也有关于安全和防护用品的查询，比较全面地满足大众信息需求。用户只需要跟小封机器人聊天，就能全面、准确了解疫情，查找附近确诊病例、口罩佩戴方法、感染症状、同行患者等实用信息，在了解疫情动态的同时，也能帮助其更好地进行自我防护，进而推动全社会的疫情防控。此外，人民日报客户端和腾讯看点联合推出的“附近疫情实时查询”服务通过对用户定位，在线测量用户与确诊新冠肺炎患者的实地距离，能够让人们更好地了解疫情。

第二，大规模实现新闻可视化和视频化表达。近些年，由于可视化和视频化的新闻和服务更为直观、用户体验更好，新闻报道中尤其是重大突发新闻报道中使用频率越来越高。新华智云开发的疫情报道机器人根据实时疫情数据可以生成可视化数据视频，并监测全网疫情信息，帮助媒体快速处理直播，快速生成海报视频，并通过人工智能技术以细颗粒度快速识别、分析和拆条，帮助记者更快找到视频中的价值点。此外，《南方都市报》利用大数据技术推出了一款专为记录新冠肺炎疫情的时间轴产品。

第三，推出智能化的辟谣平台。疫情期间，人们情绪不安，信息纷繁芜杂，谣言自然也是分外多，如果靠人工去识别，不仅速度慢而且难以有效覆盖。本次疫情中，封面新闻针对性地推出斩谣台—智能辟谣平台，借助大数据与人工智能，第一时间抓取各地官方发布的辟谣信息，通过算法进行数据整合。腾讯早在2017年就推出的事实查证平台“较真”在本次疫情期间发挥了极大作用。此外，各家媒体基本上基于自身的数据技术推出了辟谣产品和服务。

主流媒体在智媒体建设方面取得了较大进展，只是主要停留在智能生产和传播层面，而大数据技术和资源、用户沉淀平台层面的进展尚少，仍需进一步提升智能化能力和水平。

六　借船出海实现融合传播

主流媒体在打造自身平台的同时，也纷纷在微信、微博、抖音、快手等互联网平台上开设各种官方号，通过借船出海来扩大自身的传播力和影响力。

2019年以来，抖音、快手吸引了大量的主流媒体入驻，主流媒体开始发力短视频，融合传播效果良好。以《人民日报》为例，截至2020年3月24日，《人民日报》的客户端下载量突破2.61亿，新浪微博粉丝数突破1.14亿，微信公众号用户订阅量超3200万，抖音关注数突破8000万，快手账号关注数超3700万。

七　县级融媒体中心建设取得新进展

第一，2019年，县级融媒体中心的5项标准规范全部发布实施，包括《县级融媒体中心建设规范》《县级融媒体中心省级技术平台规范要求》《县级融媒体中心网络安全规范》《县级融媒体中心运行维护规范》《县级融媒体中心监测监管规范》。截至2020年4月，全国已有1800多个县级融媒体中心挂牌成立，北京、福建、天津、甘肃、贵州、江西、上海、安徽、黑龙江、辽宁等多个省份已实现县级融媒体中心建设全覆盖。

第二，省级技术平台深度参与和推动县级融媒体中心建设，取得重要进展。通过不断提高自有融媒体云平台的聚合性、扩展性，建立省、市、县级媒体的生态化连接。

八 布局直播、MCN机构，探索新商业模式

主流媒体尤其是电视媒体纷纷布局直播、MCN机构，以探索新的商业模式和盈利模式，为主流媒体提供新的收入来源。

第一，中央广播电视总台发力直播电商。2019年以来尤其是新冠肺炎疫情期间，直播电商极其火爆，总台除了进行公益直播为湖北带货之外，也为国美零售直播带货。其他的媒体也纷纷投入直播电商的新战场上来，取得了一定成绩，从长远来说，直播电商的核心是电商平台，主流媒体需要界定清楚自身的优势和边界，才能真正拿到直播电商的红利。

第二，加速向MCN机构拓展。继成都台、湖南台娱乐频道、长沙台中广天择之后，黑龙江台、山东台、浙江广电集团、济南台等纷纷在MCN领域上积极布局。中央广播电视总台、无锡台“百室千端智慧联盟”、深圳广电集团等的一些融媒体项目和主持人短视频运营，也具备了一定的MCN形态特征。

参考文献

郭全中：《智媒体发展三大新趋势》，《新闻战线》2019年第23期。

国家广电智库：《广电媒体融合纵深发展五大新进展》，2020年5月9日。

B.12
5G 推动全球体育解说生态变革发展报告

柳亚鹏　魏　伟*

摘　要： 随着5G技术、8K和云端转播在体育赛事转播中的逐渐兴盛，体育解说的发展面临全新格局。过往体育解说的话语方式、规模、样态和类型等将迎来重大革新和发展。当下的全球体育解说模式包括奇观赛事模式、职业赛事模式、大学体育模式和小众赛事模式。不断涌现的新媒体体育解说的角色定位呈现去中心化、去中介化、去意见领袖、去议程设置者、去涵化者等变革，在职业素养层面也展现出具备全媒体能力、知识结构超载、专项能力突出、外语能力超群、应变能力超强和具备同时处理问题能力等革新。5G时代体育解说生态将迎来5G远程在场与云端转播解说，大数据、云计算的及时共享，多屏多声与定制服务等趋势，人工智能与真人解说同时存在可能成为现实。

关键词： 体育解说　话语方式　全球解说模式　5G时代

国家体育总局发布的《体育产业发展“十三五”规划》指出，到2020年

---

* 柳亚鹏，北京外国语大学国际新闻与传播学院博士研究生，湖南师范大学新闻与传播学院讲师；魏伟，北京外国语大学国际新闻与传播学院教授，博士生导师，国际体育传播与外交研究中心主任，研究方向为体育文化传播、符号学研究。

中国体育产业总规模要达到3万亿元。《国务院关于加快发展体育产业促进体育消费的若干意见》的46号文件提出到2025年体育产业总规模要突破5万亿元，经常参加体育锻炼的人数达到5亿。国务院办公厅印发的《体育强国建设纲要》中提出，“实施体育文化创作精品工程，创作具有时代特征、体育内涵、中国特色的体育文化产品，鼓励开展体育影视、体育音乐、体育摄影、体育美术、体育动漫、体育收藏品等的展示和评选活动”。党的十九大报告和国务院印发的《关于加强和改进中外人文交流工作的若干意见》也都不约而同地指出了新时期体育文化国际传播的思路和格局。在体育媒介化日益加深的时代，这一系列纲领性文件所描绘的中国未来体育产业的蓝图需要更加适应时代潮流的媒介形态来匹配。体育解说，作为体育媒介化的一块“显示屏”，映射着媒介演进过程中的媒体差异和时代特色。全球体育解说的规模和不同发展模式，体育解说在融媒体时代如何革新，与技术如何深度融合，都是本报告需要阐述的问题。

一　前5G时代体育解说的发展变迁

体育解说的诞生迄今不过百余年的历史。但其在话语方式、规模、样态和类型上都发生了相当显著的变迁。无论是从内涵还是外延来考察，百年沧桑的体育解说都产生了重要变化。

（一）话语方式变迁

体育解说历史上发生过两次重大的话语变迁。第一次是从广播解说逐渐过渡到电视解说之时，第二次是新媒体时代，尤其是多屏互动转播兴起之时。

世界上最早的体育广播实时赛况解说发生在1920年11月25日，一场美国大学生的美式橄榄球比赛在得克萨斯大学和德州农业机械大学之间展开。德州农业机械大学的实验电台WTAW对当时的比赛进行了火花发射器之间的电码传递，那时所谓的“解说”其实是播音室里的播音员将简述比赛进程的电码解码后向听众不断发布的。解说根据现场传回的一系列代码破译解读出场上发生的情况，并解码为语言传输给听众。[①] 这一解码、编码的过程恰恰是体育解说的核心本质：把场上的符码转译为语言符码再进行传播。广播体育解说员需要具备的话语特性就是作为“受众的眼睛”来代替受众观看比赛，描摹比赛场面。解说语言以描绘、陈述为主，语言凝练，节奏明快，富有激情。解说员不需要加入过多对于比赛主观色彩的解读。

从广播到电视介质的更替是体育解说历经的第一次话语方式的变迁。因为观众可以通过转播图像目睹赛事过程，所以广播时代需要进行的事无巨细的描述就显得“多余”。解说员开始在比赛画面基础上对比赛进行适度点评，更加注重比赛气氛的烘托。这一时期，解说员从对比赛宏观描述转为对比赛特写画面的解析，解说充满叙事建构，叙事多表现为注重英雄主义和浪漫主义。

新中国电视体育解说肇始于 1958 年，张之解说了北京电视台转播的北京女篮对阵八一女篮的比赛。彼时的广播和电视转播没能分离，所以张之先生的解说仍是广播描述式的，这样的风格也延续到了之后的宋世雄、孙正平等后来的解说员身上。张之在晚年已经敏感地注意到了广播体育解说与电视体育解说的重大差异，[②] 但这并没有影响到当时的其他解说员。美国体育解说员雷·斯科特（Ray Scott）创造的“短平快”式的非完整句解说的“斯科特法则”风靡世界，[③] 成为多数体育解说员过渡到电视时代话语方式的重要选择。

20 世纪末逐渐兴起的互联网和 21 世纪初萌芽的社交媒体为体育解说的话语流变带来了一次新革命。资讯的丰富多元使解说员在一定程度上失去了对比赛的定义解读权，受众在技术赋权下开始了社群化的体育生活方式，并开始从社群反哺传统媒体平台解说员的解说语料。这一时期，解说员话语叙事逐渐由建构转向解构，话语样式较之上一个时期更加封闭，提升了新兴球迷

---

① Irene Franck, David Brownstone, *Famous First Facts about Sports* (New York: H. W. Wilson Company. 2001), p. 118.

② 张之：《球赛转播实况札记》，《现代传播》1980 年第 2 期。

③ Tom Hedrick, *The Art of Sportscasting: How to Bulid a Successful Career* (South Bend: Diamond Communications, 2000), p. 93.

的准入门槛。一个明显的例证是，在电视体育解说时代，解说员拥有对于运动员昵称的命名权，如“怒吼天尊、魔兽”等，这种属于精英话语体系的昵称在这一阶段已经被平民话语特征的“老詹、字母哥”所取代，并且大量出现在解说员日常的解说话语中。这成为解说员与体育迷群共建的解说语料。

同时，技术的革新使体育转播进入“掌上时代”，比赛收看从集体场景逐渐演变为个人场景。相应地，体育解说也在从单向、宣告式的话语形态悄然向交互、交谈式转变。体育解说员与用户的互动增多，语言样态更加个人化，强调交流感。与此同时，分众、个性定制的体育解说在自媒体平台也逐渐出现。

这一时期另一个重要特点是，娱乐化因素前所未有地进入体育转播和解说员解说语料中，成为出现频次逐渐增加的新兴语汇。根据报告进行的国内调研结果，在目前现役体育解说员的语汇使用中，有高达76.39%的解说员会明确提到自己的解说语汇会参考流行文化中的流行语汇。此外表示自己会在解说中运用体育迷社群中产生的新语汇的解说员占总参与人数的69.44%。这正是当下体育解说的特点之一。

（二）规模

一百多年体育解说的发展，让体育解说员成为传媒行业中的一支重要力量。根据多个国家和地区的实证研究，体育解说员（主持人）在大传媒领域里职业满意度最高，达到93%以上，职业倦怠程度相对较低。[①] 从世界范围来考察，不少从事这一行业的体育解说员的职业生涯长达30年甚至40年，因主观原因退出行业的数量不多。

新媒体体育的发展势头迅猛，在有些国家和地区，体育解说员的数量已经接近甚至超过广播电视传统媒体的数量。从目前可以收集到的数据来看，全球体育解说员的规模差异很大。由于游戏解说员和自媒体解说员数量的完全不可控性，所以没有统计在内。统计数据表明，在美国，专职或兼职从事

① 魏伟：《体育解说论》，中国广播电视出版社，2013，第135～136页。

体育解说的人员数量可能接近20000人。在中国内地，各类体育解说员的数量应该在600～1000人。其中一半以上为兼职或者偶尔为之，所以数量很不稳定。法国在645人左右，意大利在575人左右，德国在514人左右，加拿大在466人左右，日本在357人左右，英国（英格兰地区）在255人左右，澳大利亚在185人左右，新西兰在25人左右（见表1）。从这个规模，我们大概可以预估目前全球体育解说员的数量应该在35000～40000人。如果将游戏解说员和自媒体解说员等泛体育解说员（主持人）计算在内，总量可望超过5万人。

表1　世界部分国家现有体育解说员（主持人）规模

单位：人

国家或地区	体育解说员(主持人)高位数	体育解说员(主持人)低位数	体育解说员(主持人)中位数
美　国	20500	18800	19650
法　国	680	610	645
意大利	660	490	575
德　国	532	496	514
加拿大	487	445	466
日　本	458	256	357
英格兰	300	210	255
澳大利亚	200	170	185
新西兰	29	21	25

为什么美国拥有全世界半数以上的体育解说员（主持人），是唯一超过10000人规模的国家？因为美国具有完备的体育解说员储备和选拔机制。各个大学甚至部分中学都有自己的广播电台、电视台或流媒体平台，这些平台大多转播各个学校或者社区的体育赛事，赛事资源充足。各级体育解说员由此积累了丰富的经验。优秀的电视和新媒体体育解说员往往是从具备一定经验的体育记者、编辑或者是电台解说员中选拔出来的。因此，美国重要电视和新媒体平台的体育解说员往往是35岁之后才脱颖而出。而且，平台对体育解说员的退休并不采取“一刀切”的方式。有些经验丰富、思维清晰的体育解说员一直可以工作到80岁甚至接近90岁。

（三）样态

随着体育赛事转播的专业化程度不断深入，全球体育解说体系的发展也越来越完备。从体育赛事转播早期的单人解说，到随着转播越来越成熟，体育解说员与解说顾问搭档的双人解说，再到有超过 10 人的体育解说员（主持人）团队作战。体育解说员和主持人的分工越发精细，职责更加明确。在赛场边负责解说的是传统的体育解说员（play-by-play commentator）和解说顾问（嘉宾）（color commentator）。其中，解说顾问有时是一个团队，包含退役的教练员、运动员、裁判员、官员和学者等。有司职演播室评论的评论员（studio commentator），与其搭档的技术分析专家（expert analysis）和负责演播室活跃气氛的叙述者（narrator）。赛事转播团队中还包括现场报道记者（liveground reporter）、边线记者（sideline reporter）、更衣室记者（locker-room reporter）、数据分析员（stat analyst），在美式橄榄球比赛中还有拿着望远镜为解说员提供球员即时信息的信息员。此外，在比赛转播间隙从事体育新闻播报的新闻主播（sports anchor）从广义上也隶属于体育解说员（主持人）团队。

（四）类型

体育解说的类型也在发生悄然变化，过往单一化、地方化的体育解说正在被多元化、全球化的体育解说所取代。十多年前不少学者预测的“一场多声”“私人定制”式的体育解说已经成为现实。今天，在不少新媒体平台，受众可以根据自己的喜好选择各种类型的体育解说组合，有偏向主队、偏向客队、相对中立的，也有不同风格类型的体育解说可供选择。CCTV 从 2010 年广州亚运会开始就在重大综合性运动会的开幕式实现体育解说的一场“双声”，既有沙桐和张斌带来的传统的开闭幕式解说话语，也有白岩松提供的新闻评论式的解说话语。在某些新媒体平台，个性鲜明、语言多变的体育解说已经成为吸引受众在新媒体体育平台付费购买收视的重要噱头。

与此同时，体育解说员解说的气质方式也有显著变化。除去早期出现的激情澎湃型解说，沉稳冷静型解说、幽默娱乐型解说甚至多愁善感型解说纷纷出现在体育解说的类型中。[①] 有不少解说员兼具其中两至三种解说气质。这种类型的多样化也是吸引受众深度介入体育赛事收视的原因之一。

二　全球体育解说主要模式

媒介化理论是近年来兴起于德国和北欧的一种重要的传播学理论，目前已经在世界范围内得到传播学界的普遍认可。德国学者安德烈斯·赫普（Andreas Hepp）在 2020 年的新作中更是提出了“深度媒介化”这一理念。[②] 丹麦学者科尔斯滕·弗兰德森（Kirsten Frandsen）可能是较早开始系统关注体育媒介化的学者之一。她认为，“体育媒介化必然会受到文化领域的问题和社会文化背景的高度影响。体育媒介化是一个相互关联，全球化和商业化发挥重要作用的特殊问题”。[③] 体育媒介化在从早期的体育媒介时代过渡到媒介体育时代之后，已经进入深度体育媒介化时代——体育重大事件时代。深度体育媒介化塑造了体育媒介化与全球化、商业化、市场化、城市化、体育专业主义和新闻专业主义之间高度杂糅的关联，以体育重大事件的形式呈现和再现当代体育媒介景观。

瑞士学者马丁·穆勒（Martin Müller）根据媒介化的程度提出了一个重大事件区分表。他运用了一系列复杂的指数来区分媒介事件，依照媒介事件是否达到百亿美元和十亿美元的影响力来进行阐释。媒介事件按照访客吸引力、媒介化到达率、成本和变革性影响力四个变量的大小，被顺次分为巨型事件（giga-event）、重大事件（mega-event）和主要事件（major event）。[④] 按照他的分类，夏季奥运会是当代媒介事件中唯一的巨型事件；欧洲足球锦标赛、世界杯足球赛、世博会、亚运会和冬季奥运会属于重大事件；APEC

---

① 魏伟：《体育解说教程》，人民体育出版社，2012，第 23～27 页。

② Andreas Hepp, *Deep Mediatization* (Abington: Routledge, 2020).

③ Kirsten Frandsen, *Sport and Mediatization* (Abingdon: Routledge, 2020).

④ Martin Müller, “What Makes an Event a Mega-event? Definitions and Sizes”, *Leisure Studies* 34, 2015, pp. 627－642.

峰会、欧洲文化之都项目、英式橄榄球世界杯、美式橄榄球超级碗、英联邦运动会、世界大学生运动会和泛美运动会属于主要事件。

当下全球体育解说的模式主要有以下几种。

（一）奇观赛事模式

唯一的巨型事件——夏季奥运会与重大事件中的 FIFA 男足世界杯和冬季奥运会共同隶属于奇观赛事模式。这些赛事每四年举办一次，影响力覆盖全球。对于所有转播这些赛事的公有和商业媒体而言，奇观赛事都是可以兼顾社会效益和经济效益的重大事件，因此其在体育解说层面的配备跟其他职业赛事有着显著差异。

以美国 NBC 对夏季奥运会的转播为例。每一位参与奥运会转播的体育解说员在投入赛事转播前会有将近半年的准备期，他们自己会收集部分相关资料，更主要依赖于专门为他们收集资料的资料员和专门服务于奥运会人物传记视频拍摄的团队，他们有的从一些明星运动员少年时期就开始跟踪拍摄，拥有与运动员相关的丰富的数据资源和音视频资源。以 2016 年里约奥运会为例，仅仅服务于开幕式解说的资料员就在 30 人以上，他们中有的是在校大学生，有的是具有多届奥运会经历的资深体育记者。解说员用于解说的资料被细化为无数个“节点”，但这些碎片大多在比赛前被充分整合。在开幕式入场式环节，几乎每个国家和地区代表团入场时，解说员手里都有三倍于解说时长的资料。由于 NBC 拥有独立于奥运公共转播视频信号之外的自制信号源，因此，美国代表团的几乎每名成员都会有极为丰富的过往资料相对应，这能够充分保证解说员在镜头切到运动员特写时可以有针对性的观点和评论。NBC 在奥运会转播中有明确的导向“讲述奥运故事”，尽管并没有明确故事陈述有何取向，但在美国与“全世界”之间，NBC 的解说员团队会显著地倾向于讲述美国奥运故事。[①] BBC、

① Andrew Billings, James Angelini, Paul MacArthur, *Olympic Television: Broadcasting the Biggest Show on Earth* (New York: Routledge, 2018).

NHK、CCTV 等各国公有电视媒体大多借鉴 NBC 的奥运解说模式，并且取得了积极效果。

FIFA 世界杯向各个国家和地区提供的是由 HBS 提供的平权播出信号，所以各国受众感知到的世界杯比赛的差异主要是在赛前、赛中、赛后的节目编排，对比赛认知的差异主要来自解说员。① 目前转播世界杯的国家和地区的解说员有半数以上还无法实现在场解说，只有近 20 个国家和地区能够实现每场转播均在场解说。在场解说是世界杯解说成功与否的重要前提条件。各个国家和地区解说世界杯的风格各异，目前全球体育解说的主要流派——北美流派、日耳曼流派、拉丁流派、斯拉夫流派、东北亚流派、阿拉伯流派和其他流派②都能在世界杯上找到对应的版本。多个实证研究表明，解说员对于受众关于世界杯的认知几乎是决定性的。

（二）职业赛事模式

职业赛事模式是体育解说较为常态化的模式，比例最大的体育解说出自这一模式。职业体育赛事的解说以吸引重度体育迷为特色，注重专业性，兼顾娱乐性。

以美国 NBA 的解说为例。NBA 在美国的转播分为全国转播和地方转播两级。覆盖全国的有 ESPN 和 TNT 两个有线电视平台，无线平台是与 ESPN 同属沃尔特・迪士尼公司的 ABC。篮球解说员可以同时受聘于一个或多个转播平台，也可以在不同平台中扮演不同角色（解说员、评论员或者边线、更衣室记者）。NBA 转播已经打破了过往的专业壁垒，让更多平面媒体的记者、编辑和信息提供者可以直接成为解说团队的成员。解说员被要求同时注重专业性、与搭档的默契程度、娱乐性和悬念设置。

例如，TNT 超级台的立台之本是“戏剧化”，所有的节目要为这一宗旨

---

① Thomas Horky, Galen Clavio, Christoph Grimmer, “Broadcasting the World Cup: A Multinational Comparative Analysis Broadcast Quality in the 2014 World Cup”, *Soccer & Society* 21, 2020, pp. 15 - 28.

② 魏伟：《体育解说教程》，人民体育出版社，2012，第 27 ~ 29 页。

服务。NBA 解说也不例外，所以它们在转播中尤其注重细节的挖掘，力图创造戏剧化的氛围。它们充分利用演播室评论团队这一被誉为“男性肥皂剧”的元素，通过巴克利、奥尼尔的话题制造和插科打诨的能力来提升戏剧化效果。解说团队有 4 组，搭配相对比较固定，一般由解说员提供场面描述，当即时回放、慢动作回放等“历史时态”呈现时，解说顾问团队承担阐述功能。ESPN 解说员的戏剧化呈现相对较弱，他们更加注重新闻专业主义的展现。解说员和解说顾问的评述相对保守，会比较注重地区和明星运动员之间的平衡。①

各个地方平台（大多数是 FOX 体育网的各地方电视台）的解说则风格各异，但大多具有较为明显的倾向性。这种倾向性主要体现在情绪的铺垫、辞藻的选择，而并非一边倒的观点的在地性。

（三）大学体育模式

大学体育模式是以美国为代表的解说模式。中国目前也有一定的大学体育赛事在各种平台播出。大学体育解说模式较之职业体育赛事模式相比，更多呈现注重主体身份认同、非专业性和发展潜质等特征。

以美国 NCAA 的美式橄榄球解说为例。相当比例的体育解说员会以代入式的方式呈现或显性或隐性的主体身份认同，而且力图让受众能够感知到这种认同。当然，与职业美式橄榄球相比，解说员不会刻意强调运动员的天赋和战术执行能力，专业性的要求会略低，会强调运动员的潜质。由于大学橄榄球比赛的人数大大多于职业比赛，每支球队有上百名球员，每个分区至少有十几支球队，加之解说员所处位置距离赛场较远，无法认清每一名球员，所以需要信息员通过望远镜的方式来辨别球员。即便如此，解说中还是难免出现各种各样的错误。② 因此，大学美式橄榄球比赛的解说往往被认为是业余级别的。

① Travis Vogan, *ESPN: The Making of a Sports Media Empire* (Urbana: University of Illinois Press, 2015).

② Ronald Smith, *Play-by-play: Radio, Television, and Big-Time College Sport* (Baltimore: The Johns Hopkins University Press, 2011).

（四）小众赛事模式

部分小众体育赛事虽然影响力不大，但在专业领域对体育解说提出的要求很高。例如 ESPN 的 X（极限）运动会。这项赛事是由 ESPN 策划、发起的一项纯粹的媒介赛事。在经过了早期的无序发展之后，现在已经成为一项有一定规模和有固定受众群体的赛事，部分项目已经成为夏季奥运会正式比赛项目。极限运动会的解说员数量虽然不多，但几乎在每个小项上都有区隔，解说员一般不会同时解说多个项目。在格外注重专业性的同时，解说员比较清醒地认知到项目的特殊属性，同时也比较关注解说中的趣味性和娱乐性。① 再比如篮网球（netball），基本上是一项女性运动，因此解说员也以女性为主。新西兰一共只有 2 名篮网球电视解说员，都是女性，但她们的专业性并不比男性解说员低。

三 新媒体体育解说对传统媒体体育解说的冲击与启示

随着新媒体体育平台的不断崛起，广播电视等传统媒体的体育解说正面临巨大的挑战。新媒体体育解说在角色定位和职业素养层面都对广播电视体育解说带来了不可小觑的冲击。

（一）角色定位的变革

新媒体体育解说对广播电视媒体的解说话语样态和解说传播关系造成了影响，解说员角色从单向传播转向导向和交互式传播，体育内容用户群的社群化让解说员和体育用户社群，以及节目受众产生了全新互动关系（见图 1）。

① Holly Thorpe, Belinda Wheaton, "The X Games: Re-imagining Youth and Sport", in Lawrece Wenner, Andrew Billings, eds., *Sport, Media and Mega-events* (Abingdon: Routledge, 2017), pp. 247 - 261.

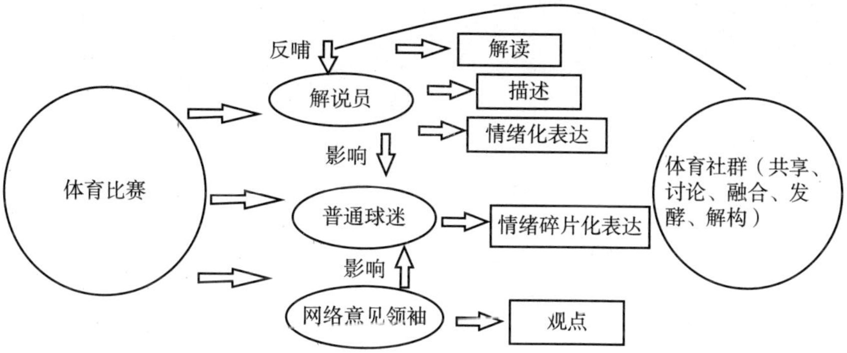

图 1　体育社群环境下解说员、球迷、意见领袖在比赛后的内容生产过程

资料来源：柳亚鹏、王若蘅，《融媒体环境下球迷社群化对体育解说的影响》，《青年记者》2017 年第 17 期。

从传统的体育解说员单向输出内容观点，到如今解说员内容与社群、意见领袖等要素产生更多交互，形成反哺，二次加工，强化输出。体育解说员的中心地位降低。与互联网对其他产业的影响类似，体育解说员角色定位同样呈现去中心化趋势。这样的去中心化趋势已经在实践中有所体现。根据对国内一线传统媒体及新媒体解说从业者进行的问卷调查，新媒体从业者更加注重与用户的互动，而在解说员的语料语汇使用中，无论是供职于传统媒体还是新媒体，体育迷社群约定俗成的语汇都成为从业者们重要的语料语汇来源或参考（69.44%）。相较于稳定不变的其他语汇，调查中被使用最广泛的恰恰是随着社会艺术不断变化的两项——流行文化语汇和社群语汇（见图 2）。如果把解说员放在大背景下考量，当下流行文化的观点冲击也可以被看作解说员去中心化的一个因素，两者都在一定程度上影响并削弱了解说员的中心地位。

另外，成形于 20 世纪 90 年代的媒介体育格局将被逐渐打破，体育解说也随之进入泛媒介体育时代。作为市场的媒介产品被各种体育参与单元所取代，形成结构相对稳定的体育关系网络，各种媒介所附带的解说评论式话语都可以作为影响因子作用于体育赛事产品中。体育解说从媒介主导转向关系

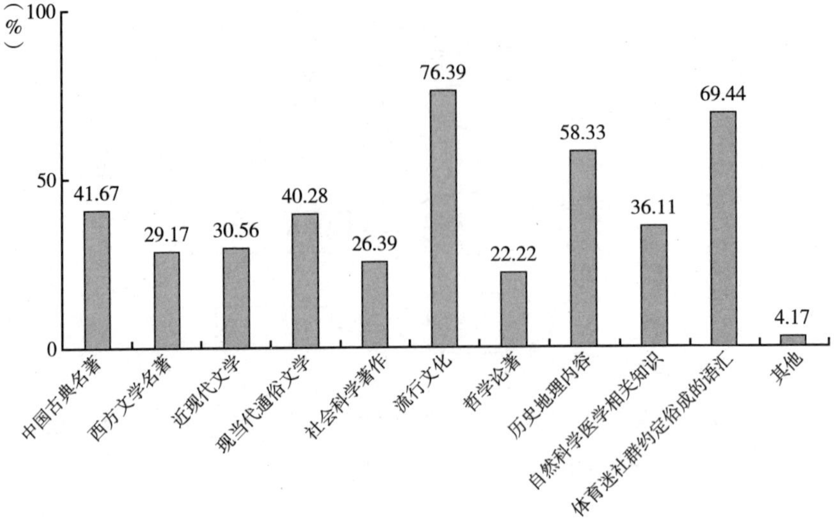

图 2　解说员使用语汇来源分析

强度主导，形成所谓解说的去媒介化。

在议程设置方面，传统媒体解说员更习惯于为用户设置议程，包括比赛看点、描述方式、叙事结构等，形成某种规范，称为解说体例。通过调查可以发现，这样的议程设置规范不仅在传统媒体中被视为行规和必须学习与遵循的技巧，而且在新媒体解说员中也同样被推崇。

但是，随着 5G 时代到来，议程设置会被技术导致的“散视化”观看所代替。观众可以有选择性地观赏某一位运动员的表现，或者多屏多声观看比赛，议程设置的部分内容由用户自行完成。这在一定程度上冲击了现有的“议程设置”规范。

另外，根据符号学“四体演进”理论，文学修辞通常由四个阶段组成，并进行阶段演进，分别是罗曼史、悲剧、喜剧和反讽。它们分别对应的是符号修辞的隐喻、提喻、转喻和反讽。[①] 当体育解说摆脱了纯粹的描述式话语后，便开始进入了文学修辞的四体演进过程。如果我们梳理

① 赵毅衡：《符号学：原理与推演》，南京大学出版社，2011，第 218 ~219 页。

当下全球体育解说的话语，可以考察到解说的话语修辞也从史诗隐喻式的解说，过渡到悲剧提喻式解说，再到喜剧转喻式的解说。虽然不同解说项目因为受众熟悉程度和受众面不同所处阶段不尽相同，但是路径基本保持一致。在自媒体时代，反讽式的解说带来的必然是大量解构的出现，焦点的移位引发“议程设置”的散失，噪声加大。这也是去议程设置的一种可能。

（二）职业素养的革新

新媒体体育解说在一定程度上集纳了传统媒体体育解说的众多特长，从技术层面对解说员提出了更高的要求，因此新媒体体育解说对解说员在职业素养层面有更高的要求。

首先，新媒体体育解说员要具备全媒体能力，既能够胜任传统媒体体育解说的要求，又需要在不同环境下适应新媒体发展的需求。VR、AR 技术、无差别交互智能软件的使用都需要在短时间内适应。

其次，新媒体体育解说员需要具备超载的知识结构。过往“百科全书”式的知识构造基本不变，但解说员需要具备的专项能力需要比传统媒体更强。由于新媒体体育平台的受众往往是“骨灰级”的体育迷，他们对于解说员的要求往往更加严苛。

再次，新媒体体育解说员往往需要具备超强的外语能力。过往单纯能看懂英语字幕、大致听懂和进行英语采访的外语能力要求已经不能够满足需求。新媒体体育解说员需要听懂非洲裔运动员的英语口音，有时需要具备一些其他语种的能力来看懂字幕板或者场内的对话。

又次，新媒体体育解说员在应变能力方面需要比传统媒体解说员更强。除了比赛现场突如其来的各种变化之外，弹幕、第二屏幕上需要的实时互动都要求解说员在第一时间给予回应。由于新媒体平台的受众往往比传统媒体受众享受更宽泛的话语权，这就给解说员提出了更高的应对要求。

最后，新媒体体育解说员需要具备同时处理问题的能力。由于新媒体体育平台往往比传统媒体更注重技术和理念的更新换代，解说员需要不断适应各种变化，做到“一心多用”。

四　5G时代体育解说生态的新趋势

5G时代的到来将为体育解说行业揭开新的一页，AR技术的成熟所带来的远程在场与云端解说将在很大程度上节约转播成本，提供超真实的观赛体验。大数据、云计算会为用户提供更加丰富、个性化的比赛解读，多屏多声以及衍生出的定制服务将彻底打开比赛视角，让更多元更丰富的比赛解读方式出现在用户终端。更重要的是人工智能的发展，伴随5G时代，人工智能将会被充分运用于解说中，辅助体育解说员完成工作，同时也许会伴随新的语言样态、解说模式甚至解说逻辑。

（一）5G远程在场与AR下的超真实

远程在场指观众可以通过AR技术终端获取比赛画面，在视域范围内产生超真实的比赛体验的转播技术。它可以让观众不止获得目前体育转播中常见的画面，同时可以跟踪现场特定观众或特定运动员视角，产生超真实的观赛体验。5G所带来的超大传输速率将解决目前视频捕捉到比赛画面后无法远程以超清码流为庞大数量的用户提供清晰画面的边缘计算问题。2018年，中国移动已经可以实现将AR与边缘计算工作分离，使AR终端不再受有线传输的限制。未来，被捕捉到的视频可以通过5G传输到边缘计算设备，经过计算以及对视频的渲染后传输回AR终端，成为真正意义上的远程在场观赛体验。

另外，AR技术将在很大程度上辅助增加比赛画面信息，2019年北美职业冰球联赛NHL全明星赛，NBC与SAP合力打造的Puck and tracking（冰球及球员运动轨迹）系统出现在全明星赛场的转播中，系统能够完成转播画面中球员姓名条等信息的跟踪补充。用户在终端接收到的是一幅类似电子游戏的画面，每一位球员头顶都会出现与其数据相关的信息。以往需要解说员介绍的画面之外的延伸信息将以更加直观的方式出现在用户面前。对于解说而言，上述技术会改变解说员的解说习惯，目前部分职业体育联盟中出现的泛数据化呈现问题将在5G时代被再次讨论，科技会提供给解说员更多的数据以供分析讨论，然而解说员的主导地位是否会因此被弱化值得关注。同时，AR技术所带来的远程在场让观众获得超真实的观赛体验，这种体验下对于解说的需求或许会更加注重气氛表达。当转播画面无限贴近真实，解说员的客观冷静能多大程度被未来用户所接受还有待实践的检验。

（二）大数据、云计算的及时共享

云计算是一种基于因特网的超级运算模式，拥有高达每秒十万亿次的运算能力。在云计算技术的支持下，体育转播中可以呈现更多的比赛细节，同样是2019年的NHL全明星赛所采用的Puck and tracking系统，除了画面表达更加丰富之外，这套系统还可以计算出球员之间距离、射门速度、冰球以及球员运动轨迹等高阶数据，并在画面中直观呈现。

2017年美国网球公开赛，IBM开发的Watson系统出现在赛场。其中Cognitive Highlight功能使用人工智能和云计算技术实时分析选手和观众。在比赛期间，该系统一直在监控七个不同的美国网球公开赛场地，分析球速、球员跑动距离以及观众的欢呼次数等，以便将其分配给“整体兴奋”得分。所有这些数据都是由Wastson处理的，然后出现在美国网球公开赛应用程序和USTA Facebook页面上。①

这种基于大数据、云计算，以及人工智能的技术使转播中可以出现平时解说中不会涉及的“整体兴奋”等数据，将情感描述转为量化，向体育解说员以及观众提供更多元和客观的观赛视角。对解说员的解读提出“符合客观事实，匹配高阶数据”等新的要求。同时，其与社交媒体的广泛融合为用户提供新的观赛场景，比赛向着更加碎片化、集锦化的方向发展。解说

① 《IBM Watson在美国网球公开赛上展示其AI“肌肉”》，环球网，https://tech.huanqiu.com/article/9CaKrnK57kp，2017年9月9日。

员在单位时间内的意图定点准确度、能量密度，包括语言美学的作用将更加凸显。在比赛高光时刻更加准确、更充满能量以及更具语言美感的解说可能成为时尚。

（三）人工智能

人工智能被认为将是5G时代最具革命性的科技成果之一，其在体育赛事转播中已经开始逐步启用。除了美国网球公开赛以外，IBM 在 2018 年与腾讯体育合作，在 NBA 总决赛期间测试人工智能剪辑师——“IBM AI Vision 视觉大脑”，它能够通过机器学习看懂篮球、了解规则、识别动作、判断得分失误，如同一个懂球的“AI 剪辑师”，在海量视频中找到比赛当日球迷票选最高的球员，精确标注并剪切出符合他们特质的个性化动作和表情，为每位球员制作出 45 秒的短片。

在 NBA 总决赛终场哨声吹响，杜兰特捧起 FMVP 奖杯的同时，IBM AI Vision 视觉大脑立刻生成他从新秀到问鼎总冠军 11 个赛季的成长史视频，这也是国内首支由 AI 剪辑的篮球 FMVP 视频。①

对于体育解说员来说，人工智能已经能够部分替代解说员阅读比赛、生成语言、模仿特定解说员话语风格的工作。AI 在信息检索准确度、高阶数据生成、解说语言客观准确等层面都有着相较于传统体育解说员的优势。但人工智能目前尚不能完成人类情感的感受以及对于非理性色彩的解说学习，这在未来似乎也未必不能实现。

2018 年，IBM 研究院首次将足球比赛阅读和足球比赛解说生成结合于一台人工智能终端上，并且在后台生成部分足球解说员语言风格模型，使人工智能可以拟仿用户熟知的解说员风格完成解说。

如果说广播时代解说员充当观众的眼睛，为观众描述画面信息，电视时代解说员充当观众的头脑，为观众解读画面之外的延伸信息。那么在人工智

① 《腾讯体育携手 IBM AI 实时剪辑创造观赛新体验》，新浪科技，https：//tech. sina. com. cn/n/k/2018 - 06 - 19/doc - iheauxvz5976521. shtml，2018 年 6 月 9 日。

能时代，人工智能能够大量生成高阶数据。在完成比赛解读的时候，解说员也许是观众共振的脉搏，解读人工智能已生成的高阶数据，与观众一起体会体育的运动之美、人文之美、激情之美。

我们可以预测，未来最优秀的体育解说员是能够与人工智能充分配合的解说员。依托人工智能、云计算的智能生成数据，以及算法优势，加上AR技术所带来的超真实观赛体验，一位能够准确解读高阶数据、合理运用丰富画面呈现、语言风格鲜明、气氛烘托到位的体育解说员在未来会成为更有优势的竞争者。

结构—国别篇

Reports on Structure and Country

B.13

伊朗新闻传播业发展报告*

张　谦**

摘　要： 在伊朗的社会发展进程中，新闻传播业的发展同政治和文化的发展密切相关。自报纸和广播电视等媒体形式在伊朗出现以来，伊朗的媒体在促进伊朗现代化进程中扮演了重要角色。同时，中国和伊朗作为丝绸之路上两个历史悠久的文明古国，新闻传播业越来越成为两国间文化交流和民间沟通的桥梁。"一带一路"合作倡议提出以来，伊朗做出了积极响应，在此新形势下，中伊两国在相互了解的基础上逐步开展媒体交流，在文化等诸多领域产生深远影响。本文将从历史和现状两个维度对伊朗的新闻发展状况进行探究，努力展现伊朗新

* 本文系教育部哲学社会科学研究重大课题攻关项目"'一带一路'沿线国家新闻传播业历史与现状研究"阶段性成果，项目编号为17JZD042。

** 张谦，北京第二外国语学院中东学院波斯语专业教师，主要研究方向为伊朗政治经济学。

闻传播业的全貌。

关键词： 新闻传播　伊朗媒体　“一带一路”

一　伊朗新闻传播业的历史沿革

伊朗文明的发展史同新闻传播业的发展密切相关。新闻是思想和信仰的载体，知识分子通过新闻的写作和发行，传播先进的知识和思想，推动社会的进步。在近代伊朗，随着现代意义上的新闻发行物的创办和发展，这一特点表现得更为突出。按照历史阶段划分，伊朗新闻传播业的发展历程大致可以分为以下几个时期。

（一）恺加王朝时期（1779～1921年）：新闻传播业的产生和初步发展

伊朗现代意义上的新闻传播业起始于恺加王朝时期。米尔扎·萨勒赫·设拉子在留学英国期间学习了印刷技术，并购买下一家印刷厂。1829年，他回国后，在德黑兰发行了伊朗历史上第一份报纸。这份报纸为月刊，并没有固定的名字，只是仿照英语词汇“Newspaper”将其翻译为“كاغذ اخبار”，即“消息的纸”。

纳赛尔丁国王在位期间（1848～1896年），国内发行物的数目有了一定的增长。其中影响最为深远的刊物要数总理阿米尔·卡比尔（Amir Kabir）主持创办的报纸وقايع روزنامه اتفاقيه①，该报纸每周发行一次，旨在教化民众、控制舆论。纳赛尔丁国王在位时期成立了国家报纸管理办和国家翻译局这两个组织来管理报纸发行的相关事务，政府从一定意义上垄断了报纸发行的市场。在此期间比较著名的报刊有《伊朗报》、《火星报》和《科学报》。

① 可直译为“偶然事件的报纸”。

直到穆扎法尔丁国王统治时期（1896～1907年），报纸的发行才开始走向自由化，将部分发行刊物的许可颁发给了个体。此时，伊朗社会的半封建半殖民地性质日益加深，穆扎法尔丁国王同政府高官一起逃到了欧洲，给私人报刊的发行提供了一定的发展空间。

立宪革命（1905～1911年）时期，无论是从发行的种类上来说，还是从发行量上来看，新闻出版业都得到了前所未有的发展。这些报纸深刻引导和更新了民众的思想，公众舆论被唤醒，并且发展到了一个高潮。立宪革命开始时（1905年），伊朗全国仅有20种新闻发行物；到了1906年，这个数目就已经增长到了92种。然而伴随着民意的觉醒而来的，是政府和殖民统治者们的压迫和暴力。大批报刊主编和撰稿人被迫停止发行报纸，先后被逮捕、审判、监禁，部分甚至被暗杀和秘密处决。

立宪革命时期涌现了大量的优秀出版物，它们不仅在伊朗的传媒业历史上意义重大，在文学史上也有着举足轻重的地位。其中，最有代表性的刊物是《北风》和《天使号角》。《天使号角》1907年创刊于德黑兰，主要的撰稿人是著名作家阿里·阿克巴尔·德胡达。德胡达文笔犀利，揭露了国家体制的落后，反对英、俄等帝国主义国家对伊朗的侵略。立宪革命后期《天使号角》遭到反动势力的镇压，《天使号角》被取缔，德胡达被迫流亡。《北风》主编是诗人赛义德·阿什拉夫尔丁，《北风》以刊载政治讽刺诗为主，尖锐地讽刺了反动统治阶级，是立宪革命时期反帝反封建的一面旗帜。

立宪革命后期，尤其是1921年政变之后，伊朗新闻传播业的发展更是雪上加霜。恺加王朝最后一任君主赛义德·焦尔丁·塔巴塔巴伊是记者出身，在领导了政变之后成立了内阁，并出任首相。他非常重视报刊发行在政治领域里所起的作用，将出版业置于严格管控之下，先后取缔了德黑兰市内许多报刊的发行资质，其中不乏一些在民众中影响深远的发行物。①

① http：//www. iranicaonline. org/articles/coup－detat－of－1299－1921.

（二）巴列维王朝时期：独裁下的艰难发展

巴列维王朝礼萨汗统治时期（1925～1941 年）可以算得上是伊朗新闻出版业发展最黑暗的时期。在礼萨汗的独裁统治下，所有的批评家和持不同政见者都受到了不同程度的惩处，比如《二十世纪报》的主编米尔扎德·阿什吉因批判礼萨汗政府、倡导共和制度而被处以死刑。在礼萨汗统治的 16 年里，所有发行物都要受到警察的监管，所有刊物都要经过警察的许可才能发行。发行物当中只要涉及反对政府的言论，此发行物的负责人就要被判处监禁或是被驱逐。在此期间持续发行的刊物数目极少，《消息报》《伊朗报》是其中的重要代表。

礼萨汗之子穆罕默德·礼萨·巴列维即位以后，许多新闻主编被赦免释放。在较宽松的政治环境下，伊朗的新闻业开始复苏，在德黑兰几乎每天都有新的刊物开始发行。也是从这个时期起，伊朗的报纸内容开始有了明显的政治倾向性。

相对宽松的政治氛围一直持续到 1953 年伊朗政变前夕。1953 年 8 月 19 日，巴列维为了巩固自己的封建统治，在美国的帮助下发动政变推翻了总理摩萨台建立的政府。此后，巴列维将新闻业纳入严格的监控当中。国家情报部和“萨瓦克”组织（国家情报安全组织）两个部门专门负责监管新闻出版业。一直到伊斯兰革命胜利前夕，新闻业都没有任何发展空间，仅存的发行刊物大部分以流行和娱乐为主题，部分甚至包含粗俗的内容。[①]

（三）伊斯兰革命时期：短暂的繁荣

巴列维王朝被推翻以后，伊斯兰革命初期（1978～1980 年）宽松的政治、文化和社会氛围为新闻业的发展营造了一个良好的环境。不到一年的时间里，有上百种报纸、杂志在全国各地发行。1979 年夏，革命委员会通过了全新的新闻从业法，由国家指导部对各个出版物的资质进行审核，只有获

① https：//www. isna. ir/news/8711 －07110. 91575.

得许可的机构才能继续发行。

在伊朗伊斯兰共和国成立和建设的初期，伊朗还不具备完整的新闻出版审查流程和机制，政府出于维护政权稳定的目的对新闻出版业进行了极大的干预。两伊战争（1980～1988 年）爆发以后，伊朗伊斯兰共和国开始采取措施加强对新闻出版业的管控。国家指导部开始了对出版机构的新一轮审查，同时为了调和政府和出版商之间的矛盾，还成立了“新闻调解委员会”。在一系列政策下，伊朗出版物的种类由 1980 年初的 200 多种，一年以后迅速减少到 62 种。在德黑兰，仅保留了四家日报发行商的发行资质：两种日报《伊斯兰共和报》《自由之晨》和两种晚报《消息报》《宇宙报》。

（四）后两伊战争时期：传统媒体的政治化

两伊战争以后，伊朗进入战后重建时期。除了八年战争的深远影响外，伊朗最高领袖霍梅尼（1902～1989 年）的去世也直接冲击着这个新生不久的政权，政权内部派系斗争加剧，媒体也渐渐成为不同派系表达政见和斗争的场所。

1986 年，伊朗成立了“伊斯兰文化指导部”来重建国家的新闻和文化事业，并确立了全新的指导方针鼓励新闻业的发展。1989 年 8 月，拉夫桑贾尼就任总统后，任命哈塔米为伊斯兰文化指导部部长，这段时间内，媒体政策更加开放，文化和社会氛围开始自由化发展。哈塔米改革倾向的做派激化了与保守派之间的冲突，很快就受到了保守派的抨击，他也因此在 1993 年辞去了部长的职务。

1997 年哈塔米担任伊朗总统，继续落实自己改良主义的执政方针。在他的任期内出台的一系列媒体政策为新闻出版的发展提供了较为宽松的环境，全国的发行物数量急速增长，大量改革派报刊先后活跃起来。改革派的呼声愈发响亮，更加激化了改革派与保守派之间的矛盾，保守派力量不断加强对媒体的控制和打压。保守派推动议会对《新闻法》进行修订，重新修订的《新闻法》加大了国家对新闻出版行业的管控力度，也由此引发了以大学生为代表的青年人士的大规模抗议。2000 年起，报刊媒体成为改革派与保守派之间斗争的战场，其结果是大批改革派报刊被关闭，改革派的话语平台越来越少。

内贾德担任总统期间（2005～2013年）对新闻媒体的管控更加严格。2006年，《伊朗报》曾因刊登的漫画引发社会冲突而被停办；《东方报》也先后两次因刊登内容不当被迫关闭。随着互联网媒体兴起，内贾德时期更是加强了国家对网络媒体的管控，2009年大选期间爆发的群众大游行，反政府力量利用社交媒体煽动群众并组织活动，政府随即关闭了相关社交媒体。

作为温和的保守派的鲁哈尼，担任总统期以来（2013年至今）努力调和传统保守派和改革派之间的矛盾，相应地，鲁哈尼也多次在政府会议以及其他公开场合上表示“反对新闻垄断、鼓励媒体对政府工作的批评”。

二 现代伊朗新闻传播业的基本结构

（一）伊朗主流媒体的发展

1. 通讯社

伊朗的通讯社根据所有权可以划分为国有通讯社和私营通讯社两类。自1979年伊斯兰革命胜利到1999年，全国仅有伊通社这一家通讯社。

伊通社全称“伊朗国家通讯社”，常被简写为IRNA。伊通社的前身是“波斯通讯社”，于1934年在礼萨汗的命令下创办，隶属于外交部。伊朗伊斯兰革命后，1981年伊斯兰议会通过决议将其改名为伊通社。在哈塔米任总统期间，伊通社成立了自己的新闻门户网站，这也是伊朗历史上第一个新闻网站。伊通社的日常经费全部来自政府拨款，社长由伊朗总统任免，新闻报道要受伊朗伊斯兰文化指导部的监督与指导。伊通社在伊朗国内各大重要省市派驻记者，在国外也设置有30多个记者站。

随着信息社会的发展，伊朗人民对于新闻的多样化需求也有所提高，单一的国有通讯社不再能满足民众和社会的需求，大量私人通讯社开始出现。

截至2016年，伊朗全国有43家通讯社正式运营。[①] 哈塔米任总统后，伊朗新闻业的发展有了较为宽松的社会政治环境，大约80%的通讯社都是在此期间成立的。其中影响力较广泛的通讯社及其相关情况见表1。

表1　伊朗国内通讯社详情（部分）

序号	通讯社名称	成立年份	属性	所属部门	活动领域	语言种类
1	伊朗伊斯兰共和国通讯社(IRNA)	1981	国有	伊斯兰文化指导部	全范围	波、英、阿、中、土、法、俄、西
2	伊朗声像组织通讯社	1976	国有	伊朗声像组织	全范围	波、阿、英
3	伊朗大学生通讯社(ISNA)	1999	私营	伊朗教育文化研究中心(ACECR)	全范围	波、阿、英
4	青年通讯社	2000	国有	伊朗声像组织政治事务部	全范围	波
5	文化遗产通讯社	2002	私营	文化遗产组织	文化遗产和旅游	波、阿、英、法
6	法尔斯通讯社	2002	私营	独立运营	全范围	波、阿、土
7	梅赫尔通讯社	2003	国有	伊斯兰宣传组织	全范围	波、英、阿、土、德、乌尔都语
8	伊朗农业通讯社	2004	私营	独立运营	农业	波、英
9	伊斯兰协商会议通讯社(ICANA)	2009	国有	伊朗伊斯兰议会	议会相关	波、阿、英
10	塔斯尼姆通讯社	2012	私营	独立运营	全范围	波、英、阿、乌尔都语

资料来源：整理自各通讯社官方网站上的信息，截至2020年3月30日。

2. 报纸

目前，伊朗全国每天有大约140种报纸发行，这些报纸大致可以分为两类：全国性发行和地方性发行。大部分报纸的内容以新闻和政治评论为主，还有一部分关注的是运动、经济等其他主题。在伊朗，报纸是各个政治党派发表言论和评论的前沿阵地，其中影响力较为广泛的有以下几种。

---

① 数据来自伊朗伊斯兰文化指导部2013～2016年工作报告。

Jam-e Jam 作为伊朗发行量最高的报纸，隶属于伊朗声像组织，观点评论更偏向于政治保守派。Jam-e Jam 不同于其他位于德黑兰的报社，凭借伊朗声像组织在不同省市的分支机构定点印制并发售，从而保证了新闻的时效性，赢得了较高的销量。据外媒报道，该报 2009 年的发行量达 45 万份，已经跃居第一位。

《宇宙报》是伊朗历史第二悠久的报纸，仅次于《消息报》，创建于 1942 年。1972 ~1979 年，在伊朗著名记者阿米尔·塔哈里的领导下，在伊朗伊斯兰革命前期发挥了重要的宣传作用。但在 1979 年革命胜利以后，由于与政府意见相左，《宇宙报》被迫停刊 2 个月。1993 年起，侯赛因·阿里沙里亚提曼达里被时任最高领袖霍梅尼任命为主编，开始了《宇宙报》的新篇章。《宇宙报》目前是伊朗国内保守派报刊，由最高领袖办公室运营，在伊朗第九任、第十任总统大选期间支持内贾德当选。

《伊斯兰共和报》是另一大保守派报纸，创建于伊斯兰革命胜利初期，由侯赛因·穆萨维创办，为伊朗伊斯兰共和党核心刊物。1987 年伊斯兰共和党解散后，《伊斯兰共和报》负责人是时任最高领袖顾问的马吉赫·马哈贾尼。目前，《伊斯兰共和报》隶属于国家司法部，是司法部官方出版刊物。

《消息报》是伊朗现存历史最悠久的报纸，1926 年创办于德黑兰，目前已经发展成为一家综合性传媒集团，除了每天早上发行的《消息报》外，该集团旗下还有《消息报国际版》《消息报科技版》《消息周报》《青年杂志》《政治经济月刊》等出版物，现为伊朗国家通讯社所有。跟伊朗国家通讯社的性质一样，《消息报》同样为政府喉舌，宣传和支持政府的政策和观点。根据 2018 年初伊朗伊斯兰文化指导部的调查排名，《消息报》综合排名居第 7 位。[①]

《市民报》创建于 1992 年拉夫桑贾尼担任总统时期，在创建初期只是德黑兰市政府运营的一份晨报，现在由市民传媒公司所有，旗下还运营有网

① https：//www. isna. ir/news/96102312177/.

站和杂志社。《市民报》大约有 35 万份的发行量，受众人群大多是在城市里生活的中产阶级，是德黑兰市发行量最大的报纸。《市民报》从 2006 年起开始运营网络版，广泛关注城市生活、自然环境、社会经济、政治事务和文化教育等方方面面。

改革派倾向的报纸主要有《东方报》《信任报》等。《东方报》创办于 2003 年，其创立者兼第一任主编是伊朗著名记者穆罕默德·古乔尼，曾经加入“建设管理党”，是坚定的改革派人士。《东方报》因为立场和言论问题曾被多次停办，但最终都能再次回归。《信任报》2002 年始办于德黑兰，也是改革派的重要阵地，其创办者兼负责人阿里亚斯·哈兹拉提是“国家信任党”副主席。

伊朗媒体人普遍担心和讨论的话题之一便是报纸业日益减少的发行量。近十年来，伊朗报纸的实际发行和流通量迅速减少，大部分发行物在发行、销售上都面临巨大困境。在新冠肺炎疫情期间，政府为了控制疫情的传播曾一度下令暂停所有报刊纸质版的印刷和公开发行。

在伊朗，大部分报纸都是政府所有，所有开销都来自政府预算，而在政府预算中出版物的开支一般比例极小，从而导致报社想要维系正常运营充满了挑战。同时，每种报纸的发行量很低，销售收入完全无法满足大部分报社的经济运行需求，所以报社必须想尽办法吸引赞助商才能维系运营。

在伊朗，大部分报社不具备发行能力，发行工作大部分是外包给发行公司完成。外包公司或是根据销售额抽调一定百分比获取利润，或是直接根据发行数目收取相应费用。针对那些发行量极少的报纸，发行公司直接从报社购买发行物的版权，并自己决定发行方式和数目。

针对国家发行基础薄弱的情况，伊朗伊斯兰文化指导部发起了资源整合计划来促进和刺激报纸等传统媒体的发展。通过整合全国资源合理安排发行，国家传统媒体的发行体系发生了变革，提高了整体发行量，为传统媒体的进一步发展打下了基础。

创建于 21 世纪初的《体育新闻报》是在发行上做得比较好的典型。在最近的伊斯兰文化指导部发布的报纸排名中，《体育新闻报》排名第五，也是发行量最大的私营报业。《体育新闻报》有自己的发行和监督办公室专门负责发行事务，通过详细和精确的市场监控和销售分析，不断调整报纸在不同地区的发行量，降低成本同时也保证了销售量。

3. 广播及电视

伊朗广播和电视的运营由国家垄断，所有的广播、电视节目都由伊朗伊斯兰共和国声像组织（IRIB）制作并播出。伊朗声像组织更是伊朗国内唯一合法的电视广播媒体，其前身是巴列维王朝时期成立的伊朗国家广播电视组织，1979 年伊斯兰革命以后更名为伊朗伊斯兰共和国声像组织。

IRIB 在伊朗政权结构当中是一个特殊的独立组织，不直接受国家三权机构的监督，而是有专门的监督委员会来执行监督权，监督委员会成员包括两名由总统推荐的代表、两名由司法总监推荐的代表和两名由议会议长推荐的代表，共六人。IRIB 的主席则直接由最高领袖指定和任命。①

IRIB 旗下的频道可以大致分为三类：电视频道、广播频道和地方省市电视台。全国性的电视频道共有 24 个，其中最主要的五个电视频道分别以 1 ~5 五个数字命名，此外还有新闻、教育、纪录片、体育、健康等其他主题频道。IRIB 还管辖着 23 个主要的广播频道，同时在各个省份也设置有分支机构，这些分支机构负责制作和管理地方性的电视广播节目，从而形成了一张由中央到地方的全范围网络，严密监控国内的广播电视节目。

除了国内频道外，伊朗还运营有旨在对外宣传的电视频道，例如，全部用阿语播报的“Al Alam”国际频道，从 2003 年起开始对外广播新闻；全英文新闻频道 Press TV；还有 IRIB 专门为境外伊朗人开设的波斯语频道 Jam-e Jam 等。

伊朗最主要的收视渠道是卫星电视，由于政府没有严格执行对卫星电视的禁令，民众也可以收看到很多境外卫星电视频道，从而在一定程度上打破了 IRIB 的垄断地位。BBC 波斯语频道创建于 2009 年初，受众主要是伊朗、阿富汗、塔吉克斯坦和巴基斯坦等国的波斯语使用者，节目都是在伦敦制作并播出，内容涵盖新闻、艺术、科学、文化和体育等多个方面。美国之音波

① 伊朗伊斯兰议会网站，https：//rc. majlis. ir/fa/law/show/99623。

斯语频道（VOA－PNN）创立的时间更早，于1996年开始播送节目。创办初期，VOA－PNN播送的政治社会主题节目吸引了大量的观众，但后来被BBC波斯语频道和其他境外频道分流了很多收视量。“我和你”频道也是一家在英国成立并运营的电视频道，2010年起在伦敦开播，内容丰富多样，除了新闻节目、电视剧外，还有选秀节目和真人秀等新型娱乐节目，吸引了大量的观众。

除了卫星电视以外，也有模拟地面电视，但伊朗没有付费电视产业，国内所有家庭都以免费的方式收看电视节目。①

（二）伊朗互联网及新媒体的发展

近年来，伊朗的互联网和智能手机业务快速发展，媒体行业也经历着深刻的变革。信息时代的到来让信息的传播更加畅通，人们通过信息的交流彼此认识、相互联系，形成了一个虚拟的网络世界。在人们的生活被改变的同时，媒体资源再也无法被独家垄断，渐渐扩散到了不同社会团体手中。

根据“互联网世界统计”（Internet World Stats，IWS）的数据，到2016年6月，伊朗8200万人口当中有5670万人口为互联网用户，占比高达69%。互联网的迅速发展催生了大量的博客和自媒体，从而在电视、报纸资源被政府严格管控的背景下，为民众提供了发表言论的渠道。此外，无线网络在伊朗近几年的发展也极为迅速，政府工信部报告显示，2019年全国2G网络覆盖率达93.1%，3G网络85.4%，4G网络54.8%。

与传统媒体相比，伊朗政府对互联网的管控力度一直很大，但因网络的开源性和内容的多元化，管控效果并不理想。2009年伊朗大选期间爆发的群众大游行，就是利用了网络进行信息传播。同年，伊朗伊斯兰革命卫队接管了伊朗电信公司，严格管控不良和非法信息的传播。其中，示威者广泛使用的Facebook和YouTube被禁用。从2011年起，伊朗政府提出了建立“清真网络”的计划，意图在全国范围内建立一个独立的网络系统来阻断外国

① 李宇：《伊朗电视业发展现状研究》，《现代视听》2019年第6期。

的信息入侵。

手机和无线网络的普及催化了社交媒体在伊朗的蓬勃发展。根据2019年伊朗学生投票机构进行的一份调查，所有的被调查者当中，使用比例最高的社交媒体前三位依次是：WhatsApp、Telegram、Instagram，比例分别为42.8%、42.4%、39.5%。在2017年以前，伊朗最受欢迎的社交软件是Telegram，2017年底伊朗爆发大规模反政府示威游行，为防止示威抗议活动继续蔓延，伊朗政府下令关闭了Telegram，事件结束后也未曾解禁，大量民众只能转向WhatsApp。尽管如此，还是有大批民众热衷于使用被禁的Telegram和Instagram，相比于WhatsApp的单一通信功能，可见伊朗民众对于公众分享和互动功能的偏爱。

（三）外国媒体在伊朗的基本情况

伊朗政府对外国新闻媒体实行严格的管制，除了严格的资质审核之外，在伊朗的外国媒体人想要在伊朗开展采访活动也受到重重限制。但伊朗作为全球热点国家，还是有很多国际媒体在伊朗设置记者站或办事处。

根据伊朗伊斯兰文化指导部的官方数据，驻伊朗的外国记者共有336名，有177家媒体在伊朗设有办事处（分别包含93家电视台、44家通讯社、27家报刊和13家图片社），这些记者和媒体来自中国、阿富汗、土耳其、俄罗斯、英国、法国、美国等34个国家。[①]

其中比较著名的通讯社有：法新社、路透社、新华社、共同社等。此外，还有多家国际著名电视台和广播台在伊朗也设置了记者站，比如中国的中央电视台（CCTV）、中国国际广播电台（CRI）、凤凰卫视，英国的BBC，日本的NHK，美国的VOA、CNN、CBS和卡塔尔半岛电视台等。

我国国内第一家使用波斯语制作节目的媒体是中央广播电视总台所属的中国国际广播电台（CRI），旨在向伊朗民众传递中国声音，CRI波斯语部于1957年成立，通过多种平台向伊朗播报和讲述中国故事。

① https://foreignmedia.farhang.gov.ir/fa/pressoffices.

1. 国际在线波斯语网站

国际在线作为中国国际广播电台的官方网站，包含43个语种服务，波斯语就是其中之一。网站上除了有最新的与中国、伊朗、阿富汗相关的波斯语新闻以外，还有若干专栏节目，比如汉语学习专栏、中国知识百科、中国旅行等。

2. 与伊朗声像组织合作，联合拍摄纪录片

2013年，中国国际广播电台与伊朗国家电视台联合采访拍摄《重走丝绸之路》系列专题片，伊朗国家电视台根据此次采访制作了十期专题节目，于2014年2月在伊朗国内多个频道播出，引起了积极反响。①

3. 与伊朗声像组织合作，联合制作伊朗本土广播节目

2014年5月7日，中国国际广播电台与伊朗声像组织下属的文化广播电台签署了关于联合制作播出《东方之珠》广播节目的协议，从而成为第一家在伊朗本土落地的外国媒体。②

4. 借助 Facebook、Twitter 等社交网站发布信息

2014年起，中国国际广播电台波斯语部在 Facebook 上开通了主页，截至2020年3月底，有60多万用户关注此主页。

三 伊朗传媒现状的生成分析

（一）历史传统的继承

波斯是世界上著名的文明古国之一，约在公元前500年就建立起了历史上第一个横跨亚、欧、非三大洲的帝国。追溯历史，伊朗新闻传播业的雏形开始于阿契美尼德时期。领土内每每发生重大事件，大流士一世就会第一时间命人将其刻于石柱之上，并派遣信使将石柱送达地方长官和各属国国王手中。后来，记录的材料由石柱渐渐发展为石板、木板，记录的内容也有所发

① 林路：《媒体融合发展背景下对伊朗传播的探索与思考》，《中国广播》2016年第7期。

② 林路：《媒体融合发展背景下对伊朗传播的探索与思考》，《中国广播》2016年第7期。

展，除了国书外，同时期还有大量的战书流传至今。大流士一世之后的君主继承了这种传统，薛西斯一世也习惯于将战争、敌国的情况和国内的新闻都记录在野兽皮上，大约每一个月发行一次。

历史上的伊朗，重文字、重文学、重文化，特别是自萨曼王朝以来，诞生了现代波斯语，波斯语、波斯文学作为伊朗人的身份表征被深深地印刻到了伊朗人民的骨血当中。在动荡年代，知识分子纷纷借助于笔尖的力量，针砭时事、救国救民，如此才有了立宪革命时期报纸新闻业的大繁荣，同时也推动了伊朗近现代文学的发展。发展至现代，在巴列维时期新闻媒体的雏形下，伊斯兰革命后进行收归和改造，从而形成了现在伊朗传媒业的基础。

（二）国家政体和政治结构的影响

政治因素对于伊朗传媒业的发展影响深远。伊朗是一个政教合一的伊斯兰国家，所有的法规全部在伊斯兰教法的框架下制定和修正，相应地，在伊朗的所有媒体行为也都要符合宗教信仰和伊斯兰教法。

伊朗特殊的政治权力结构决定了伊朗传媒业发展要受到多重制约。根据霍梅尼关于教法学家治国的理论，伊朗伊斯兰共和国政权的合法性来自“法基赫的监护”，即教法学家对国家政权有着绝对的监护权。宗教最高领袖作为“效仿渊源”，有着绝对的领导权，或直接或间接控制其他国家权力机构。在最高领袖的领导下，立法、行政、司法三权分立，相互制约。在此框架下，伊朗声像组织主席直接由最高领袖任命，并且成立专门的监督委员会监督运行，而监督委员会的成员分别来自立法、行政、司法三个权力部门。伊朗新闻传媒业的另一主管机构则是总统领导下的伊斯兰文化指导部。从而形成了伊朗新闻传媒业的基本管理体系。

伊朗伊斯兰革命以后，伊朗政府先后出台了《伊朗伊斯兰共和国宪法》、《伊朗伊斯兰共和国新闻法》和《数字媒体管理法案》等法律条款，形成了以国家媒体为主，限制发展其他类型媒体的整体格局。国家对媒体业的垄断和严格管控，极大地减少了社会上的反对声音，在一定程度上维系了政权和社会的稳定。

在基本管理体系以外，伊朗伊斯兰革命卫队在特殊时期也会介入新闻传媒业的管理当中，特别是在互联网资源和社交媒体方面，革命卫队会采用强硬的措施进行严格管理。例如 2009 年伊朗总统大选期间爆发骚乱，革命卫队迅速接手互联网的管理，通过军事命令肃清网络不良信息。此外，2019 年 11 月，伊朗因上调汽油价格引发了多个城市的骚乱，群众收到鼓动信息开始游行抗议，其中不乏暴力分子。为了尽快稳定社会秩序，伊朗国家最高安全委员会[①]下达指令，伊朗信息和通信技术部采取了“断网”行动。

（三）工业化发展水平的制约

伊朗在巴列维国王时期，在美国和西方国家的帮助下完成了一定的工业化建设。但自 1979 年伊斯兰革命胜利以来，美国的敌对和打压政策让伊朗陷入了发展的困境。进入 21 世纪，美国开始实施一系列对伊朗的制裁，这对伊朗的经济发展来说更是雪上加霜。目前，伊朗的工业化程度仍停留在比较落后的阶段，国家基础设施建设也不尽完善，落后的技术和生产基础在一定程度上制约了新闻传媒业的发展。

（四）西方媒体的渗透

互联网的发展和信息技术的革命使伊朗对于新闻的管控难度日益增大。特别是智能手机的普及，让每一个伊朗人都有了接触大量新闻资源的可能。尽管 Facebook、Twitter 等社交媒体和 YouTube 等视频网站在伊朗是被禁用的，但是依然有大量年轻人通过 VPN 等工具，去浏览外部信息，或是发表个人言论。

伴随着西方媒体的报道而来的，是大量的对伊朗政府的妖魔化批评和攻击。甚至有些国家还利用网络煽动舆情，挑拨民众，激化社会矛盾，意图破坏伊朗国家安全和社会稳定。为了消除这些恶意报道，伊朗开始屏蔽相关网

---

① 伊朗国家最高安全委员会，由总统、议会主席、司法部长、国家武装部队总司令、共和国军队司令、革命卫队司令、外交部长、情报部长等国家核心权力官员组成，是国家外交、防御和安全事务方面最重要的组织。

站，建立起严格的互联网控制和审查系统，严格和强硬的管理收效明显。一面是严格的管控，另一面是民众的诉求，伊朗新闻媒体也在努力借助最新的通信技术和手段寻求自己最大的发展空间。

四 结语

经过长期的文化积累和近现代以来新闻传播业的发展，伊朗形成了现在的传媒格局：传媒业主体结构以电视、报纸、广播等传统媒体为主，互联网比重逐渐提升，新兴媒体不断涌现。从所有制来看，大部分主流媒体为国家所有，例如电视台、电台、部分通讯社和报社，经费全部或大部分来自政府预算，注重社会和政治效益，风格严肃。也有部分独立出来的报业集团和传媒组织为私有制，进行商业化运作。

伊朗的传媒业发展也面临诸多困难：国家监管力度大，媒体的自主发展能力不高；传媒产业链不健全，市场化程度低；此外，西方媒体的渗透也带来了一定的负面影响。

伊朗新闻传播业正在经历变革。互联网和媒体的结合为中伊两国间新闻传播业的交流提供了新的可能。中伊两国媒体可以在电视、广播、社交媒体、网络平台等各个层面进行合作，在现有的基础上进一步展开交流，及时传递积极、正确的信息以促进两国人民之间的友谊，从而为中伊两国间的经济合作奠定坚实的基础，进一步推动共建“一带一路”走深走实。

B.14
土耳其新闻传播业发展报告*

胡舒蕾**

摘　要： 土耳其近现代新闻传播业的发展可以追溯到奥斯曼帝国晚期。目前，土耳其形成了以土耳其广播电视机构（TRT）为主导、六大私营媒体集团垄断的新闻传播格局；同时，土耳其的新闻传播业具有纸媒市场衰退、媒体所有权集中、政治化程度高等特点。一方面，土耳其新闻传播业所面临的困境一定程度上是正义发展党政策的产物，反映了土耳其社会日益紧张的政治经济关系。另一方面，受到共和国建国之初政治文化传统以及厄扎尔经济改革的深远影响，土耳其新闻传播业的发展具有其独特的历史性与复杂性。

关键词： 新闻传播　厄扎尔经济改革　土耳其　广播电视机构

土耳其共和国地跨亚、欧两大洲，北临黑海，南临地中海，西临爱琴海，与希腊、保加利亚接壤，东部与高加索三国及伊朗接壤，东南接壤叙利亚和伊拉克，具有极其重要的地缘战略地位。土耳其国土面积约为783562平方公里，拥有8315万人口，[①] 官方语言是土耳其语；主要宗教为伊斯兰

---

* 本文系教育部哲学社会科学研究重大课题攻关项目"'一带一路'沿线国家新闻传播业历史与现状研究"的阶段性成果，项目编号为17JZD042。

** 胡舒蕾，北京第二外国语学院中东学院土耳其语专业教师。

① 数据截至2019年12月31日，https://biruni.tuik.gov.tr/medas/?kn=95&locale=tr。

教，全国约有99.2%的穆斯林人口。[1]

土耳其是中东地区新闻传播业发展最快，最为成熟的国家之一。截止到2018年底，土耳其共拥有3500余种报纸，858家调频电台，144个地面电视频道，为土耳其及中东、欧洲地区其他各国提供多语种的媒体资讯服务。但近年来土耳其新闻传播业的运行环境不断变化。执政的正义发展党（以下称正发党），在2013年盖齐公园事件[2]和2016年未遂军事政变后加强了对土耳其国内新闻传播行业的管控，关闭了大量的媒体机构，降低了网络空间新闻传播的自由度。

土耳其作为重要的地区大国，处于地缘政治和地缘经济利益交汇中心，在“一带一路”倡议的实施中显示出其独特的重要性。尽管中土两国之间有着深厚的历史渊源，但受“泛突厥主义”、“泛伊斯兰主义”以及“东突”分裂势力的影响，土耳其人民对我国的宗教及民族政策产生严重误解。[3] 研究土耳其传媒生态及其历史发展，能够帮助我国做好对外传播，促进两国人民间的民心相通，为“一带一路”倡议奠定民意基础。

一 土耳其新闻传播业的历史沿革

土耳其本土的报纸印刷业在奥斯曼帝国晚期开始萌芽，广播电视行业在土耳其共和国成立的50年间迅速发展。1964年土耳其广播电视机构的垄断地位确立。20世纪90年代土耳其的传媒市场进入了自由化改革时期，出现了大量的私人广播电视公司，加速了新闻传播行业商业化和集团化的发展趋势，此后土耳其各大传媒集团的力量此消彼长。目前土耳其新闻传播行业形成了以土耳其广播电视机构为主导、六大媒体寡头垄断的新闻传播格局。

---

① 数据截至2014年，https：//serdargunes. files. wordpress. com/2013/08/tc3bcrkiye - de - dini - hayat - arastirmasi - 2014. pdf。

② 2013年因反对土耳其政府征收盖齐公园兴建购物中心而爆发的抗议活动。

③ 胡邦胜：《土耳其传媒生态及其特征》，《对外传播》2016年第12期。

（一）奥斯曼帝国晚期

土耳其真正意义上的近现代新闻传播业起步较晚，起源于奥斯曼帝国晚期。15～17 世纪奥斯曼帝国境内就出现了由犹太人、亚美尼亚人和希腊人创办的印刷厂，但由于宗教神权限制，直到 1727 年才出现第一个奥斯曼土耳其语印刷厂。[①] 1831 年发行的《事件日历》是第一份全部使用奥斯曼土耳其语编写的官方报纸。由于奥斯曼帝国是一个多民族国家，该报纸在发行后不定期地被翻译成各种语言版本，用于发布官方新闻以及告知民众相关的法规政策。[②] 与西方国家不同，近现代土耳其报刊业的萌芽主要依靠政治因素的推动与国家的支持，并不完全是资本主义经济和新兴社会结构的要求。[③] 奥斯曼帝国的报纸印刷业在坦志麦特改革时期（1839～1876 年）得到了进一步的发展。1860 年奥斯曼帝国出现了第一份非官方创办且由土耳其人独立运营的报纸《情况解释者报》。《情况解释者报》主张新闻报道的中立性，也是奥斯曼帝国境内第一家通过在专栏中加入政治报道引起公众舆论的报纸。[④]

奥斯曼帝国在 1876 年进入第一次宪政时期，政府对新闻传播业加强了监管，逮捕了大量的新闻从业者。从 1891 年起，新闻界被迫放弃刊登政治性文章，政府鼓励报纸刊发文学作品。1908 年奥斯曼帝国进行了第二次宪政改革，随着“联合进步委员会”力量的壮大，国内反苏丹统治主张立宪改革的思潮也开始风靡，本土的日刊报纸数量从 3 份增加到 15 份。[⑤] 但新

---

① Mehmet Ali Karaman, “Osmanlı Modernleşmesinde Basın”, *Sosyal Bilimler Dergisi* 32, 2014, pp. 131－142.

② Belkıs Ulusoy Nalcıoğlu, “Tanzimat Dönemi Türk Gazeteciliği ve Türk Basınının İlkleri”, *Manas Üniversitesi Sosyal Bilimler Dergisi* 7, 2005, pp. 253－267.

③ Kenan Demir, “Osmanlı'da Basının Doğuşu ve Gazeteler ”, *Iğdır Üniversitesi Sosyal Bilimler Dergisi* 5, 2014, pp. 57－88.

④ Şerif Demir, “ İktidar－Basın İlişkilerinin Osmanlı Devletinde Görünümü（1831－1918）”, *The Journal of Academic Social Science Studies*, Number 33, 2015 , pp. 367－377.

⑤ Erik J. Zürcher, Turkey, *A Modern History*（London: I. B. Tauris, 2017）, pp. 88－89.

闻传播业的这股“自由之风”并不持久，由于政局混乱报纸刊物再次处于政府的全面监管之下。

19世纪末20世纪初，奥斯曼帝国面对国家内忧外患的形势，最终逐渐走向瓦解。土耳其国父穆斯塔法·凯末尔·阿塔图尔克在1920年土耳其独立战争时期创办了《国家主权报》和安纳多卢通讯社，① 主要用于民族民主革命的宣传。这一时期土耳其的新闻界分为主要支持奥斯曼帝国的伊斯坦布尔新闻界和主要支持凯末尔的安卡拉新闻界。

（二）土耳其共和国成立初期

1923年10月29日土耳其共和国成立，土耳其新闻传播业进入了一个崭新的发展时期。受凯末尔主义的影响，土耳其建国初期的新闻传播业主要服务于国家建设计划，用于推行土耳其国民身份认同的风潮，主张世俗化粉碎伊斯兰主义，并且向西方靠拢。迅速发展的广播和印刷媒体成为凯末尔推行世俗化和现代化的有力工具。1927年土耳其正式向民众开放广播服务，这也成为土耳其广播行业发展的开端。土耳其的第一个广播电台在伊斯坦布尔创立，隶属于安纳多卢通讯社和土耳其商业银行。②

这一时期的字母改革对土耳其的新闻传播业产生了重大的影响。1928年的字母改革在实施初期给土耳其新闻传播业的发展带来了混乱，造成了土耳其国内报纸印刷量与发行量的萎缩。但以拉丁字母为基础的新字母体系大大降低了土耳其语的读写难度，一定程度上提升了土耳其人的识字率。

（三）多党制和军事政变时期

1950年土耳其民主党在选举中打败共和人民党后，土耳其的新闻传播业进入了多党制的发展时期。在民主党领导的多党制政党体系下，涌现了一

---

① Fatih M. Dervişoğlu, “Milli Mücadele Döneminde Basın ve İrade – İMilliye Gazetesi”, *The Journal of International Social Research*, Volume 2/6, 2009, pp. 160 – 166.

② İbrahim Sena Arvas, “Türkiye’nin Radyo ile Tanışması ve Türk Telesiz Telefon Anonim Şirketi”, *International Journal of Cultural and Social Studies*, Volume 4 Issue 2, 2018, pp. 406 – 428.

批新成立的政党以及联盟。土耳其国内政治中的政党之争直接地反映在新闻传播业的变动中，例如，左翼报纸《国家报》被土耳其政府多次关闭。[①] 1960～1980 年土耳其发生了三次军事政变，对土耳其的新闻传播行业造成了较大的影响。土耳其政府对言论自由和新闻自由施加了严格的控制，报纸刊物为生活方式、娱乐和体育新闻的报道拓展了更多的空间。

尽管土耳其国内的政治环境再次陷入了动荡，这一时期土耳其的新闻传播业见证了广播电视行业的诞生和报刊的商业化发展。1964 年土耳其广播电视机构（Türkiye Radyo Televizyon Kurumu，TRT）成立，1967 年第一个电视频道在土耳其广播电视机构播出。从 20 世纪 50 年代起，得益于经济的相对增长和印刷技术的发展，土耳其新闻传播业掀起了商业化的浪潮。这种商业化浪潮在报纸印刷业尤为明显，印刷企业通过相应的广告收入来获取利益，成长为中型的家族企业。其中最具有代表性的是《自由报》的创办者锡马威家族以及《民族报》的创办者卡拉迦家族。在 20 世纪 80 年代之前，土耳其的媒体系统围绕国营广播电视和私人出版的双重结构组织，国家在整个新闻传播行业中起主导作用。

（四）市场自由化改革时期

1980 年军事政变后，祖国党领袖图尔古特·厄扎尔上台，并在国内推行自由主义经济改革。1990 年第一个私人电视频道 magic box 投入运营，通过卫星将信号从德国广播到土耳其。到 1992 年底，土耳其广播市场已由 4 个主要的商业频道主宰（Kanal 6, Show TV, Star 1, Tele On），占据了约 70% 的市场份额。[②]

1993 年，土耳其修改《宪法》第 133 条款，赋予私营广播电视机构合法地位，土耳其广播电视机构的垄断地位由此终结。[③] 1994 年，议会通过了《广播法》（关于建立广播电视企业及其广播的第 3984 号法律），建立了所

① Haluk Harun Duman, *Türk Basın Tarihi* (Eskişehir: Anadolu Üniversitesi, 2016), p. 154.

② Bilge Yeşil, *Media In New Turkey* (Urbana, IL: University of Illinois Press, 2017), p. 43.

③ Tuğrul Ansay and Don Wallace Jr, *Introduction to Turkish Law* (Alphen aan den Rijn: Kluwer Law International, 2011), p. 68.

有权规则并防止垄断、交叉所有权和合并。①

20 世纪 80 年代末土耳其的新闻传播业开始发生巨大的转型：媒体服务提供商从家族式的经营模式逐步转向更加商业化的集团式经营模式。在广播电视行业迅速发展的同时，土耳其的报纸出版商为了争夺广告份额，开始涉足电视和广播行业，报纸和电视广播所有权的界限开始变得模糊。直至 20 世纪 90 年代，土耳其出现了五大传媒集团，如表 1 所示。

表 1　20 世纪 90 年代末土耳其主要传媒集团及下属业务

所属集团	报纸	广播电视	其他非媒体业务
多安集团（Doğan Grubu）	Hürriyet，Posta，Radikal，Gözcü Milliyet	CNN Türk，Kanal D	能源、旅游
乌赞集团（Uzan Grubu）	Star	Star，Star24	通信、电力、制造业
比尔盖集团（Bilgin Grubu）	Sabah	ATV	—
土库鲁瓦集团（Çukuruva Grubu）	Akşam，Güneş	Show TV，Sky Türk，Digi Türk	建筑、通信、保险、IT
柯克马兹·伊吉特集团（Korkmaz Yigit Grubu）	Milliyet，Yeni yüzyıl	Kanal 6，Kanal E	—

资料来源：Bilge Yeşil，*Media In New Turkey*（Urbana，IL：University of Illinois Press，2017），p. 49.

2002 年正义发展党（简称“正发党”）获得选举胜利，土耳其政坛开启了正发党领导的时代。与 20 世纪 90 年代相较，这一时期土耳其传媒集团的所有权发生了重大的改组。2001 年的经济危机使土耳其新闻传播业产生了多米诺骨牌效应，大量银行倒闭，媒体资产被拍卖，这一过程直接淘汰了乌赞集团和比尔盖集团。2008 年以后，土耳其国内亲正发党政府的媒体集团的数量和影响力日益增长。2018 年土耳其的媒体大亨艾登·多安将多安

① Law 3984，“Establishment of Radio and Television Enterprises and Their Broadcast”，1994，Official Gazette no. 212911.

集团旗下大部分的媒体业务出售给了亲政府的媒体集团黛米罗兰,① 导致土耳其传媒集团的格局发生了标志性的转变。目前土耳其最有影响力的40多个媒体机构的所有权集中在6个大型传媒集团的手中，这6个大型集团在建筑、能源、旅游业等领域同时开展业务，如表2所示。

表2　2019年土耳其主要的传媒集团及下属业务

所属集团	报纸	广播电视	通讯社	其他非媒体业务
多乌什集团（Doğuş Grubu）	—	NTV，Star TV，Kral TV，Kral FM	—	能源、建筑
黛米罗兰（Demirören Grubu）	Hürriyet，Milliyet，Posta，Fanatık	CNN Türk，Kanal D，Dream	Demirören Haber Ajansı	建筑、制造业、能源、旅游
阿尔巴伊拉克集团（Albayrak Grubu）	Yeni şafak	Tvnet，TempoTV	—	建筑、纺织、旅游、造纸
吉乃什集团（Ciner Grubu）	—	HaberTürk，Show TV	—	能源、建筑、交通、保险
卡尔咏集团（Kalyon Grubu）	Takvim，Sabah	ATV，Yeni Asır TV	Turkuvaz Haber Ajansı	能源、建筑、零售
伊赫拉斯集团（İhlas Grubu）	Türkiye	TGRT TV，TGRT FM	İhlas Haber Ajansı	教育、医疗、房地产、教育

资料来源：笔者根据相关资料整理。

二　土耳其新闻传播业的传播基础与格局

（一）主流媒体的发展

主流媒体在土耳其仍具有较大的影响力，广播电视是最主要的新闻传播

① https：//www.sozcu.com.tr/2018/ekonomi/dogan - medya - 916 - milyon - dolara - satildi - 2335013/.

媒介，土耳其纸媒市场出现了明显的衰退。

1. 安纳多卢通讯社是土耳其的官方通讯社

土耳其目前有20余家通讯社为国内外用户提供新闻服务。其中内容生产力最高、影响力最大的是安纳多卢通讯社、伊赫拉斯通讯社和多安通讯社。

安纳多卢通讯社是土耳其最为古老的新闻通讯社，1920年由凯末尔创办于土耳其独立战争时期，是土耳其目前最大的通讯社之一，也是土耳其的官方通讯社。安纳多卢通讯社目前以13种语言向100个国家提供新闻资讯服务，在国内外共有雇员3000余名，平均每天生产1600条新闻报道、2300张图片、400条视频。[①] 安纳多卢通讯社同时与路透社、法新社等全球主要的新闻通讯机构之间建立了合作。

伊赫拉斯通讯社成立于1993年，在土耳其国内外拥有超过800名雇员，145个办事处，每天的平均内容生产能力为3000张图片、1000篇新闻报道、200条影像资料。[②] 1998年伊赫拉斯通讯社开始提供阿拉伯语和英语新闻服务。“9·11”事件后，伊赫拉斯通讯社将主要的海外业务重心转移到伊朗、伊拉克、阿富汗和以色列等国，增加了在中亚和中东地区的影响力。

多安通讯社创建于1999年，原隶属于多安媒体集团，2018年出售给黛米罗兰集团后更名为黛米罗兰通讯社。多安通讯社在土耳其国内开设了34个分社，伊斯坦布尔分社在互联网环境下每月平均生产6000条新闻、3000条视频和11000张照片。[③] 多安通讯社结构重组后，与正发党政府之间的联系更加紧密。

2. 土耳其传统纸媒市场近年来显颓势

土耳其目前全国发行的报纸总数约为3500种，2018年总发行量为12.89亿份。与2017年的报纸总数相比减少了2.6%，报纸发行量总体

① https：//www. aa. com. tr/tr/kurumsal - haberler/guvenilir - haberin - kaynagi - anadolu - ajansi - 99 - yasinda/1443034.

② https：//www. iha. com. tr/hakkimizda. html.

③ https：//www. dha. com. tr/satis/kurumsal. asp.

下降了17.6%。[①] 2014年以来土耳其的传统纸媒市场出现严重萎缩，但主流报纸在土耳其仍具有较大的影响力。土耳其国内发行量较大的报纸有《晨报》《喉舌报》《自由报》《新黎明报》等。

《自由报》是土耳其发行量最大的报纸之一，创办于1948年，国内周销量约为25万份。[②] 1964年起《自由报》除了在土耳其国内发行，还在德国设立办事处向欧洲各国发行报纸，在欧洲国家约有18000个销售点。[③]

《共和报》是目前土耳其发行的报纸中历史最为悠久的报纸，创办于1924年，总部设立在伊斯坦布尔，周销量约为3万份。[④]《共和报》主要的读者群体是土耳其的上层精英阶层，其社论偏向于世俗主义和共和主义。在土耳其复杂的政治经济环境变动中，《共和报》创立之初的政治立场偏向共和民主党，现在转向中立的政治立场。

《新黎明报》创立于1994年，周销量约为10万份。[⑤]《新黎明报》是土耳其国内具有代表性的保守派右翼伊斯兰主义报纸，其社论观点偏向执政的正发党及其领导人、现任总统埃尔多安。

3. 广播及电视媒体拥有广泛的受众群体

1994年土耳其广播电视机构的垄断地位被打破，随后土耳其广播电视行业涌现了一批极具竞争力的私营广播电台与电视频道。但目前土耳其广播电视机构（TRT）在国内外仍有较大的影响力，拥有14个电视频道和16个广播频道，同时其官方网站提供41种语言的媒体服务。[⑥]

根据2018年12月的数据，土耳其每周广播频道的访问率为79%，每周约有3700万土耳其人收听广播。在所有的听众中，每天人均收听广播的时间为3小时10分钟。67%的土耳其人有每天听广播的习惯，24.17%的土耳其人一周至

① http://www.tuik.gov.tr/PreHaberBultenleri.do?id=30593.

② https://www.medyaradar.com/tirajlar/02-03-2020.

③ http://www.hurriyetkurumsal.com/tr/NYatirimlar/Sayfalar/NYurtdisi-Faaliyetleri.aspx.

④ https://www.medyaradar.com/tirajlar/02-03-2020.

⑤ https://www.medyaradar.com/tirajlar/02-03-2020.

⑥ https://www.trt.net.tr/Kurumsal/anasayfa.aspx.

少听一次广播。① 截至2018年底，土耳其国内共有858家调频电台、101家卫星电台。其中共有32个国家广播电台、76个区域广播电台和750个地方广播电台。② 土耳其目前收听量较高的广播频道是Kral FM、TRT FM以及Power Türk。

土耳其人日均电视观看时间远超世界平均水平。2018年世界每人日均电视观看时间为2小时55分钟，土耳其人的日均电视收看时间为4小时18分钟。截至2018年末，土耳其共有144个地面电视频道，与2015年相比减少了53个。③ Atv和FOX是土耳其当地最受欢迎的电视台，市场占有率分别达到了10.25%和8.64%。隶属于土耳其广播电视机构的TRT 1、TRT Belgesel以及TRT Müzik也有较高的市场占有率。④

（二）新兴媒体的发展

土耳其是全球互联网市场发展最快的国家之一，2019年土耳其的互联网用户超过5900万，渗透率达72%。YouTube、Facebook是土耳其最受欢迎的网络社交媒体平台。

1. 土耳其互联网用户数量增长速度快

2009年土耳其互联网注册用户约为885万人，截止到2019年9月土耳其互联网用户超过5900万，渗透率约达72%。土耳其网民日均互联网使用时间约为7个小时，每人日均在社交媒体上花费2小时46分钟，在视频浏览上花费3小时9分钟。⑤ 土耳其的移动手机注册用户在过去的20年间从1500万人增长至8290万人，移动手机的拥有人数占土耳其总人口的99%，其中智能手机拥有率约占77%。

2. YouTube成为土耳其最受欢迎的社交媒体

截至2019年，土耳其约有5200万社交媒体活跃用户，社交媒体的渗透

---

① https：//www. statista. com/statistics/570100/distribution – of – radio – listening – frequency – turkey/.

② https：//www. ratem. org/ratem – sektor – raporlari.

③ https：//www. ratem. org/ratem – sektor – raporlari.

④ https：//www. ekovitrin. com/guncel/iste – en – cok – izlenen – tv – kanallari – h75353. html.

⑤ https：//dijilopedi. com/2019 – turkiye – internet – kullanim – ve – sosyal – medya – istatistikleri/.

率约为63%；其中有4400万用户通过移动端使用社交媒体，人数约占土耳其总人口的53%。① YouTube、Facebook以及WhatsApp是土耳其最受欢迎的社交媒体。YouTube在土耳其社交媒体市场的占有率约为76%，49%的土耳其民众以获取新闻资讯为目的使用YouTube（见图1）。

TOP SOCIAL MEDIA AND MESSAGING

Rank	Brand	For News	For All
1	YouTube	49% (+8)	76%
2	Facebook	47% (-4)	71%
3	WhatsApp	33% (+3)	74%
4	Instagram	33% (+9)	64%
5	Twitter	33% (-2)	49%
6	Facebook Messenger	10% (+1)	35%

图1　土耳其各大社交媒体使用情况

资料来源：Reuters Institute Digital News Report 2019。

3. 互联网是土耳其城市人口获取新闻的重要来源

2015～2019年，基于土耳其整体人口，电视仍是土耳其人最为重要的新闻资讯渠道。但在非偏远地区，互联网（包括社交媒体）是土耳其人广泛使用的新闻资讯来源。分别有87%的土耳其人和74%的土耳其人通过互联网（包括社交媒体）渠道和电视渠道来获取新闻资讯，46%的土耳其人选择阅读纸质新闻媒介。根据2019年的调查，手机成为土耳其人获取资讯最为便捷的方式。71%的土耳其民众倾向于使用手机获取新闻资讯，52%的土耳其民众选择电脑进行新闻资讯搜索。② 各大主流媒体推出在线阅读版本和新闻网站以争夺市场份额，其中CNN Türk、NTV、《自由报》和

① https：//dijilopedi. com/2019 - turkiye - internet - kullanim - ve - sosyal - medya - istatistikleri/.
② Reuters Institute Digital News Report 2019.

《喉舌报》的官方网站成为土耳其人日常浏览量最高的新闻资讯网站（见图2）。

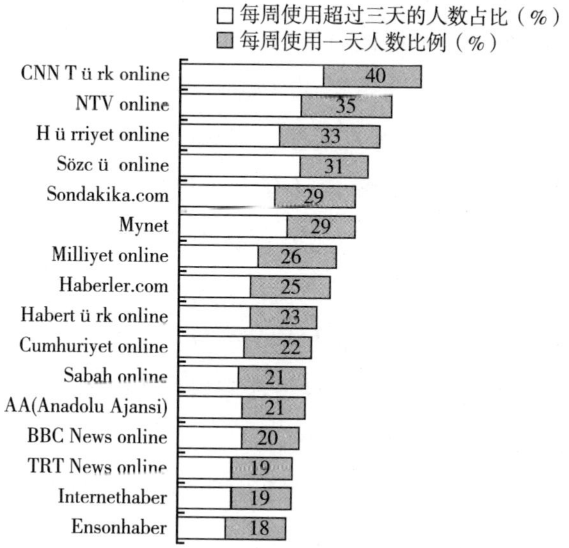

图2　土耳其各大新闻资讯网站浏览情况

资料来源：Reuters Institute Digital News Report 2019。

（三）土耳其的媒体政策

土耳其新闻传播业自发展之初就处于国家的管控之下，但在20世纪90年代末才逐步形成现代化的监管法律体系。土耳其广播电视最高委员会成立于1994年，是监管广播电视行业的独立政府机构。这一机构主要负责政策的规划与制定、发放广播电视许可、监管传播内容等。土耳其政府在《宪法》《新闻法》《第6112号广播法》《刑法》等法律的约束下，通过结构监管和内容监管的手段直接或间接对传媒行业进行管控。

1. 政府对新闻传播业进行严格的结构监管

结构性监管是土耳其政府对新闻传播业进行监管的主要手段。土耳其政府通过许可证发放政策对国内的广电单位进行资质审查。2011年通过的

《广播电视企业及其媒体服务建立法》（第 6112 号，简称《第 6112 号广播法》）将频率分配的权力交给土耳其广播电视最高委员会。近年来土耳其政府加强了对网络空间的管理，2019 年新出台的互联网媒体监管政策规定，经由互联网发布的视频、音频媒体服务都必须获得土耳其广播电视最高委员会的资格许可。①

土耳其政府通过《第 6112 号广播法》对媒体所有权份额进行管控，并且设置了外资准入标准。此法案将 1994 年《广播法》中规定的跨媒体所有权比例上限从 20% 提升至 25%，并规定一个自然人或法人实体可以直接或间接持有最多四个媒体服务提供商的股份，但是禁止政党和地方政府拥有广播电视公司。同时，此法案规定媒体机构的外资占比不得超过总注资比例的 50%，外国的自然人或法人不能同时注资两家以上的媒体服务商。②

2. 政府对传播内容进行严格管控

土耳其政府在现行法律框架下对新闻传播行业的内容进行严格的管控。《土耳其共和国宪法》（也称 1982 年宪法），作为土耳其的根本大法，至今仍在很大程度上约束和指导相关传媒法的制定与实施。2001 年土耳其政府对 1982 年宪法条款进行了修订，为保护国家安全和公共秩序限制了部分新闻自由的权利。2004 年的《新闻法》、2011 年的《第 6112 号广播法》以及 2007 年的《互联网法》第 7 至 9 条，都承认基本的出版和传播权，但这些权利是由一系列广泛的国家安全价值来界定的。

除了上述法规，土耳其《刑法》在土耳其 2008 年加入欧盟的过程中进行了修订，但《刑法》第 299 条仍保留了保护总统免受侮辱的条款。③ 总统埃尔多安也以此起诉了对其造成诽谤行为的记者、漫画家、学者及其他土耳其公民。2016 年未遂军事政变爆发后，正发党政府进一步加紧了对土耳其国内新闻传播业的控制。政变后，埃尔多安政府依靠《紧急状态法》和

① http://www.admdlaw.com/the-regulation-on-provision-of-radio-television-and-on-demand-broadcasts-on-the-internet/#.Xn9Ne9MzbfY.

② https://www.rtuk.gov.tr/en/audio-visual-media-law-5350.

③ http://www.lawsturkey.com/law/criminal-code-law-of-turkey-5237.

2018 年出台的《新反恐法》以保护国家安全和维护民主的名义逮捕了大量的记者和学术界人士，控制并关闭了发表危害社会言论的报社、电视台。

三　土耳其新闻传播业特点的成因分析与未来发展趋势

（一）土耳其新闻传播业特点的成因分析

目前土耳其新闻传播业主要存在以下几个特点：第一，受到严格的法律法规监管；第二，寡头垄断现象严重，跨媒体所有权高度集中，横向和纵向一体化程度高；第三，土耳其新闻传播行业呈现高度政治化的特征，存在普遍的庇护主义现象。土耳其新闻传播业存在的种种问题与困境，与土耳其建国初期的政治文化传统、20 世纪 80 年代末的经济改革以及正发党推行的威权新自由主义紧密关联。

1. 政治和文化传统

土耳其共和国建国初期的国家民族主义，对新闻传播业产生了深远的影响，是当代土耳其传媒体系建立的政治文化背景。在这个年轻的共和国里，凯末尔界定了土耳其民族的历史、文化和政治边界，以建立土耳其人共同的民族感。[①] 从政治到文化领域，都体现着土耳其政府对分裂主义的恐惧和对国家民族安全范式的追求。土耳其在建国初期，以国家安全观为政策基础，建立对广播电视的垄断，将媒体作为传播国家意识形态的手段。国家与新闻传播业的监管关系一直延续至今，由国家控制的土耳其广播电视机构仍然在新闻传播业中占据主导地位，国家实行严格的传媒法对私人传媒运营商进行管控，并且管控作为独立监管机构的土耳其广播电视最高委员会。

媒体所有者和国家之间建立政治经济联盟的传统，为土耳其当代新闻传播业中庇护主义的滋长提供了肥沃的土壤。由于军队在土耳其独立战争中的

① 昝涛：《现代国家与民族建构——20 世纪前期土耳其民族主义研究》，三联书店，2011，第 257 页。

重要作用，军队成为国家的监护人和土耳其国家民族的象征，媒体和军队二者之间存在着复杂的关系网。① 20 世纪 60 年代以来，媒体—军队间的关系逐渐演变为军队—媒体—政府三者间的动态关系，媒体在军队与政府的博弈中寻求庇护空间。在正发党时代，媒体与国家之间建立政治经济联盟的传统主要体现为媒体与埃尔多安政府之间广泛存在的庇护主义。土耳其各大主流媒体所属的集团普遍在建筑、能源等领域拥有业务或投资意向。由于这些集团进行其他的经营活动时依赖政府的许可，这使它们极易受到来自政府的财政压力。因此，其下属的媒体业务成为与政府签订合同、获取补贴以及进行交易的“讨价还价的工具”。②

2. 自由主义经济改革

20 世纪 80 年代厄扎尔在国内推行自由主义经济模式，实施了包括贸易和金融交易自由化在内的一系列改革。这些经济改革一定程度上拆散了陈旧的国家机器，引发土耳其社会政治经济结构的巨大变动，从而促进了新闻传播业的变革。20 世纪 80 年代以来的经济市场化改革，将土耳其的传媒业带入全新的商业时代，奠定了当今土耳其新闻传播行业的基本格局。

然而，20 世纪 80 年代至 90 年代土耳其的经济自由化进程与多元化媒体系统形成间的联系非常脆弱，土耳其新闻传播业是自由主义经济政策在传媒领域不完全发展的产物。和拉丁美洲、亚洲以及中东其他国家相似，尽管土耳其国内新闻提供商数量众多，这种所谓的传媒市场“竞争激烈”的表象，掩盖了大部分的财富积累都掌握在极少数的寡头企业手中的事实。③ 在实行自由主义经济政策后，政府迅速放宽媒体管制，传媒市场出现寡头，引发了传媒行业在改革初期的混乱。1994 年土耳其通过的《广播法》无法对传媒市场起到有效的监管作用，各大媒体集团利用法规漏洞，绕开限制并隐藏股份，导致跨

① Bilge Yeşil, *Media In New Turkey* (Urbana, IL: University of Illinois Press, 2017), p. 8.

② Roxane Farmanfarmaian, et al., “The Turkish Media Structure in Judicial and Political Context: An Illustration of Values and Status Negotiation”, *Middle East Critique* 27: 2, 2018, pp. 111 – 125.

③ Christian Christensen, “Concentration of ownership, the fall of unions and government legislation in Turkey”, *Global Media and Communication*, 2007, pp. 179 – 199.

媒体所有权高度集中的行业现象。[①] 因此，土耳其传媒市场的自由化是相对的，小型的媒体服务提供商仍处于行业的边缘地位，行业存在较高的壁垒。

3. 威权新自由主义抬头

2002 年至今，随着正发党选举优势和总统埃尔多安个人权力的巩固，威权新自由主义成为这一时期土耳其国内政治经济的显著特征。[②] 正发党在土耳其实行国家主导的新自由主义经济政策，同时通过修改宪法削弱军队的影响力和司法独立权，强化总统埃尔多安的政治权威。在正发党领导时期，土耳其新闻传播业沿袭了历史时期的特点，同时被上述以威权新自由主义为特征的国家治理模式所支配。

一方面，土耳其国内的政治威权化使围绕总统埃尔多安形成了社会两极化分裂，这种分裂超越了伊斯兰和世俗的矛盾以及政治立场的分歧，并在社会的各个领域延伸开来。[③] 在土耳其的传媒行业，两极化分裂表现为“人民—敌人”二元对立的民粹主义话语体系以及以埃尔多安为代表的土耳其政府与反政府的媒体阵营。另一方面，正发党通过历史遗留的庇护主义纽带与新自由主义经济体系下的媒体市场建立联系。因此土耳其的主流媒体机构和媒体集团普遍在其经济利益受到威胁或政府对其经营活动实施打压时，才会选择对政府提出质疑。[④]

（二）土耳其新闻传播业的未来发展趋势

1. 纸媒市场将持续萎缩，社交媒体成为民众最重要的新闻资讯来源

由于土耳其印刷业对进口纸的依赖性较强以及美元对里拉汇率的不确定

① Gülseren Adaklı, “Yayıncılık Alanında Mülkiyet ve Kontrol”, *Medya Politikaları*, der. D. B. Kejanlıoglu, S. Çelenk, G. Adaklı (Ankara: İmge Yayınevi, 2001), pp. 105 – 109.

② Cemal Burak Tansel, “Authoritarian Neoliberalism and Democratic Backsliding in Turkey: Beyond the Narratives of Progress”, *South European Society and Politics* 23: 2, 2018, pp. 197 – 217.

③ 刘义：《埃尔多安“新土耳其”论与“土耳其模式”的危机》，《阿拉伯世界研究》2017 年第 1 期。

④ Murat Aksera and Banu Baybars – Hawksb, “Media and Democracy in Turkey: Toward a Model of Neoliberal Media Autocracy”, *Middle East Journal of Culture and Communication* 5, 2012, pp. 302 – 321.

性，不稳定的纸价将成为纸质印刷行业持续衰退的一个诱因。土耳其各大主流报纸与正发党紧密联系，使土耳其民众对主流报纸内容的客观性产生了怀疑，传统纸媒的信誉度将在未来几年内维持较低水平。另外，随着网络通信技术的普及，使用 Twitter、Facebook、YouTube 等社交媒体的土耳其民众数量日益增多，社交媒体将不仅满足土耳其民众的社交及娱乐需求，还能提供与传统纸媒相比更为丰富多元的新闻资讯。同时，近年来社交媒体成为土耳其政府发布公共资讯以及与民众互动的重要渠道。

2. 土耳其政府将深化与私人媒体的合作，加强“信息管理”

土耳其新闻传播业以国营媒体土耳其广播电视机构为中心，媒体集团寡头垄断的格局在短期内不会发生巨大的变化。土耳其政府将继续通过对土耳其广播电视最高委员会施加影响，实现对新闻传播业的间接监管和不间断的资源配置。2016 年未遂政变发生后正发党对媒体机构进行强硬打击，关闭了多家商业媒体。但在未来土耳其政府不会放弃商业媒体阵地，将更注重“信息管理”，与私人媒体和精英阶层合作，以此减少负面新闻的传播。土耳其政府运用上述“胡萝卜加大棒”的政策，惩罚和奖励并行，将更好地控制私人媒体为其服务，巩固其在国内的新闻话语权力。

四　结语

土耳其的新闻传播业从奥斯曼帝国末期开始发展，见证了奥斯曼帝国的衰亡与土耳其共和国的建立。20 世纪 80 年代末 90 年代初土耳其进行了大规模的自由主义经济改革，土耳其广播电视机构的垄断地位被打破，私人运营的广播电视机构取得合法地位。同时，土耳其的新闻行业向商业化、集团化方向发展。

在正发党的领导下，目前土耳其形成了以土耳其广播电视机构为主导、六大媒体集团垄断的传播格局；土耳其纸媒市场衰退现象较为严重，广播电视仍是最受欢迎的媒介，同时新媒体在传播业占据日益重要的地位；整个新闻传播行业以法律法规管制严格、媒体所有权集中、政治化程度高为特征。

国家民族主义以及媒体—国家政治经济联盟传统对土耳其新闻传播业的形成与发展影响深远。2007 年以后，正发党迅速推进威权新自由主义改革，导致各大媒体集团在国内日益紧张的政治经济环境中向政府寻求庇护，进一步破坏了土耳其新闻传播业的多元性。

近年来土耳其加入欧盟的计划受挫，埃尔多安政府的外交政策出现了东移的迹象，更加重视与中国之间的政治及经贸关系。土耳其希望发挥其独特的地理位置优势，提出了“中间走廊”计划，与中国提出的“一带一路”倡议具有较高的契合度。但是，长期存在的“东突”问题成为两国推进政治经济合作的绊脚石。为了促进两国人民交流，做好对土传播意义重大。然而，土耳其国内日益破碎且高度政治化的传媒生态给对土传播带来了巨大的挑战。

B.15

以色列新闻传播业发展报告*

邵晓岩**

摘　要： 以色列拥有中东地区较为发达的新闻传播业，特殊的历史环境、地缘环境和宗教环境等因素使以色列成为新闻大国。本文以时间为线索梳理了以色列新闻传播业的历史沿革，介绍了以色列主流媒体与新兴媒体的发展、以色列的新闻政策，以及非犹太媒体在以色列的基本情况，分析了以色列新闻传播业的形成原因与未来发展趋势。总体来说，以色列新闻传播业处于较高的发展水平，尤其是新媒体产业取得了显著成就。

关键词： 新闻传播业　以色列　新媒体　希伯来语

以色列位于中东地区，西邻地中海，北邻黎巴嫩，东邻叙利亚、约旦，西南与埃及西奈半岛接壤。以色列是世界上唯一以犹太人为主要民族的国家，人口902万（2019年），其中犹太人约占74.5%，其余为阿拉伯人、德鲁兹人等。① 以色列官方语言为希伯来语，通用英语。以色列民族是一个古老的民族，经历过将近2000年的漂泊流散，现在的以色列国成立于1948年5月14日。以色列国土面积仅约2.5万平方公里，资源的匮乏以及受历史

---

* 本文系教育部重大攻关项目“‘一带一路’沿线国家新闻传播业历史与现状研究”阶段性成果，项目编号为17JZD042。

** 邵晓岩，北京第二外国语学院希伯来语讲师，主要研究方向为希伯来语言文化。

① 中华人民共和国外交部官方网站，《以色列国家概况》，https：//www.fmprc.gov.cn。

因素影响所造成的危机感使他们专注于科技和创新，高科技是以色列整体经济快速发展的动力，根据以色列蓝皮书《以色列发展报告（2019）》，以色列在创新领域持续大放异彩，各项创新排名靠前，2018 年，以色列在“全球创新指数”（The Global Innovation Index）中排第 11 位，其中，创新投入指数和创新产出指数分别排在第 19 位和第 11 位。

以色列的新闻传播业在中东地区尽管规模不是最大的，但是从通信基础设施建设、新闻自由指数、媒体影响力等方面来比较，以色列拥有中东地区相对而言较为发达的新闻传播产业。以色列特殊的地缘环境使政治和安全成为热点问题，此外，以色列是世界三大宗教基督教、犹太教和伊斯兰教的圣地，在高科技创新、农业、环保、教育等方面都有世界领先的成就，这些都使以色列成为新闻大国。以色列新闻传播行业发展比较稳定，报纸和电子媒体都处于较高的发展水平。随着经济全球化的迅速发展，各国之间的联系日益密切，我国的新闻传播业正面临前所未有的机遇和挑战，以色列是“一带一路”沿线重要国家，了解和研究以色列新闻传播业，有利于促进我国新闻传播事业的发展和中以媒体、文化等领域的交流合作。

一 以色列新闻传播业的历史沿革

（一）初期的以色列新闻传播业

1863 年，希伯来语期刊《百合花》在耶路撒冷出版，形式为周刊或双周刊。1918 年，《国土报》创刊，这是以色列最早的日报。1936 年“耶路撒冷之声”创立。1940 年，特拉维夫地下电台“Hagana[①] 以色列之声”成立。1948 年，以色列国成立，以“耶路撒冷之声”和“Hagana 以色列之声”为基础成立了国家电台“以色列之声”，同时，以色列邮局取代了托管

① 英国托管时期的犹太地下组织。

邮局。1950 年，以色列国防军无线电广播成立。1955 年，以色列第一个邮政移动服务开始在内盖夫运营。1966 年 3 月 24 日，电视教学直播频道开播（也被称为教育电视）。1968 年以色列电视台成立，首次播出的是当时举行的独立日以色列国防军检阅游行现场直播。

（二）20世纪末的以色列新闻传播业

20 世纪 80 年代，以色列在媒体领域，特别是在建立蜂窝通信、互联网、商业电视、多频道电视等传播领域有很大进展。1984 年，Bezeq 公司①成立，提高了国家电话系统效率，电话的等待时间大大缩短。1986 年 10 月，2 频道电视开始测试性播出，并于 1993 年 11 月正式播出。进入 90 年代，有线电视公司在以色列开始多频道电视广播，以色列首次接触到来自世界的数十个外国频道以及当地的儿童频道、体育频道、家庭频道和电影频道。1991 年，第二电视和广播管理局成立。1993 年重组军事广播电台②。1994 年，Netvision 公司成立，这是以色列第一个向公众提供互联网服务的公司，当时互联网连接通过拨号完成，网络速率比较慢。

（三）21世纪的以色列新闻传播业

21 世纪以色列新闻传播业的重点是数字化和移动技术，通过数字转换器接收数字广播，提高了电视频道的接收质量。2001 年，连接以色列和欧洲的水下通信电缆部署完成，以色列开始部署高速互联网，促进了以色列的国际交流。Hot 公司③提供的有线基础设施的电话服务结束了 Bezeq 公司在通信领域垄断的局面。2011 年以色列开通了 5 个免费数字广播电视频道：第 1 频道、第 2 频道、第 10 频道、第 33 频道和以色列议会频道，可以免费

---

① 以色列最大的电信公司。

② 取代以色列国防军第一台和第二台，建立了国防军 Galgalatz 电台和 Galatz 电台。

③ 以色列光缆运营商。

观看电视广播。从图1以色列传媒市场2008年和2018年的收入分配情况①可以看出，十年间以色列互联网领域发展迅速。

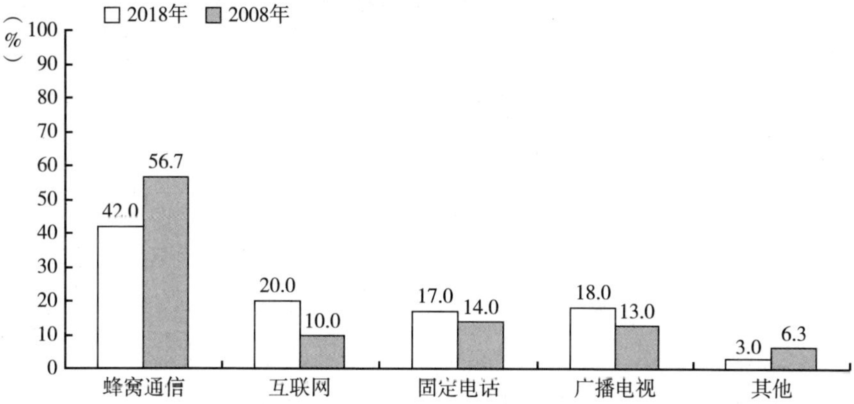

图1 以色列传媒市场2008年和2018年的收入分配情况

资料来源：根据以色列政府门户网站数据，由笔者统计整理得到，https：//www. gov. il，2020年3月1日。

二 传播基础结构与以色列新闻传播业的格局

以色列主要有5种媒体类型：广播、互联网、杂志、报纸和通讯社。媒体焦点涉及商业、民族、大众兴趣、政府、体育运动等内容，涵盖希伯来语、英语、阿拉伯语、法语、俄语、西班牙语、中文等多种语言。

（一）主流媒体的发展

1. 通讯社

以色列主要通讯社有犹太通讯社（JTA）、以色列通讯社（INA）和以

① https：//www. gov. il/BlobFolder/reports/01072019/he/Industry% 20revenue% 202018% 20for% 20publication. pdf.
https：//www. gov. il/BlobFolder/reports/06022019 _ 6/he/Summary% 20of% 20Communications% 20Market%20Revenues%202008. pdf.

色列联合通讯社（ITIM）。犹太通讯社（JTA）成立于1917年2月6日，是一家国际通讯社，该社总部于1922年从耶路撒冷迁至纽约，犹太通讯社为全世界的犹太社区报纸、电台、电视台等媒体服务，在纽约、华盛顿、耶路撒冷、莫斯科等世界30多个城市驻有记者。犹太通讯社是一家非营利通讯社，独立于任何犹太教派或政治观点，其报道集中在犹太人感兴趣和关心的政治、经济和社会发展等问题，反映了当今犹太人广泛的宗教、政治和文化特征。

以色列通讯社（INA）成立于1923年，总部设在耶路撒冷。每天编发希伯来文电讯稿，旨在提供准确、及时的以色列新闻。

以色列联合通讯社（ITIM）成立于1950年，总部设在特拉维夫，由当时几家主要的以色列报纸联合创办。2003年曾因债务问题几乎停止运作，2004年，该社被一家以色列公司以7.5万美元收购，现在该社专注于为国外通讯社提供新闻稿。

2. 报纸

以色列新闻出版业较发达，主要报刊有《国土报》《新消息报》《耶路撒冷邮报》《马里夫日报》《今日以色列》等。

《国土报》[①]，创刊于1918年，报社位于特拉维夫，是以色列创刊最早的报纸，且被认为是以色列最具影响的日报，读者教育程度和收入水平普遍较高，该报有希伯来语版和英语版，两种语言都提供网络版本，具备较高的国际影响力。2006年底，该报拥有6万名订户，2008年，订户数量为7万，2019年，订户数量达到13.4万名。该报致力于反映外交政策、经济、政治、社会、科学和文化，报纸格式比较固定，文字语言水平相对较高。《国土报》持中左派政治观点，与以色列工党立场相近，主张与巴勒斯坦人达成政治协议，支持通过努力与阿拉伯邻国实现和平，支持以色列国作为一个犹太民主国家存在，反对任何形式的胁迫，支持个人言论自

① 以色列《国土报》官方网站，http：//www.haaretz.com。

由。[①] 在北美，《国土报》以周报的形式发行。该报图片使用较少，关于政治的分析评论较多，其社论在以色列政府官员中很有影响。除了报道新闻，《国土报》还发表关于社会和环境问题的特写，以及书评、调查报告和政治评论等。[②]

《新消息报》[③]，创刊于1939年，是以色列一家希伯来文日报，多年来一直是以色列销量最大的报刊之一。该报创刊时是当时英属巴勒斯坦托管地的第一份晚报，之后由于报刊遇到财务问题，创始人格什姆·科姆罗夫将报纸卖给了一位富有的犹太土地经销商犹大·摩西。就营销策略而言，该报强调要有富有戏剧性和足够吸引力的内容，具有许多彩色图像和大标题，以小报形式出版，是世界上最受欢迎的报纸类型。为了吸引广大读者，该报使用浅显简洁的希伯来语写作风格，涉及政治、经济、娱乐等多种话题，对各种政治观点都十分开放。

《耶路撒冷邮报》[④]，是一家英文日报，在以色列国际传播中具有十分重要的地位。1932年创刊时名为《巴勒斯坦邮报》，1948年以色列建国后改为现名，《耶路撒冷邮报》是以色列发行量最大的英文报纸，也是中东地区发行规模最大的报纸之一。该报紧紧扭住三个“立足于”，一是将办报的立足点放在国内，把报道重点放在国内新闻事件上，不惜笔墨重点报道国内政治局势和经济发展；二是立足于中东地区，重点关注以色列与中东各国关系，尤其是以巴冲突的最新变化和进展；三是立足于犹太人世界，报道全世界犹太人的生存现状。报道范围由己及外，逐渐扩大，最终形成以以色列本土为核心、以中东地区为基础、以全球犹太人社区为支撑，面向全球的报道方针。在三个“立足于”的基础上，《耶路撒冷邮报》选择以英文作为报道语言，将自己的报纸品牌推向世界。虽然是一份面向以色列讲英语人士的地方报纸，但由于不存在语言障碍，该报很快被国际社会所关注和认可，成为各国研究中

① https：//he. wikipedia. org/wiki/Haaretz.

② 陈力丹：《稳定发展的以色列新闻传播业》，《新闻界》2013年第18期。

③ 以色列《新消息报》官方网站，http：//www. yedioth. co. il。

④ 以色列《耶路撒冷邮报》官方网站，https：//www. jpost. com。

东问题（特别是以巴冲突）、分析以色列政府政策立场的第一手资料。[①]

《马里夫日报》[②] 是一家希伯来文日报，创办于1948年，20世纪五六十年代一直是以色列销售及阅读范围最广的报刊，拥有一条覆盖全国的杂志和报纸产业链。《马里夫日报》支持言论自由和思想多元化原则，其报道涵盖政治、安全和军事、经济和商业、文化、体育、食品、时尚、健康、娱乐等。2014年4月，该报被《耶路撒冷邮报》收购，将其与周报《周末》合并，改名为《本周马里夫》。此外，该报还有免费版，名为《今晨马里夫》。

《今日以色列》[③] 是免费的希伯来语日报，是以色列发行量最大的报纸。由美国犹太资本大亨 Sheldon Adelson 于2007年创办，总部位于特拉维夫。该报追求为以色列公众提供更好、更平衡和更准确的新闻报道。2009年10月，《今日以色列》开始出版周末版报纸，该报的平日发行量为27.5万份，周五和节假日前夕发行量45万份。该报的网络版有希伯来语和英语两种语言。

3. 广播及电视

以色列广播电视业的发展，受到狭小国土的限制。以色列1948年建国时成立了以色列广播局，建立了公营的“以色列之声”，总部设在耶路撒冷，用17种语言对国内外广播，节目内容包括文娱节目、流行音乐、学术讲座、专题讨论会、古典音乐等，以满足儿童、老年人、新移民、本土以色列人等不同受众的需求。1951年设立“以色列国防军之声”军方电台，用希伯来语广播，节目包括新闻、音乐等士兵特别感兴趣的节目。除了这两家公营的广播电台外，以色列还有十几家民营广播电台。

以色列国家电视台[④]于1968年开播，总台设在耶路撒冷，属于公营体制，拥有使用希伯来语、阿拉伯语和英语制作的教育、信息和文娱节目。以

---

① 沈韬：《一座新闻“富矿”中的大报——以色列〈耶路撒冷邮报〉印象》，《新闻战线》2007年第8期。

② 以色列《马里夫日报》官方网站，http：//www. maariv. co. il。

③ 以色列《今日以色列》官方网站，https：//www. israelhayom. co. il。

④ 以色列国家电视台官方网站，http：//www. iba. org. il。

色列电视教育中心成立于1966年，主要播放电视教学课程，包括学校课程和成人教育课程。1986年以色列开始建立商业电视网，1993年，成立第二广播电视局，负责第二电视频道和地区电台的管理，第二电视频道主要播出娱乐和电影节目。1994年，增设了地方商业频道，由三家私人节目制作单位分别主持，每天有一定时间播放教育节目。20世纪90年代以来，以色列逐步推广使用有线电视，有新闻、电影、音乐电视、体育等几十个新闻性、娱乐性频道，并能收看周围阿拉伯国家以及法国、德国、俄罗斯、美国、英国、土耳其、意大利、西班牙等国家的电视节目。[①] 第一频道是以色列电视台最早的一个电视频道，在20世纪90年代之前以色列都只有这一个电视频道，因此该频道也有“以色列台”之称。公营电视台的资金来自收视费，公众能够收看到美洲、欧洲和亚洲电视网的节目。“以色列之声”和公营电视频道都由以色列广播管理局领导，该局以《以色列广播局法》（1965年）为准绳，这项法律将广播工作定位于政府的一项独立公益事业。[②]

（二）新兴媒体的发展

随着科技的进步，现代人更多地使用社交软件进行交流沟通，WhatsApp是以色列普遍用于智能手机上的聊天工具，此外Skype、Messenger、Facebook、Twitter、Instagram等也都使用广泛，以色列社交软件的普及率较高，据2017年Statista数据统计，中东地区有Facebook用户1.16亿人，普及率为45.1%。以色列有580万Facebook用户，普及率达到68.6%。[③] 在战事不断的以色列，政府和军方非常注重运用新媒体来影响国内外对于战事的报道。例如，以色列军方在Twitter、Facebook、YouTube上均开通了官方账号和频道，通过文字、图片和视频直播战况。以色列军方希望通过社交媒体和第一手资料发动没有硝烟的“舆论战”，以此塑造自己的形象。[④]

---

① 成都市人民政府外事办公室官方网站，http：//www.chengdu.gov.cn/cdwqb。

② 陈力丹：《稳定发展的以色列新闻传播业》，《新闻界》2013年第18期。

③ https：//www.statista.com/statistics/289458/israel－internet－penetration.

④ 郭佳：《以色列：国民阅读量世界第一 新媒体研发放眼国际》，《光明日报》2014年6月7日。

以色列的互联网较为发达。以色列互联网从1990年开始建设，1999年，以色列政府花费了大量的成本建设升级互联网基础设施，2001年对普通居民开放ADSL宽带互联网。2001年，以色列政府修订了《通信法》，允许通过有线基础设施提供宽带互联网。该国的互联网连接市场分为两部分：基础设施提供商和互联网服务提供商（Internet Service Provider，ISP）。大型有线基础设施提供商是Bezeq和Hot，该领域的其他供应商Cellcom和Partner采用FTTH方法运营。大型互联网服务提供商包括Bezeq International、012 smile、Netvision以及大约35家其他公司和实体。[①] 在2017年全球189个国家（地区）宽带网速统计中，以色列的网速是7.2Mbps，排第60位，处于中上游水平。表1体现了近年来以色列互联网用户普及情况。

表1　以色列的互联网普及率统计

单位：人，%

年份	用户	人口	渗透率	数据来源
2000	1270000	6986639	18.2	ITU
2008	5263146	7112358	74.0	TNS
2012	5313530	7590758	70.0	IWS
2015	5928772	7935149	74.7	IWS
2016	5941174	8174527	72.7	IWS
2018	6740287	8452841	79.7	IWS

资料来源：根据互联网世界统计网站数据，由笔者统计整理得到，https：//www. internetworldstats. com/me/il. htm，2020年3月30日。

从表1中可以看出，互联网用户数量从2000年的127万人增加到了2018年的674万人，占总人口的比例从2000年的18.2%提高到了79.7%。据IWS数据统计，2019年中东人口有2.58亿人，互联网用户1.75亿人，占总人口的67.9%（见图2），以色列互联网用户2019年的数量为700万人，总人口为858万人，普及率达到81.6%（见图3）。

① https：//baijiahao. baidu. com/s？ id = 1627402544197989413&wfr = spider&for = pc.

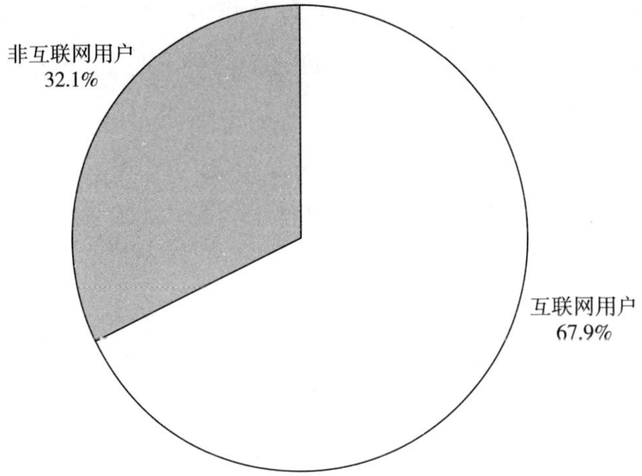

图 2　2019 年中东地区互联网用户占总人口比例

资料来源：根据互联网世界统计网站数据，由笔者统计整理得到，https：//www. internetworldstats. com/me/il. htm，2020 年 3 月 1 日。

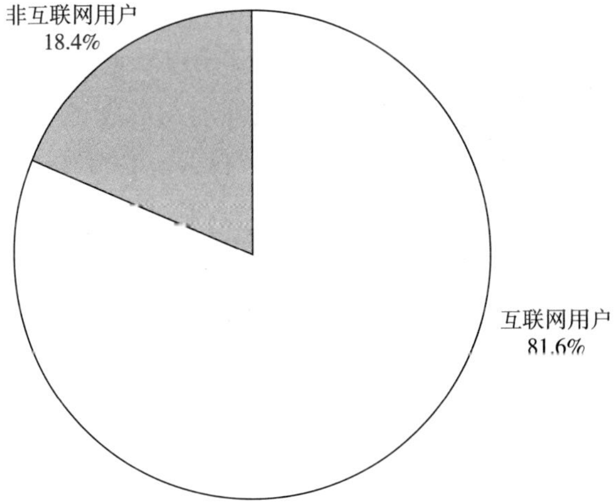

图 3　2019 年以色列互联网用户占总人口比例

资料来源：根据互联网世界统计网站数据，由笔者统计整理得到，https：//www. internetworldstats. com/me/il. htm，2020 年 3 月 1 日。

以色列新媒体产业发展迅速，新兴电子媒体正以前所未有的深度和广度改变着传统媒体业的面貌。随着数字通信和宽带网的普及，以色列主要报纸都已拥有网络版，可提供在线阅读，此外还有专门的在线新闻网站，比如Ynet新闻网,[①] 以及与社交媒体相关联的新闻网站，比如《以色列时报》中文网[②]等，《以色列时报》中文网2014年上线后，同时开通了《以色列时报》新浪微博官方账号，2014年底又开通了微信公众号（微信号：timesofisraelcn）。《以色列时报》中文网是中东地区唯一在华开通中文网站和社交账号的媒体。

以色列在新媒体发展方面成就显著，以色列的通信技术被公认为仅次于美国硅谷，数字技术、语音邮件技术、宽带无线接入技术、即时通信技术等的开发和开拓，使通信交流和信息获取更加方便，由于以色列人口少，国内市场小，因此以色列对国际上新的科技发展趋势十分敏感，许多以色列新媒体公司以创新和创业精神为特色，寻求以较低的生产成本提高竞争力，关注国际市场，寻求国际战略合作机遇。[③]

（三）以色列的媒体政策

以色列新闻传播业是在一种爱国的氛围中成长起来的，这种“爱国主义”意识形态新闻，特别适应初建的以色列国在形成时期的安全需要。以色列建国之初一直处于战乱之中，以色列媒体普遍具有爱国使命感，在微妙的外交和国家安全问题上，许多报纸和国家电台避免批评政府，与该国当今的媒体情况大相径庭。

1945年的《国防（紧急）条例》赋予政府军事审查的权力，官方的军事审查，可以避免媒体披露以色列国防军事计划的细节以危及军队和平民。1949年“审查协定”通过，各媒体在涉及国家安全的事项上进行了自我审查，军事审查员承诺，如非必要，不会行使法律授予的军事审查权力。1988

① Ynet新闻官方网站，https：//www. ynetnews. com。

② 《以色列时报》中文网官方网站，http：//cn. timesofisrael. com。该网站定位于全面报道以色列高科技、创新、商业与社会文化，重点关注以色列的高科技和创新领域的发展，以及中以合作最新动态。

③ 郭佳：《以色列：国民阅读量世界第一 新媒体研发放眼国际》，《光明日报》2014年6月7日。

年，政府明确了审查委员会的宗旨，只有在危害到国家安全的紧急情况下，才会行使军事审查权阻止新闻的发布。

（四）以色列境内非犹太媒体的发展

随着中以友好关系不断发展，两国媒体合作和人员交流也不断加强，我国新华社、中央广播电视总台、《光明日报》和《科技日报》等多家媒体都有驻以色列记者，中国驻以各媒体为加深两国人民相互了解、促进两国友谊、推动中以关系健康稳定发展做出了贡献。2009 年，中国国际广播电台（CRI）成立了希伯来语广播部，通过网站、新媒体等方式加强两国间的交流与沟通，为以色列了解中国提供全面客观的信息。2016 年 4 月 8 日，CRI“国际在线”希伯来文本土网站在以色列正式开通，“国际在线”希伯来文网通过与以色列当地媒体合作，实现了国内外媒体的优势互补，拓展了发展空间，提升了品牌形象。此外，CRI 自主策划了中国旅游系列视频《玩转中国》，该系列于 2016 年 4 月 8 日正式推出，以独特视角为以色列网民展现了中国西藏、云南、陕西、成都、哈尔滨等地的美景与文化，以色列电视台 10 频道、以色列门户网站 Walla 等主流媒体相继播出了该视频节目。中央广播电视总台与以色列国家广播电视公司合作，在以色列国家广播电视公司新媒体平台开设了中国专栏，共同制作短视频产品，向以色列民众介绍真实的中国，相互引进两国的优秀节目模式。中央广播电视总台还与以色列以华传媒中心合作，为中以两国媒体搭建交流平台，共同策划文化艺术、体育等领域的媒体合作项目，加大中国节目在以色列落地播出力度，促进“一带一路”倡议的落实。

除中国媒体外，以色列境内主要还有阿拉伯和俄罗斯媒体。以色列境内拥有数量众多的俄罗斯移民，阿拉伯人则是以色列境内最大的少数民族。总体而言，俄罗斯媒体倾向于犹太复国主义，即使根据犹太法律，许多讲俄语的人不被视为犹太人（因为母亲不是犹太人），俄罗斯移民在政治和文化上都认同以色列是一个犹太国家。以色列有 100 多种俄语期刊和广播频道，这在以色列的阿拉伯媒体中是不常见的。阿拉伯媒体大多拒绝犹太复国主义，以色列也一直担心境内的阿拉伯少数民族可能会与外部阿拉伯反对者联手。因此，以色列政府多年来一直密切关注着阿拉伯媒体。此外，由于社会和文化原因，以色列境内的阿拉伯媒体总体发展非常缓慢，规模和影响力很小。由于以色列政府对阿拉伯媒体的严格监控，以色列阿拉伯媒体在观点和言论上更为保守。

三 以色列新闻传播业的诞生背景与未来发展趋势

（一）以色列新闻传播业的诞生背景

以色列新闻传播业的诞生与犹太复国主义运动和希伯来语复活有关。犹太复国主义运动对以色列新闻传播业的形成起了重要作用，以色列对媒体的痴迷不是始于70多年前以色列建国时，而是始于19世纪末的犹太复国主义思潮。西奥多·赫兹尔（Theodor Herzl，1860～1904年）是19世纪和20世纪早期犹太复国主义运动最有影响力的代表人物。从1897年开始，他领导了第一届犹太复国主义者代表大会，并预言在50年内建立一个现代犹太国家。这位犹太复国主义梦想家也是一名杰出的记者，主要在维也纳和巴黎等地工作。赫兹尔利用他的新闻平台来反对反犹主义以及促进犹太复国主义思想。虽然赫兹尔通常用德语写作，但他的思想和方式对以色列希伯来语新闻业产生了巨大影响。正如赫兹尔是现代政治上犹太复国主义的创始人一样，他也是以色列现代新闻业的创始人。①

希伯来语是犹太民族的通用语，自公元前586年“巴比伦之囚”后，大批犹太人流散于世界各地，史称大流散时期，在巴比伦统治时期希伯来语的地位已被削弱，阿拉姆语成为官方语言和中介语，逐步取代希伯来语。②随着犹太人世界范围内的大流散，希伯来语逐渐丧失了口头交际的功能。率

① Michael Widlanski，“Israel Studies An Anthology : The Media in Israel”，https：//www.jewishvirtuallibrary.org/israel－studies－an－anthology－the－media－in－israel#_ edn5.

② 王跃平、王爽：《希伯来语复兴的社会语言学思考》，《内蒙古民族大学学报》2011年第3期。

先复兴的是希伯来书面语，这与 18 世纪中后期犹太启蒙运动密切相关。复兴希伯来语口语的理念随着犹太复国主义思想的兴起萌芽并成型。俄国犹太作家佩雷兹·斯摩棱斯金（Peretz Smolenskin，1840～1885 年）在当时最具影响力的希伯来语报纸《黎明》（Hashakar）中大力宣传民族主义思想，强调希伯来语的重要性。1948 年以色列建国后，十分重视希伯来语的推广和发展。1953 年，希伯来语科学院成立，出版了《我们的语言为人民》双月刊、《我们的语言》季刊和《教会你的舌头》双月刊等刊物，推广语言知识及有关语法、拼写和新词汇。自 20 世纪 60 年代中期起，希伯来语科学院派专人负责监督广播和电视节目，以确保播音员的发音准确规范。电台每天都有一个固定节目，谈论使用希伯来语时的一些常见错误。[①]

此外，在以色列国成立之初，在特殊安全形势下，非常需要发展新闻传播业以及时有效地传递信息，建国后，以色列领导人会要求在访问会见时中途暂停，以便收听以色列电台最新的每小时或半小时新闻，公共汽车司机会要求乘客保持安静并打开收音机，让每个人都可以听到最新的新闻广播。以色列建国初期，作为“一个移民国家”，也需要通过新闻传播在国家治理中发挥作用，比如通过以色列之声公共广播电台用多种语言向以色列境内的移民社区和世界各地的国外社区广播。

（二）以色列新闻传播业的未来发展趋势

以色列的传统媒体日益受到以移动互联网为代表的新兴媒体的挑战，传统媒体寻求同新媒体合作已成为未来的发展趋势，比如利用网络通信工具和技术、电子软件、数字存储、新型娱乐工具等媒体介质传播传统媒体内容，提供有特色的网络新闻服务，以保持和增强传统媒体的影响力。此外，传统媒体也将以更多创新的方式提高竞争力，比如在广播和电视领域，越来越多地开发生动活泼的节目、扩大节目时段等以增强吸引力。以色列电视和新闻广播的扩张给报业带来了一定的压力，报业为使自己不陷入困境，也将采取

① 陈力丹：《稳定发展的以色列新闻传播业》，《新闻界》2013 年第 18 期。

更多方式扩大自身影响力，推出多语言网络在线版，以及在内容上针对特殊读者群量体裁衣，比如设立宗教专版等。

以色列的社交媒体有很大的发展潜力。随着科技的发展，社交媒体将不断寻求创新和个性化。如今，越来越多的人倾向于对信息资讯进行消费，尤其是社交媒体具有信息快速传播的优势，成为新闻信息的主要来源。更具创新性的新型社交媒体平台的出现是一大趋势，它可以通过创新技术使人们的生活方式变得更加轻松舒适，比如通过视频内容增强娱乐性和吸引力，通过人工智能极大地提高社交媒体的参与体验。当然，社交媒体平台在发展中也应更注重保护隐私安全，防止信息泄露。

一般来说，无论是以色列传统媒体还是新媒体，以创新作为生存突破口，满足社会发展需求，扩大自身的新闻影响力才是竞争核心。近年来，由于中国市场潜力巨大，以色列新闻传播业，特别是以色列新媒体产业，将目光投向了中国，寻求在新闻传播领域的合作，这将有力地促进两国新媒体产业的发展。

四　结语

本文从以下几个方面总结了以色列新闻传播业的历史与现状：以色列新闻传播业的历史沿革，传播基础结构与格局，以色列新闻政策，以色列境内非犹太媒体的发展，以色列新闻传播业的诞生背景与未来发展趋势。以色列在 1948 年建国之前，新闻传播业就已经开始发展。近年来，以色列新闻传播业，尤其是新媒体产业发展迅速，在新媒体创新领域取得了显著成就。总的来说，以色列新闻传播业处于较高的发展水平，但也受到狭小国土的限制。如今，以色列与中国媒体的交流越来越多，两国新闻传播业的合作不断加强，将不断推动中以友好关系的发展。

皮书

智库报告的主要形式
同一主题智库报告的聚合

皮书定义

皮书是对中国与世界发展状况和热点问题进行年度监测，以专业的角度、专家的视野和实证研究方法，针对某一领域或区域现状与发展态势展开分析和预测，具备前沿性、原创性、实证性、连续性、时效性等特点的公开出版物，由一系列权威研究报告组成。

皮书作者

皮书系列报告作者以国内外一流研究机构、知名高校等重点智库的研究人员为主，多为相关领域一流专家学者，他们的观点代表了当下学界对中国与世界的现实和未来最高水平的解读与分析。截至 2020 年，皮书研创机构有近千家，报告作者累计超过 7 万人。

皮书荣誉

皮书系列已成为社会科学文献出版社的著名图书品牌和中国社会科学院的知名学术品牌。2016 年皮书系列正式列入“十三五”国家重点出版规划项目；2013~2020 年，重点皮书列入中国社会科学院承担的国家哲学社会科学创新工程项目。

中国皮书网

（网址：www.pishu.cn）

发布皮书研创资讯，传播皮书精彩内容
引领皮书出版潮流，打造皮书服务平台

栏目设置

◆ **关于皮书**

何谓皮书、皮书分类、皮书大事记、
皮书荣誉、皮书出版第一人、皮书编辑部

◆ **最新资讯**

通知公告、新闻动态、媒体聚焦、
网站专题、视频直播、下载专区

◆ **皮书研创**

皮书规范、皮书选题、皮书出版、
皮书研究、研创团队

◆ **皮书评奖评价**

指标体系、皮书评价、皮书评奖

◆ **互动专区**

皮书说、社科数托邦、皮书微博、留言板

所获荣誉

◆ 2008 年、2011 年、2014 年，中国皮书网均在全国新闻出版业网站荣誉评选中获得“最具商业价值网站”称号；

◆ 2012 年，获得“出版业网站百强”称号。

网库合一

2014年，中国皮书网与皮书数据库端口合一，实现资源共享。

S 基本子库
UB DATABASE

中国社会发展数据库（下设 12 个子库）

整合国内外中国社会发展研究成果，汇聚独家统计数据、深度分析报告，涉及社会、人口、政治、教育、法律等 12 个领域，为了解中国社会发展动态、跟踪社会核心热点、分析社会发展趋势提供一站式资源搜索和数据服务。

中国经济发展数据库（下设 12 个子库）

围绕国内外中国经济发展主题研究报告、学术资讯、基础数据等资料构建，内容涵盖宏观经济、农业经济、工业经济、产业经济等 12 个重点经济领域，为实时掌控经济运行态势、把握经济发展规律、洞察经济形势、进行经济决策提供参考和依据。

中国行业发展数据库（下设 17 个子库）

以中国国民经济行业分类为依据，覆盖金融业、旅游、医疗卫生、交通运输、能源矿产等 100 多个行业，跟踪分析国民经济相关行业市场运行状况和政策导向，汇集行业发展前沿资讯，为投资、从业及各种经济决策提供理论基础和实践指导。

中国区域发展数据库（下设 6 个子库）

对中国特定区域内的经济、社会、文化等领域现状与发展情况进行深度分析和预测，研究层级至县及县以下行政区，涉及地区、区域经济体、城市、农村等不同维度，为地方经济社会宏观态势研究、发展经验研究、案例分析提供数据服务。

中国文化传媒数据库（下设 18 个子库）

汇聚文化传媒领域专家观点、热点资讯，梳理国内外中国文化发展相关学术研究成果、一手统计数据，涵盖文化产业、新闻传播、电影娱乐、文学艺术、群众文化等 18 个重点研究领域。为文化传媒研究提供相关数据、研究报告和综合分析服务。

世界经济与国际关系数据库（下设 6 个子库）

立足“皮书系列”世界经济、国际关系相关学术资源，整合世界经济、国际政治、世界文化与科技、全球性问题、国际组织与国际法、区域研究 6 大领域研究成果，为世界经济与国际关系研究提供全方位数据分析，为决策和形势研判提供参考。

法律声明